臺灣歷史與文化 研究輯刊

二一編

第 1 冊

建構「客家知識體系」之探析
——以客委會獎助客家研究博碩士論文為中心

白 垣 著

花木蘭文化事業有限公司

國家圖書館出版品預行編目資料

建構「客家知識體系」之探析——以客委會獎助客家研究博碩
士論文為中心／白盷 著 -- 初版 -- 新北市：花木蘭文化事業
有限公司，2022〔民111〕
目 2+242 面；19×26 公分
（臺灣歷史與文化研究輯刊二一編；第 1 冊）
ISBN 978-986-518-751-4（精裝）
1.CST：客家 2.CST：民族研究
733.08   110022089

ISBN-978-986-518-751-4

9 789865 187514

臺灣歷史與文化研究輯刊
二一編 第 一 冊
ISBN：978-986-518-751-4

建構「客家知識體系」之探析
——以客委會獎助客家研究博碩士論文為中心

作　者　白盷
總 編 輯　杜潔祥
副總編輯　楊嘉樂
編輯主任　許郁翎
編　　輯　張雅淋、潘玟靜、劉子瑄　美術編輯　陳逸婷
出　　版　花木蘭文化事業有限公司
發 行 人　高小娟
聯絡地址　235　新北市中和區中安街七二號十三樓
　　　　　電話：02-2923-1455／傳真：02-2923-1452
網　　址　http://www.huamulan.tw 信箱 service@huamulans.com
印　　刷　普羅文化出版廣告事業
初　　版　2022 年 3 月
定　　價　二一編 7 冊（精裝）台幣 20,000 元

建構「客家知識體系」之探析
——以客委會獎助客家研究博碩士論文為中心

白恆　著

作者簡介

白暄，生於解嚴後的臺北。國立中興大學歷史學系學士、國立臺灣師範大學歷史學系碩士。因緣際會下接觸客家研究，目前從事歷史教育。喜歡閱讀、思考與慢跑，也喜歡音樂、舞蹈、酒精（適量）以及珍珠奶茶。

提　　要

　　本文旨在以釐清「客委會獎助客家研究優良博碩士論文」對於建構「客家知識體系」扮演何種角色、做出何種貢獻。

　　為達此目的，本文首先從該獎助計畫政策面與執行面著手，還原了政策產生的時空背景，再呈現歷年作業方式、獎助件數與金額的變遷，並試圖找出影響政策制定與執行之因素。

　　接著，本文依照歷年獎助成果將獎助政策分為三期，並依序呈現各年度、各分期中獎助論文之學科方法、議題焦點分布，以勾勒共 823 篇獎助論文呈現了何種「客家研究」面貌，並指出其趨勢。

　　最後，本文梳理了晚近學界對於「客家研究」（Hakka studies）、「客家學」（Hakkaology）以及「客家知識體系」概念意義之論辯，並在前文的基礎上將「客委會獎助客家研究優良博碩士論文」置於建構「客家知識體系」的脈絡中，討論其扮演何種角色、做出何種貢獻。

　　「結論」除了總結本文研究成果，尚有「政策建議」一節，係從本文研究成果出發，對客委會「獎助客家研究優良博碩士論文」以及「發展客家知識體系」等政策提出未來展望與建議，供其參考與應用。

目

次

第一章 緒 論

第一節 研究動機與目的

自羅香林 1930 至 1940 年代相繼發表《客家研究導論》、《客家源流考》後，以「客家」族群作為研究對象的「客家研究」進入新的時代，有別於以往零星、帶有偏見的學術論述，羅香林運用人類學、民族學、歷史學等學科理論作為基礎，並以大量系譜作為材料，系統地提出了客家研究的命題、詮釋觀點及研究方法，為客家學奠定了重要的基礎。〔註1〕

然而，在羅香林之後，因特殊的時空背景，兩岸學界對於客家學術研究僅止於修正、補充羅香林之學說，並未有長足的進展。1988 年底，三千多位關心客家語言流失的群眾走上街頭，向大眾疾呼他們的母語——客家語在政府政策壓抑之下，即將消失。這次遊行揭開了客家「還我母語運動」的序幕，促使客家意識興起，進一步敦促政府從事相關建制，包括縣市、中央政府設立客家事務主管機關、獎助客家學術研究以及客家電視頻道、客家廣播電臺的成立等等。

客家意識的興起讓更多學者注意到「客家研究」這門新興研究領域，並相繼投入研究。除此之外，政府客家主管機關——行政院客家委員會（2012年改制為客家委員會，以下簡稱客委會）於 2001 年成立後，為實踐《行政院客家委員會組織條例》第三條中明訂之執掌：

〔註1〕 徐正光、張維安，〈導論：建立臺灣客家知識體系〉，收入徐正光主編，《臺灣客家研究概論》（臺北市：行政院客家委員會，2007 年），頁 2。

客家文化之保存及推動事項；

客家語言、客家民俗禮儀、客家技藝、宗教之研究與傳承規劃及協
調事項；

客家教育之規劃協調、客家人才之培育及訓練事項。〔註2〕

於是，客委會陸續推動「補助大學校院發展客家學術機構」、「獎助客家
研究優良博碩士論文」、「獎助客家學術研究計畫」、「補助專題研究計畫」等
機制，統稱為「客家知識體系發展計畫」〔註3〕，以達成《行政院客家委員會
組織條例》所賦予之職責。對於客委會推行之客家研究獎補助政策，蕭新煌
指出：

不同於其他部會，客委會還被賦予客家知識體系發展之推動，這可
說是非常特別的「部會與特定學術領域」的制度性關係。從客委會
成立迄今這 17 年，我相當程度目睹客委會支持了不少經費、研究
和推廣計畫給上述學院、研究所和學會，這種現象真可說是全世界
獨一無二的特例和個案。〔註4〕

身為學者，蕭新煌 17 年來目睹了客委會支援鉅額經費，成立學院、研究
所和學會，使客家研究領域進入制度化的成熟學術發展階段，成效顯而易見；
又政府單位如此投入大量經費積極扶植某一學術領域研究，實屬罕見，造就
了客委會以及客家研究領域之間建立了「部會與特定學術領域」的特殊關係。

於此，我們可以說，客委會的獎助政策試圖幫助作為一特定學術領域之
「客家研究（Hakka studies）」發展，如此也使得「客家研究」逐漸向一獨立、
成熟學門之「客家學（Hakkaology）」過渡。從「客家研究」到「客家學」，則
有賴於累積深入而豐沛的研究成果，並充實客家研究理論，即為「客家知識
體系」的深化。

所謂「客家知識體系」，根據孫煒、韓保中的研究，可分為「客家經驗體
系」、「客家理論體系」二部分，前者為學術機構以外，至今所累積的客家文

〔註2〕《行政院客家委員會組織條例》（民國 90 年 5 月 16 日公布版本），第 3 條。
〔註3〕《行政院客家委員會客家學術發展委員會設置要點》（民國 93 年 8 月 23 日公
布版本）第二條：本要點所稱客家知識體系發展計畫，係指本會補助大學校
院發展客家學術機構計畫、補助購藏客家相關圖書資料計畫、獎助客家學術
研究計畫、獎助客家研究博碩士論文計畫及其它經本委員會同意設置之計畫
等。
〔註4〕蕭新煌，〈臺灣客家研究的典範移轉〉，《全球客家研究》，第 10 期（新竹：國
立交通大學客家文化學院，2018 年 5 月），頁 4。

化或研究；後者則是學術機構以內，受到一定方法論、學科知識所規範下產出的客家學術研究。此二者又受到「客家行動體系」——即 1980 年代以降的客家社會運動——所刺激而發展。〔註5〕

在客委會的補助、運作下，國內客家學術研究機構自 2003 年如雨後春筍般成立，迄今已逾 30 所，〔註6〕每年所產出之碩、博士論文充實了客家知識體系，幫助客家研究朝向客家學過渡。自民國 92 年客委會第一屆獎助優秀博碩士論文，迄今已 15 年，累積學位論文超過 800 篇，已有一定成果。

除此之外，碩、博士論文為學者初試啼聲之作，有志於學術者必須經過碩士、博士不同階段的學術訓練，取得博士學位後，才能應聘為大專院校教師，進入學術體系。從學術出版品的性質而論，碩、博士論文無非是學者的初試啼聲之作，可以視為學者培育早期之興趣試探、學術寫作能力訓練之產物。綜觀現今第一線客家研究者，包括任教於大專院校從事客家研究以及學術體系外的民間研究者，其碩、博士論文多有受到客委會獎助。〔註7〕因此，吾人除可以將獎助客家研究碩博士論文當作客家研究者學術生涯的起點之外，更能夠從中探究「客委會獎助客家研究優良博碩士論文」與客家研究之有機連結。

綜合上述，本文欲聚焦於「客委會獎助客家研究優良博碩士論文」（民國 92～107 年度）機制以及受到獎助之博碩士論文，除了探討獎助計畫之制度面、執行面之變遷外，並從學術史角度探討受獎助之博、碩士學位論文所呈現的客家研究面貌，其中包含了下列問題：這些研究使用了哪些學門的視角、理論以及研究方法？它們多聚焦於哪些議題？隨著時間呈現怎樣的趨勢變化？呈現了何種「客家研究」面貌？在「客家知識體系」的建構中又有何作用？

〔註5〕孫煒、韓保中，〈客家知識體系的分析架構〉，收入江明修主編，《客家研究：社群省思與政策對話》（臺北：智勝文化，2013 年），頁 21～24。

〔註6〕截至 108 年 3 月 13 日，客家學術機構已達 38 所，資料來源：臺灣客家資料開放平臺（http://cloud.hakka.gov.tw/Details?p=842）。

〔註7〕以全國第一個客家學院——中央大學客家學院為例，其中有多位教師之碩士、博士論文曾受獎助，如系主任陳秀琪（97 年度博士論文）、副教授江俊龍（現借調至臺中市政府擔任客家委員會主委，其博士論文於 92 年度獲得獎助）、王保鍵助理教授（100 年度博士論文）、副教授羅烈師（96 年度博士論文）、兼任助理教授賴文英（98 年度博士論文）等等。

第二節　文獻回顧

一、客委會獎補助政策研究

　　2001 年客委會成立之初，即被賦予發展客家學術研究之任務。於此，客委會於 2003 年開始陸續透過「補助大學校院發展客家學術機構計畫」、「獎助客家學術研究計畫」、「獎助優良客家研究博碩士論文計畫」以及「補助購藏客家相關圖書資料計畫」以達到健全客家知識體系之目的。〔註8〕

　　2010 年，陳定銘、吳珮菱〈行政院客委會獎補助客家學術研究之內容分析——以獎助優良博碩士論文為例〉〔註9〕為分析「客委會獎助客家研究優良博碩士論文」之研究主題與領域，將獎助論文歸納出 12 種類的主題與次類目，並分析各年度獎助論文的學門變化。

　　至 2011 年，以上各獎助計畫已累積一定成果，於是客委會委託江明修等進行「建構『客家知識體系』規劃研究」，研究結果集結成專書，並於 2013 年出版。其目的在於檢視歷年來客家研究成果，包括對客家學術機構運作現況、課程設計與研討活動之探究與分析，希望達到定義我國客家研究的完整論述、構築客家知識體系的發展方向、奠定「客家學」在臺灣人文社會科學中的學術地位之目的。〔註10〕

　　孫煒、韓保中〈客家知識體系的分析架構〉清楚建構了「客家知識體系」的全貌，將「客家知識體系」下分「客家經驗體系」、「客家理論體系」，前者為「大量在民間的客家史工作者、客語薪傳人員為了保留，甚至發揚光大在臺灣社會逐漸式微的重要『客家』元素」，這些元素包括歷史記憶、語言腔調、信仰儀式、社群互動等；後者則為臺灣學術界近幾十年來以學術方法與途徑針對各種客家現象進行之客家研究。除此之外，「客家經驗體系」與「客家理論體系」皆會受到「客家行動體系」——即發軔於 1980 年代的臺灣客家社會運動所刺激，三者互為表裡、環環相扣。〔註11〕清楚定義客家知識體系的架

〔註8〕陳定銘、劉小蘭，〈客家獎補助政策之作業機制〉，收入江明修主編《客家研究：社群省思與政策對話》（臺北市：智勝出版社，2013 年），頁 40。

〔註9〕陳定銘、吳珮菱，〈行政院客委會獎補助客家學術研究之內容分析——以獎助優良博碩士論文為例〉，收入 2010 客家文化學術研討會論文集，（新北市：臺北縣政府客家事務局、國立臺北大學通識中心，2010 年），頁 163～189。

〔註10〕江明修主編，《客家研究：社群省思與政策對話》（臺北市：智勝出版社，2013 年），頁 3。

〔註11〕孫煒、韓保中，〈客家知識體系的分析架構〉，收入江明修主編《客家研究：

構後，此研究參考我國現階段正式（formal）人文社會科學學術分類，將廣義的客家研究分為三大類型共十二類，作為分類客家研究的判準。

　　陳定銘、劉小蘭〈客家獎補助政策之作業機制〉〔註12〕則分析客委會客家獎補助政策之背景、作業機制與內容，並透過焦點座談、深度訪談獎補助制度有關之學者、受獎者，了解其對政策之滿意度，以提出建議與展望。對於客委會獎助政策一環的「獎助客家研究優良博碩士論文」，則是略述歷年（民國 92 年度～民國 99 年度）獎助總金額、總件數之變化，再將受獎助博碩士論文以孫煒、韓保中研究之客家學門基準分類，探討此十二類客家研究數量的變化。

　　綜合上述，獎助政策自 2003 年迄今已 16 年，除「補助購藏客家相關圖書資料計畫」已於 2007 年結束之外，「補助大學校院發展客家學術機構計畫」、「獎助客家學術研究計畫」、「獎助優良客家研究博碩士論文計畫」三計畫仍在進行，因此學界對其研究多為初步盤點其成果，對於受獎助之論文呈現之客家研究特色也尚未有較為深入的討論。

二、「客家研究」與「客家學」

　　當代客家研究是從何開始發展？目前學界多是以羅香林 1933 年《客家研究概論》為客家研究之起點。吳澤〈建立客家學芻議〉將羅香林視作客家研究奠基者、拓荒者，標誌著客家問題研究已由草創階段進入發展時期；〔註13〕謝劍除了也認為羅氏為現代客家研究的開拓者外，尚提到羅氏首先使用了「客家學（Hakkaology）」一詞；〔註14〕莊英章〈族群互動、文化認同與「歷史性」：客家研究的發展脈絡〉認為客家研究應以羅香林 1933 出版《客家研究導論》為起點，隨後 1950 年羅氏之《客家源流考》根據大量的族譜作為材料，以考據客家族群的歷史源流，如此則進一步奠定了客家歷史研究之基礎。〔註15〕

　　　　社群省思與政策對話》，頁 21～25。

〔註12〕陳定銘、劉小蘭，〈客家獎補助政策之作業機制〉，收入江明修主編《客家研究：社群省思與政策對話》。

〔註13〕吳澤，〈建立客家學芻議〉，收入吳澤主編《客家學研究》第二輯（上海：上海人民出版社，1990），頁 2。

〔註14〕謝劍，〈香港地區的客家研究及其影響〉，收入中央研究院民族學研究所編，《第四屆國際客家學研討會》（臺北：中央研究院民族學研究所，1998 年 11 月），頁 52。

〔註15〕莊英章，〈族群互動、文化認同與「歷史性」：客家研究的發展脈絡〉，《歷史月刊》，201 期（臺北：2004 年 10 月），頁 31～32。

　　1950 年代以降，學界客家研究多為對羅氏學說作補充、修正，並無太大突破。直到 1980、1990 年代，中國大陸適逢改革開放，上海華東師範大學教授吳澤於 1991 年發起舉行「客家學國際學術研討會」，並提出〈建立客家學芻議〉，對客家研究的發展脈絡、客家學定義、內涵、外延，乃至於方法論、發展方向都有所闡述。吳澤認為，繼羅香林以降，學界對客家問題的探討多集中於客家民系的形成與遷徙，對客家族群生活方式等實證研究較少；相關研究未觸及海外客家族群，研究層次也多流於現象表面，深度、廣度皆有所不足。於此，其倡議建立「客家學（Hakkaology）」學科概念，透過充實「客家學」的理論基礎，使其研究能夠更加深入。〔註 16〕

　　繼吳澤之後，1992 年 9 月，香港中文大學教授謝劍與法國國家研究中心合作，舉行了國際客家學研討會，會後出版該會議之論文集，促進了國際間對客家研究的興趣以及熱度。〔註 17〕其後，華東師範大學歷史系教授王東《客家學導論》承繼了羅香林以民系作為客家研究主軸的觀點，並指出客家學為一門「採用歷史學、人類學等學科方法，但有自己特殊的研究對象、範疇」之學科；〔註 18〕房學嘉《客家文化導論》亦指出：「真正成熟的『客家學』還沒建立起來。但這並不影響我們的學習和探討，因為『客家學』的研究對象是客觀存在的族群，即客家人與其文化」。〔註 19〕

　　在臺灣，1988 年客家「還我母語運動」引起大眾關心客家語之存續，客家意識隨之凝聚、興起，人文社會科學研究者也注意到作為一特別學術領域之「客家研究」，並相繼投入。2001 年客家事務主管機關——行政院客家委員會成立，其投入資源於客家學術研究，對客家研究之發展有所裨益。隨著研究成果的累積，學者開始對「建構客家學（Hakkaology）」有一定數量的討論。

　　莊英章點出了「客家學」一詞出現的三個意義，以及其背後方法論的意涵：

　　其一，客家研究開始反思以往「漢人中心觀」視角解釋少數族群，進而以較為平等的族群互動視角看社會歷史的變遷；

　　其二，此時的「客家學」承繼了自羅香林開始之移民社會研究，而客家

〔註 16〕吳澤，〈建立客家學芻議〉，頁 2。
〔註 17〕王東，《客家學導論》（臺北市：南天書局，1998），頁 xiv。
〔註 18〕王東，《客家學導論》，頁 22～23。
〔註 19〕房學嘉、宋德劍等編著，《客家文化導論》（廣州市：花城出版社，2002 年）。

族群的分界也從原本的語言、生活區域，轉為以自我認同為族群劃分的依歸；

其三，凸顯了「人文社會科學」分野的武斷，也因此客家學應是一門從實踐論典範出發，進行跨學科、跨區域整合的研究。〔註20〕

2005 年發行的第 43 卷第 2 期之《思與言》期刊為客家研究專號，所載論文皆屬客家研究範疇，並由張維安撰寫導論至於首篇。《思與言》客家研究專號的出現也顯示了客家研究在當時為學術討論的熱點，以下分述該專號中各篇論文對「客家研究」、「客家學」等概念之探討。

張維安〈導論：客家意象、客家研究、客家學〉對於「客家學」的建構，提出了一個關鍵的、對於客家研究本質的問題：它是一門「具有個別特質的學科」，還是「僅僅只是跨學科的、綜合的，以客家族群為對象、以客家族群為題材的研究」？換句話說，即為「獨立學科（客家學）」vs.「特定研究領域（客家研究）」之辨識。張維安認為，「客家學」仍在吸收各學科養分之階段，這些學科包括人類學、社會學、歷史學、政治經濟學、語言學等等。換言之，張維安認為這樣的階段應以「客家研究」名之，隨著學術研究持續發展，出現一兩個客家研究的典範後，「客家學」才算誕生。〔註21〕

由楊國鑫發表的〈現階段客家學的定位：從方法論的角度探討〉則認為要回答「現階段有沒有客家學」這個問題，關鍵在於「客家學」有沒有清晰且獨立的方法論。就現階段而言，楊國鑫認為雖有「客家學」之稱，但實質上並無清晰獨立之方法論與理論，因此「客家研究」呈現的特色較傾向於「各種學科對客家進行研究的叢集（cluster）」〔註22〕，與前文張維安之觀點互相呼應。

蕭新煌〈臺灣客家研究的典範移轉〉除了提出其對近十年來臺灣客家研究的四個典範移轉外，更點出 2000 年左右，學者多以「客家學」稱呼客家研究，凸顯當年對於客家研究之樂觀與野心。但是隨著時間的推移，論者反而多以「客家研究」來稱呼此一學術領域，於此是一種比較趨於務實、嚴謹化之轉向。〔註23〕

〔註20〕莊英章，〈族群互動、文化認同語歷史性客家研究的發展脈絡〉，頁 39～40。

〔註21〕張維安，〈導論：客家意象、客家研究、客家學〉，《思與言》，43（2），（臺北：2015 年 6 月）頁 3～4。

〔註22〕楊國鑫，〈現階段客家學的定位：從方法論的角度探討〉，《思與言》，43（2），（臺北：2015 年 6 月），頁 32。

〔註23〕蕭新煌，〈臺灣客家研究的典範移轉〉，頁 10。

綜合上述，得以發現「客家學」為一發展中之概念，學界近年來對其內涵的討論多圍繞方法論，以及是否與現有學科有明確的分野。由於「客家學」尚在發展中，其定義、內涵、研究對象、方法等隨時空有許多不同的論辯。

第三節　研究方法與架構

一、研究方法與限制

（一）研究方法

本研究旨在分析下列兩個標的：「客委會獎助客家研究優良博碩士論文」機制，以及受到獎助之博、碩士論文。對於前者，擬以「歷史學研究法」分析其機制之形成背景、規範作業機制、法規變遷以及歷年獎助之成果與成效。「歷史學研究法」是指有系統地收集、客觀地評鑑與過去發生事件有關的資料，以考驗那些事件的因、果或趨勢，並提出準確地描述與解釋，進而有助於現況以及預設未來的一種歷程。〔註24〕為達前述之研究目的，本研究將系統地收集「客委會獎助客家研究優良博碩士論文」機制有關之法規、政府文件以及政府公開資訊。法規部分包括《行政院客委會組織條例》、《客家基本法》、《客家知識體系作業要點》、《客委會獎助客家研究優良博碩士論文作業要點》等；除此之外尚有政府預算書、客委會歷年施政目標、政策白皮書等，以解答本研究之問題意識。

對於受到獎助之博、碩士論文，則以「內容分析法」，分析歷年受獎助之學位論文使用了哪些學門的理論、方法以及變遷趨勢。「內容分析法」係指透過定量的技巧與定性的分析，以客觀且系統的態度，對文件內容進行研究分析，藉以推論該文件內容的環境背景及意義。〔註25〕

本研究將受獎助論文的畢業系所依「教育部大學校院學科標準」分類，藉由了解受獎助論文屬於何種學門、學類，以深究其使用之研究方法、理論與視角，並勾勒出歷年各學門演變之趨勢、解釋變化之緣由。

本研究所分析之「客委會獎助客家研究優良博碩士論文」，係經筆者從客

〔註24〕張紹勳，《研究方法（精華本二版）》（臺中：滄海書局，2007年），頁436。
〔註25〕簡茂發、黃光雄，《教育研究法》（臺北市：師大書苑，1991年）。

委會網站〔註26〕、臺灣客家資料開放平臺〔註27〕以及客委會綜合規劃處承辦人廖晨佐專員提供之資料，〔註28〕依序列出民國92至107年度「獎助客家研究優良博碩士論文」之作者、學位別、論文題目、畢業學校、畢業系所、獎助金等資訊，整理成本文附件一並作為本文分析之底本。其中，客委會網站上載有819篇論文，其中並不包含放棄獎助資格者；臺灣客家資料開放平臺上共有781篇論文，缺少105年度的獎助論文；廖晨佐先生的版本則有包含有獎助資格但放棄領取獎助之論文，但僅有97～107年度的論文。筆者將三者交叉比對，若資料有缺漏則輔以「臺灣博碩士論文知識加值系統」，得出自92年自107年獎助客家研究優良博碩士論文共823篇，其中包含入選但放棄領取獎助金者，惟計算每年獎助金額時將之排除，以客委會實際支付予研究者的金額數量為準。

此外，本文常用的幾個名詞在此先做定義上的釐清。所謂「客家研究」，分為廣義、狹義的解釋，廣義的「客家研究」係指長時段的，所有有關『客家』的學術、民間研究，包含將「客家」族群作為研究對象，抑或是其問題意識、研究動機是從「客家」出發，甚至只要是研究中帶有「客家」因素者，皆屬於廣義的「客家研究」。

狹義的「客家研究」，則是指具有現代學術意義，運用多種社會人文學科方法、以「客家」族群做為研究對象之綜合型學科，此「客家研究」概念與具有獨立學科概念之「客家學」相對。

以下行文位區隔廣義、狹義的「客家研究」概念，若是指稱狹義之「客家研究」，則特別以引號加註，若是取其廣義則不加以號，以示區隔。

（二）研究限制

本文旨在探討「客委會獎助客家研究優良博碩士論文」機制對於建構「客家知識體系」之作用。其中「客家知識體系」以孫煒、韓保中定義為準，即：「客家知識體系」係由「客家行動體系」、「客家經驗體系」二者所構成，並會受到「客家理論體系」刺激而發展。「客家行動體系」為1988年以降的客家

〔註26〕「客委會網站／政府資訊公開／研究報告／學術研究／博碩士論文」（https://www.hakka.gov.tw/Block/Block?NodeID=627&LanguageType=CH&SubSite=0&SubSiteName=Main）。

〔註27〕「臺灣客家資料開放平臺」（http://cloud.hakka.gov.tw/details?p=%206467）。

〔註28〕客委會綜合規劃處專員廖晨佐先生提供民國97～107年度之獎助論文列表，特此致謝。

社會運動潮流;「客家理論體系」為學術界的客家研究;「客家經驗體系」則為學術圈以外的民間對於客家元素的保存與傳承〔註29〕（其定義於本文第二章第一節「獎助源起與背景」、第四章第二節「『客家研究』、『客家學』與『客家知識體系』」有更詳盡之描述）。

按照如此的定義,「客委會獎助客家研究優良博碩士論文」屬於學位論文,為「客家知識體系」中「客家理論體系」之一環,因此本文建構「客家知識體系」以其中「客家理論體系」為主,對於「客家經驗體系」僅討論其與「客家理論體系」呈現何種互動模式、建立了何種連帶關係,此外並無深入的探究。

另外要點出的是,除了「客委會獎助客家研究優良博碩士論文」之外,學術界「客家研究」學者的研究成果、學術社群的組織以及研究刊物的發行皆有助於「客家理論體系」以及「客家知識體系」發展,惟其並非本文焦點,礙於篇幅,因此無較全面的統整與盤點。以上為本文的研究限制,不足之處有待未來他文開展。

二、研究架構與章節說明

本文研究架構如圖 1-3-1 所示,並附有章節說明如下。本文第一章為「緒論」,闡述本文之研究動機與目的、文獻回顧以及研究方法與架構。

接續其後,第二章「客委會獎助客家研究優良博碩士論文機制探析」從歷史脈絡切入,了解客委會成立與其獎助客家學術政策之起源;再透過梳理《客家基本法》、《客家委員會獎助客家研究優良博碩士論文作業要點》等法律文件制訂與修編歷程,以追索「客委會獎助客家研究優良博碩士論文」作業機制變遷;最後,則呈現民國 92 至 107 年度受獎助博碩士論文之數量、獎助總金額以及佔客委會年度總預算之比例,以盤點獎助政策歷年執行面之成果,並進一步解釋其變遷原因。

第三章「客委會獎助客家研究優良博碩士論文內容探析」擬以教育部「教育程度及學科標準分類第 4 次修正版」（96 年 7 月）其中的「大學校院學科標準分類」（見本文附件二）〔註30〕為分類基準,分析歷年受獎助之客家研究博

〔註29〕孫煒、韓保中,〈客家知識體系的分析架構〉,收入江明修主編,《客家研究:社群省思與政策對話》,頁 21～25。

〔註30〕教育部統計處網站:首頁／統計標準分類／教育程度及學科標準分類第 4 次修正版（96 年 7 月）（https://depart.moe.edu.tw/ed4500/cp.aspx?n=2C13413C7370AB85）。

碩士論文畢業系所屬於哪些學門、學類，各學門、學類的畢業論文又分別處理了那些研究課題。最後，再以分取碩、博士論文各三篇進行個案分析，以深入分析受獎助之客家研究論文之研究方法、對象、視角與主題。

圖 1-3-1：研究架構圖

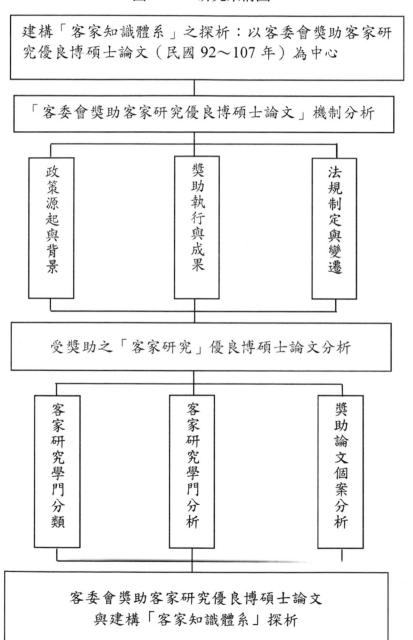

　　第四章「客委會獎助客家研究優良博碩士論文」與建構「客家知識體系」
先是敘明「客家知識體系」、「客家研究」與「客家學」之關係，再將「客委會
獎助客家研究優良博碩士論文」置入其脈絡，探究其於「客家知識體系」的
建構進程中扮演何種角色、發揮何種作用。

　　最後，第五章「結論」則先是總結並指出前面各章的研究成果，包括「客
委會獎助客家研究優良博碩士論文」機制與成果之變遷與其原因、受客委會
獎助之學位論文又呈現何種「客家研究」特色，並綜論其機制對於建構「客
家知識體系」之作用。此外，另有「政策建議」一節，從本文研究成果出發，
對於客委會「客家知識體系發展計畫」之施行，尤其是「獎助客家研究優良
博碩士論文」部分，以求其機制更臻於完善。

第二章 「客委會獎助客家研究優良博碩士論文」機制探析

第一節　獎助源起與背景

　　客家族群在臺灣雖在人數上屬於第二大族群，但往往卻處於「無聲的族群」、「隱形的一群」之境地。〔註1〕光復後，政府為有效統治臺灣，將國語作為語言統一的工具，開始推行「國語運動」，並以不合理的措施打壓其他在地語言（包括客語）的傳承與發展。〔註2〕直至 1980 年代末期，民風漸開，1987年 7 月 14 日，蔣經國發布總統令，宣告臺灣地區自 7 月 15 日解嚴，〔註3〕自此開始的十年間，臺灣政治進行了一場寧靜革命，由威權政治轉變為真正的民主政治。〔註4〕政府對社會控制的鬆綁，使有志於客家語言、文化傳承者先後透過各種管道發聲，投入客家文化傳承的行列。

　　1987 年《客家風雲》（今已改組為《客家雜誌》）雜誌創刊，激起許多熱心人士紛紛投入客家事務，加入了原來就活躍於客家運動的團體，如世界客

〔註1〕 鍾肇政，《臺灣客家族群史・總論》（南投市：臺灣文獻館，2004 年），頁 48。
〔註2〕 陳宏賓，〈解嚴以來（1987～）臺灣母語政策制定過程之研究〉（臺北市國立臺灣師範大學三民主義研究所碩士論文，2002 年），頁 54。
〔註3〕 〈總統府令宣告臺灣地區自七十六年七月十五日起解嚴〉，《從解嚴到戒嚴》，戰後臺灣民主運動史料彙編（一），（臺北市：國史館，1998 年）頁 497。
〔註4〕 高明士主編，《臺灣史》（臺北市：五南圖書出版有限公司，2009 年），頁 276～277。

屬總會及客家崇正會等等。〔註5〕《客家風雲》雜誌除定期出刊以及辦理客家特色的活動之外，1988 年下半年尚籌組了「客家權益促進會」，該會主導了是年 12 月 28 日於臺北舉行的「還我母語遊行」，其主要訴求有三：

　　一、全面開放客語及各方言廣電節目。

　　二、修改《廣電法》對方言的限制條款為保障條款。

　　三、建立多元化語言政策、國語與母語教育並重。〔註6〕

　　本次遊行最大的意義在於客家人終於走上街頭了，臺灣客家人透過理性思考，以爭取憲法平權作為基本訴求，並以族群為名的集體運動方式，在爭取臺灣民主的反對運動中，取得了發言地位，具有高度的象徵意義，〔註7〕並成功地引起社會對客家族群的注意，激發了客家意識以及凝聚了客家族群內部的認同。〔註8〕於是，《客家風雲雜誌》的創辦與「1228 還我母語遊行」可以說是客家意識興起的關鍵，也被視為客家運動的肇始。〔註9〕

　　1988 年揭開序幕的客家族群社會運動，促使了客家政策、行政、法律的提升，以及傳播、學術機構化的落實，包括 1994 年客家電臺開播、2001 年全世界第一政府客家事務主管機關行政院客委會的成立、2003 年客家電視臺開播等等。〔註10〕陳水扁當選總統後，於 2000 年 5 月 11 日第 2681 次行政院會議中通過《行政院客家務事委員會籌備處暫行組織章程》及《行政院客家事務委員會組織條例》兩草案；同年 5 月 18 日將前者公告週知，並將後者送立法院審議，最終立法院於 5 月 4 日三讀通過《政院客家事務委員會組織條例》，行政院客家委員會正式於 2001 年 6 月 14 日成立。

　　《行政院客家委員會組織條例》中，清楚訂客委會之職掌共十項：

　　一、客家事務政策、制度、法規之綜合規劃、協調及研議事項。

〔註5〕蕭新煌，《臺灣客家族群史・政治篇（上）》（南投市：臺灣文獻館，2004 年），頁 340。

〔註6〕〈社會觀察大家談〉，04 版，《聯合報》（臺北市），1988 年 12 月 29 日。

〔註7〕范振乾，〈臺灣客家社會運動初探〉，收入《臺灣客家族群史（社會篇）》，頁 193。

〔註8〕丘昌泰，〈客家政治與經濟導論〉，收入江明修主編，《客家政治與經濟》，頁 12。

〔註9〕邱榮舉、謝欣如，〈臺灣客家運動與客家發展〉，《臺灣客家研究：政治與歷史》頁 11～12。

〔註10〕蕭新煌，〈臺灣客家研究的典範轉移〉，《全球客家研究》（第 10 期，2018 年 5 月），頁 3。

二、客家文化之保存及推動事項。

三、客家語言、客家民俗禮儀、客家技藝、宗教之研究與傳承規劃及協調事項。

四、客家教育之規劃協調、客家人才之培育及訓練事項。

五、客家傳播媒體、文化團體與文化活動之推動及獎助事項。

六、客家事務相關資料之調查、蒐集、分析及出版事項。

七、促進族群融合事項。

八、海外客家事務合作及交流事項。

九、議事、文書、印信、出納、庶務及公共關係事項。

十、其他有關客家事務事項。〔註11〕

其中第二、三、四、五、六款與客家文化傳承、發展直接相關，並闡明客委會有研究、推動、獎助、蒐集客家文化相關資料等職責。

客委會專責推動全國客家事務及相關行政，但由於行政措施有其侷限、缺乏法源依據，以至於無法普遍而深入地推展各項工作。於是，為了建立制度性規範以確立客家事務未來基本方向，並建構客委會施政總目標，2008年客委會開始積極推動《客家基本法》之立法工作，最終立法院於2010年1月5日三讀通過《客家基本法》全文15條，並於1月27日公布、施行。〔註12〕其中，《客家基本法》第11條明定：

政府應積極獎勵客家學術研究，鼓勵大學校院設立客家學術相關院、系、所與學位學程，發展及厚植客家知識體系。〔註13〕

以及第13條：

政府應積極推動全球客家族群連結，建設臺灣成為全球客家文化交流與研究中心。〔註14〕

除此之外，自民國92（2003）年度起，「促進客家知識體系發展」都見於

〔註11〕《行政院客家委員會組織條例》（民國90年5月16日制定，104年12月16日廢止），第3條（來源：全國法規資料庫 https://law.moj.gov.tw/LawClass/LawAll.aspx?pcode=D0000129）。

〔註12〕鍾國允，〈客家基本法之分析〉，收入江明修主編，《客家政治與經濟》（臺北市：智勝文化，2010），頁50～51。

〔註13〕《客家基本法》（2010年1月5日制定），第11條（來源：植根法律網 http://www.rootlaw.com.tw/LawHistory.aspx?LawID=A040380000000900-1070131）。

〔註14〕《客家基本法》（2010年1月5日制定），第13條。

客委會施政目標中，更彰顯了客委會施政總目標對於推廣、獎勵客家研究以建構客家知識體系之重視。

有鑑於此，客委會於民國91年開始籌辦各式各樣的文化重建運動，開啟了客家語言、文化復興的契機。〔註15〕接續其後，客委會成立「客家學術發展委員會」，負責「客家知識體系發展計畫」之規劃、審議、評核及其他有關客家知識體系發展辦理事項。〔註16〕

民國92年開始，客委會陸續挹注經費至各項獎補助計畫以發展客家知識體系，包括：「補助大學校院發展客家學術機構計畫」、「補助購藏客家相關圖書資料計畫」、「獎助客家學術研究計畫」以及「獎助優良客家研究博碩士論文計畫」。

「補助大學校院發展客家學術機構計畫」是客委會為結合國內各大學校院資源，以提升客家學術研究與促進客家知識體系發展而訂定。國內已立案之大專院校已設立（或籌備中）客家學院或相關系所或研究中心者，得以申請補助，補助金額以二分之一為上限。〔註17〕

「補助購藏客家相關圖書資料計畫」則是2003至2007年間，凡設有客家學院、客家研究相關系所、開設客家相關課程之大專校院或學術研究機構者，若是需購藏客家相關圖書資料，客委會將予以補助。其中，「圖書資料」除了普通圖書、參考工具書、期刊、報紙之外，政府公報、新聞剪輯資料、電子出版品、錄音帶、錄影帶、DVD等影音資料亦有補助。〔註18〕由此可見，客委會希望大專院校中客家研究機構能廣泛地蒐羅客家相關圖文書籍、影音資料，以助客家研究的推行、深化與發展。

「獎助客家學術研究計畫」則是為鼓勵本國籍學者從事客家研究而訂定。學者以研究計畫向客委會申請，由專家學者組成審查小組予以審查，每一研

〔註15〕陳定銘、吳珮菱，〈行政院客委會獎補助客家學術研究之內容分析——以獎助優良博碩士論文為例〉，頁164。

〔註16〕陳定銘、劉小蘭，〈客家獎補助政策之作業機制〉，收入江明修主編，《客家研究社群省思與政策對話》（臺北市：智勝文化，2013年），頁43。

〔註17〕《行政院客家委員會補助大學校院發展客家學術機構作業要點》（2003年3月31日訂定），第1～4條（來源：植根法律網 http://www.rootlaw.com.tw/LawHistory.aspx?LawID=A040380001002400-1030815）。

〔註18〕整理自《行政院客家委員會補助購藏客家相關圖書資料作業要點》（來源：客委會網站 https://www.hakka.gov.tw/Content/Content?NodeID=64&PageID=21041）。

究計畫之補助經費以四十萬元為限制。〔註19〕

　　「獎助優良客家研究博碩士論文計畫」則是藉由獎助教育部認可之國內外公私立大學研究所博、碩士研究生，以鼓勵其撰寫客家相關主題之研究。〔註20〕

　　綜合上述，客委會於民國92年度（2003）開始推動四項獎助計劃以建構「客家知識體系」：「補助大學校院發展客家學術機構計畫」鼓勵大專院校成立客家研究、教學機構，創建學者能夠從事研究、培養後進之場域；「獎助客家學術研究計畫」則是廣泛地鼓勵全國各學門研究者以自身學門知識投入客家相關研究；「獎助優良客家研究博碩士論文計畫」則注重培養學術研究入門者的客家研究興趣，希望能藉此開啟更多學術研究者能夠投入客家研究之契機；「補助購藏客家相關圖書資料計畫」則是有意識地收納客家研究成果外，並存有當代客家多元來源之資料以供後人研究。於此，得以發現此四項獎助政策涵蓋了學術體系的場域、硬體、動機等面向。

　　在客委會有意識的推動之下，此四項獎助政策已收到不少成果。放眼國內大專院校，設有客家研究機構者迄今已達38所、〔註21〕獎助之博碩士論文已累積800餘篇、獎助客家學術研究逾500種、購藏客家圖書補助總金額超過2520萬元，〔註22〕成果豐碩。

第二節　獎助法規變遷

　　客委會獎助客家研究優良博碩士論文肇始於民國92年，至今不輟。獎助執行之肇因，如前文所述，係因《行政院客家委員會組織條例》中賦予客委會對客家語言、民俗禮儀具有研究、傳承以及培養客家人才等職責。因此，《行政院客家委員會九十二年度施政目標與重點》第二款更是納入促進客家

〔註19〕整理自《行政院客家委員會獎助客家學術研究計畫作業要點》，2003年2月21日制定版本（來源：植根法律網 http://www.rootlaw.com.tw/LawHistory.aspx?LawID=A040380001002100-1060206）。

〔註20〕整理自《行政院客家委員會獎助客家研究優良博碩士論文計畫作業要點》（2003年2月21日制定）版本（來源：植根法律網 http://www.rootlaw.com.tw/LawHistory.aspx?LawID=A040380001002200-1030630）。

〔註21〕截至108年3月13日，客家學術機構已達38所，資料來源：臺灣客家資料開放平臺（http://cloud.hakka.gov.tw/Details?p=842）。

〔註22〕整理自客委會網站——政府資訊公開處（https://www.hakka.gov.tw/Home/Tour#）。

知識體系的發展：

> 保存客家文化資產：調查、研究客家傳統建築、民俗節慶；賡續建
> 置客家文學、音樂資料庫；蒐集客家文獻資料、獎勵補助客家相關
> 研究計畫，促進客家知識體系的發展。〔註23〕

為履行職責，行政院客委會於民國 92 年開始透過經費補助「補助大學校院發展客家學術機構計畫」、「補助購藏客家相關圖書資料計畫」、「獎助客家學術研究計畫」以及「獎助優良客家研究博碩士論文計畫」。

本文核心之「獎助優良客家研究博碩士論文」，其作業方式以 92 年 2 月21 日制定之《行政院客家委員會獎助客家研究博碩士論文作業要點》為依歸，至今經過多次修訂，多為獎助作業細節上的修正。至 107 年初《客家基本法》修正通過後，「獎助優良客家研究博碩士論文」才改為每年以計畫方式實行，並改以《客家知識體系發展獎勵補助辦法》作為法源依據。在民國 92 至 107年之間，則是以《行政院客家委員會獎助客家研究博碩士論文作業要點》作為獎助執行時之主要依歸。

根據民國 92 年 2 月 21 日《行政院客家委員會獎助客家研究博碩士論文作業要點》規定，教育部認可之國內外公私立大學院校研究所之博、碩士學位候選人，以客家相關研究為論文主題者皆可申請。申請時附上大學、研究所成績單各一份、研究所所長推薦書以及經所方核定、指導教授簽署之論文計畫書十份。其中，計畫書應包含論文題目及其意義、價值、相關文獻之回顧、研究方法、研究架構、預期目標、研究範圍與限制、計畫進度（並註明擬完成論文之時間）、參考文獻、指導教授姓名及簽署。〔註24〕

準備上述所需之文件後，於每年一月或七月向行政院客委會提出申請，接著先由客委會審查申請者是否符合條件、資料是否齊備，通過後再由學者專家組成審查小組進行審查，於每年 2 月 28 日、8 月 31 日前將小組審查結果以書面通知申請者。〔註25〕得到獎助的博士生每名可得 15 萬元；碩士班研

〔註23〕《行政院客家委員會九十二年度施政目標與重點》，第 2 條。

〔註24〕《行政院客家委員會獎助客家研究博碩士論文作業要點》（92 年 2 月 21 日制定），第 3 條（來源：植根法律網 http://www.rootlaw.com.tw/LawHistory.aspx?LawID=A040380001002200-1030630）。

〔註25〕《行政院客家委員會獎助客家研究博碩士論文作業要點》（92 年 2 月 21 日制定），第 6 條（來源：植根法律網 http://www.rootlaw.com.tw/LawHistory.aspx?LawID=A040380001002200-1030630）。

究生則最高可得 10 萬元。〔註26〕

得到獎助資格後，待論文計畫取得學位，得逕以學位證書影本及有指導教授簽名之論文平裝三冊向客委會核發獎助金，期限則以當年 12 月 20 日以前為原則，逾期者則撤銷獎助。〔註27〕除此之外，論文書寫應以中文為主，若以外文撰寫則須附中文提要；申請獎助期間如果亦有向其他單位申請獎助，或是更改指導教授、論文題目，則需事先通知客委會。若有違反學術倫理者，則得以撤銷並追繳獎助金。〔註28〕

於此，「獎助客家研究優良博碩士論文」在 92 年度開始運作之初，是屬於「事先申請制」，在論文尚在計畫、大綱階段，即得以投件客委會，經過審查後得到獎助資格，再於年底前完成論文、取得學位，方能領取獎助。

隔年 8 月 23 日，客委會訂定《行政院客家委員會客家學術發展委員會設置要點》，成立「學術發展委員會」，成立之目的為「為強化客家學術研究之基礎，促進客家知識體系之發展」。〔註29〕其中「客家知識體系之發展」，所指為何？第二條有所說明：

> 本要點所稱客家知識體系發展計畫，係指本會補助大學校院發展客家學術機構計畫、補助購藏客家相關圖書資料計畫、獎助客家學術研究計畫、獎助優良客家研究博碩士論文計畫及其它經本委員會同意設置之計畫等。

於此可見，「客家知識體系之發展計畫」即為前文所提的四項獎助計畫的合稱。換言之，在民國 93 年，客委會為統籌「補助大學校院發展客家學術機構計畫」、「補助購藏客家相關圖書資料計畫」、「獎助客家學術研究計畫」以及「獎助優良客家研究博碩士論文計畫」共四項與客家學術研究推動相關之獎助計

〔註26〕《行政院客家委員會獎助客家研究博碩士論文作業要點》（92 年 2 月 21 日制定），第 5 條（來源：植根法律網 http://www.rootlaw.com.tw/LawHistory.aspx?LawID=A040380001002200-1030630）。

〔註27〕《行政院客家委員會獎助客家研究博碩士論文作業要點》（92 年 2 月 21 日制定），第 7 條（來源：植根法律網 http://www.rootlaw.com.tw/LawHistory.aspx?LawID=A040380001002200-1030630）。

〔註28〕《行政院客家委員會獎助客家研究博碩士論文作業要點》（92 年 2 月 21 日），第 8 條（來源：植根法律網 http://www.rootlaw.com.tw/LawHistory.aspx?LawID=A040380001002200-1030630）。

〔註29〕《行政院客家委員會客家學術發展委員會設置要點》（民國 93 年 8 月 23 日訂定），第 1 條。

畫，特別設立「客家學術發展委員會」以統籌相關事宜，並納入「客家知識體系發展」之範疇。

至於「客家學術發展委員會」之成員，由客委會主任委員選聘專家、學者等共十九人擔任，均為無給職，但得支領審查費與出席費，並設召集人一人，由本會委員相互推舉之。每到各獎補助計畫辦理之時程，則須召開會議，由召集人主持。委員會須負責獎助計畫之其事前之規劃、進行時的審議與評核，每年度計畫辦理結束後，也須辦理相關評鑑。〔註30〕

《行政院客家委員會客家學術發展委員會設置要點》奠定了「客家知識體系發展計畫」的施行辦法，即由隸屬客委會之「客家學術發展委員會」之委員，依時程來規劃、審議、評核、辦理獎助政策，用以決定「補助大學校院發展客家學術機構計畫」、「補助購藏客家相關圖書資料計畫」、「獎助客家學術研究計畫」以及「獎助優良客家研究博碩士論文計畫」實行的大方向，而各項計畫之作業細節，仍由各項作業要點訂之（如「獎助客家研究優良博碩士論文」仍以《行政院客家委員會獎助客家研究博碩士論文作業要點》作為主要依歸）。

因應上述「客家學術發展委員會」的設立，《行政院客家委員會獎助客家研究博碩士論文作業要點》於民國93年12月13日修訂，在審查方式處由原文「由本會聘請學者專家組成審查小組進行審查」改為「由本會客家學術發展委員會進行審查」。此外，由於獎助論文為「事先申請制」，為確保通過獎助者最後皆能完成學位，此次修訂也增加受獎助者必須於當年度6月30日、10月31日、12月20日回報論文進度之規定。〔註31〕

隔年（民國94年）11月28日《行政院客家委員會獎助客家研究博碩士論文作業要點》又作出了若干修訂。有鑑於「事前申請制」難保受獎者能夠於當年度完成學位，亦有因故修改論文題目或是論文計畫窒礙難行者。為減低不確定因素對於獎助論文施行之影響，行政院客委會將獎助改為「事後申請制」，獎助對象改為「兩年內以客家相關研究為主題，並已取得教育部認可

〔註30〕整理自《行政院客家委員會客家學術發展委員會設置要點》（民國93年8月23日訂定版本）。

〔註31〕《行政院客家委員會獎助客家研究博碩士論文作業要點》（93年12月13日修訂），第八條第二款（來源：植根法律網 http://www.rootlaw.com.tw/Law History.aspx?LawID=A040380001002200-1030630）。

之國內外公私立大學院校研究所博、碩士學位之論文」。〔註32〕自此，獎助論文都得完成學位考試、取得學位後才能申請獎助。

再者，由於兩年內的博碩士論文皆得以申請，因此申請時間也由原本配合一學年度兩學期時間的 1 月、7 月提出申請改為 7 月，並增加了審查標準以強化獎助的公正性：

1. 研究主題之創新性（二十％）。
2. 研究架構與研究方法之嚴謹與完整性（二十％）。
3. 研究內容具有意義與價值（三十％）。
4. 研究成果之具體性（三十％）。〔註33〕

可以發現獎助審查偏重研究成果之具體性，以及研究之意義與價值，同時也重視研究主題對於客家研究之創新以及研究本身的嚴謹程度。之後各年度對作業要點又有若干小幅度的修正，民國 95 年 11 月 22 日增訂獲獎者領取獎金須附 3000 字論文精要；〔註34〕96 年 8 月 7 日增加授權書、收據以及論文印刷型制與電子檔格式；〔註35〕97 年 10 月 22 增訂論文指導教授推薦表固定格式、論文扉頁要加註「本論文獲行政院客委會〇〇年客家研究優良博碩士論文獎助」字樣；〔註36〕101 年因應「行政院客家委員會」改制為「客家委員會」，原本《行政院客家委員會客家學術發展委員會設置要點》也改名《客家委員會客家學術發展委員會設置要點》；當年度 5 月 29 日再次修訂，將審查標準加入「性別主流化議題具相關性」；〔註37〕103 年 6 月 30 日則因應客

〔註32〕《行政院客家委員會獎助客家研究博碩士論文作業要點》（94 年 11 月 28 日修訂），第 2 條（來源：植根法律網 http://www.rootlaw.com.tw/LawHistory.aspx?LawID=A040380001002200-1030630）。

〔註33〕《行政院客家委員會獎助客家研究博碩士論文作業要點》（94 年 11 月 28 日修訂），第 6 條第三款（來源：植根法律網 http://www.rootlaw.com.tw/LawHistory.aspx?LawID=A040380001002200-1030630）。

〔註34〕《行政院客家委員會獎助客家研究博碩士論文作業要點》（95 年 11 月 22 日修訂），第 7 條（來源：植根法律網 http://www.rootlaw.com.tw/LawHistory.aspx?LawID=A040380001002200-1030630）。

〔註35〕《行政院客家委員會獎助客家研究博碩士論文作業要點》（96 年 8 月 7 日修訂），附件三、四（來源：植根法律網 http://www.rootlaw.com.tw/LawHistory.aspx?LawID=A040380001002200-1030630）。

〔註39〕《行政院客家委員會獎助客家研究博碩士論文作業要點》（97 年 10 月 22 修訂），第 7 條（來源：植根法律網 http://www.rootlaw.com.tw/LawHistory.aspx?LawID=A040380001002200-1030630）。

〔註37〕《行政院客家委員會獎助客家研究博碩士論文作業要點》（101 年 5 月 29 修

家委員會由原本的中油大樓（臺北市信義區松仁路 3 號 8 樓）遷至行政院新莊聯合辦公大樓（新北市新莊區中平路 439 號北棟 17 樓），而修改申請資料的寄送地點。〔註38〕

　　直到民國 106 年 12 月 29 日，客家事務根本大法《客家基本法》修正通過，並於 107 年 1 月 31 日公布施行，由本來 15 條修訂為 21 條。此次增列之《客家基本法》第 16 條：

> 第 16 條（客家學術與在地知識研究之獎勵）
>
> 政府應積極獎勵客家學術與在地知識研究，鼓勵大專校院設立客家
> 學術相關院、系、所與學位學程，發展及厚植客家知識體系。
>
> 前項獎勵額度、標準及方式之辦法，由客家委員會定之。〔註39〕

與修訂前的《客家基本法》客家知識體系發展相關條文並列比較，《客家基本法》（99 年 1 月 15 日制定、1 月 27 日公布）第十一條：

> 政府應積極獎勵客家學術研究，鼓勵大學校院設立客家學術相關
> 院、系、所與學位學程，發展及厚植客家知識體系。

得以發現，就修正前之法規而言，其「獎勵客家學術研究」之措施著重於「鼓勵大學校院設立相關院、系、所與學位學程」，修正後則將「積極獎客家學術與在地知識研究」納入條文，並明文「獎勵額度、標準及方式由客家委員會訂之」。於此，此次修法不但點明了發展、厚植客家知識體系應包含獎助客家在地研究之外，更確立了客委會從事獎補助客家學術以「發展客家知識體系」之法源，係源自有「客家根本大法」之稱的《客家基本法》。

　　由於《客家基本法》授權客委會訂定獎勵額度、標準及方式，於是客委會著手於相關辦法之擬訂，於 107 年 9 月 12 日訂定《客家知識體系發展獎勵補助辦法》，並於 108 年 1 月 1 日施行。此辦法對於獎助對象、獎助項目、獎勵方式、計畫施行方式皆有更為詳細、明確的規範。獎勵對象部分，《客家知識體系發展獎勵補助辦法》第二條有云：

訂），第 6 條第三款（來源：植根法律網 http://www.rootlaw.com.tw/LawHistory.
　　　aspx?LawID=A040380001002200-1030630）。

〔註38〕《行政院客家委員會獎助客家研究博碩士論文作業要點》（103 年 6 月 30 修
　　　訂），第 4 條（來源：植根法律網 http://www.rootlaw.com.tw/LawHistory.aspx?
　　　LawID=A040380001002200-1030630）。

〔註39〕《客家基本法》，（107 年 1 月 31 日公布），第 16 條（來源：全國法規資料庫
　　　https://law.moj.gov.tw/LawClass/LawAll.aspx?pcode=D0140005）。

客家委員會（以下簡稱本會）得依本辦法獎勵從事客家學術與在地知識研究等與客家知識體系發展及厚植相關之自然人、法人或團體。

此條敘明了本辦法獎勵之「客家知識體系發展」，其中包含了「客家學術」與「在地知識研究」二者，而獎助對象除了學者、專家等自然人之外，大專院校（法人）或是民間客家研究相關團體也得適用本辦法申請獎補助。接著，第三條闡明了補助計畫之項目共下列七項：

一、客家學術與在地知識個別型專題研究計畫之推動。

二、大專校院發展客家學術機構綜合型計畫之推動。

三、客家研究博碩士論文之研撰。

四、客家研究全職博士生及博士後研究人員之培育。

五、客家學術與普及著作之出版。

六、客家知識體系發展之相關國內外交流合作。

七、其他有關客家知識體系發展之事項。〔註40〕

其中，第一款「客家學術與在地知識個別型專題研究計畫之推動」即原先之「獎助客家學術研究計畫」；第二款「大專校院發展客家學術機構綜合型計畫之推動」則為「大學校院發展客家學術機構計畫」之延續；第三款「客家研究博碩士論文之研撰」則為本文核心「獎助客家研究優良博碩士論文」。除了延續先前的「客家知識體系發展計畫」外，獎助對象與項目尚加入了「博士生以及博士後研究人員之培育」（第四款）、客家著作出版（第五款）、國內外學術交流合作（第六款）以及其他相關事項（第七款）。

至於獎勵辦法，「客家學術與在地知識個別型專題研究計畫」係以補助有關之專題研究計畫、綜合型計畫相關經費為之，其額度最高為 50 萬元；「大專校院發展客家學術機構綜合型計畫之推動」則是以補助 200 萬元為最高，並視情況斟酌之；「客家研究博碩士論文之研撰」則是以發給獎牌、獎狀以及獎勵金並公開表揚，其中獎勵金為 3 至 15 萬元；「博士生與博士後研究人員培育」則是於客家研究全職博士生入學後前三年，每月發予獎勵金 2 至 4 萬元、全職博士後研究員則發給每月 5 至 7 萬元獎勵金，每次核給一年，最多

〔註40〕《客家知識體系發展獎勵補助辦法》（107 年 9 月 12 日訂定），第三條（來源：客家委員會網站，https://www.hakka.gov.tw/Content/Content?NodeID=62&PageID=40282）。

可延長三次;「客家著作出版」則以每冊最高 30 萬元(叢書最高 150 萬元)以獎勵客家學術性以及一般普及性讀物之出版;「國內外學術交流合作」則是補助客家研究之交流活動 5 至 200 萬元,包括學術研討會、工作坊、國際學人專訪等等皆可申請。〔註 41〕

關於獎勵的審議方式,則延續以往以「客家學術發展委員會(簡稱「學發會」)」研議、規劃相關辦法,並審議各項申請案件、獎勵名額與金額等等。「學發會」由專家學者組成,共 9 至 13 人,聘期二年,期滿得續聘之。〔註 42〕獎助進行的項目以及方式,則是由客委會逐年訂定計畫實施,計畫內容內含申請時間、申請資料、獎勵項目、方式與模式、對象、審查程序、經費核撥等等。〔註 43〕

綜觀《客家知識體系發展獎勵補助辦法》的訂定,係屬於《客家基本法》之授權,也得以發現客委會有意擴大客家知識體系獎補助的範圍,如擴及博士生、博士後研究人員的獎助,並增加補助客家學術性、普及讀物之出版,以填補「補助購藏客家相關圖書資料計畫」於 2007 年結束後的空缺。

除此之外,客委會在制定此等獎補助政策時也一定程度參考了科技部「補助專題研究計畫」、農委會「補助一般科技計畫」等學術補助方案,例如與受獎勵者訂定契約並考察其成效,作為撥付經費時的參考。此舉使經費的支出更有效率,也能相關監控研究成果。

另外,每年以計畫方式進行各項獎助,則可以依據每年經費使用狀況、前一年獎助執行狀況、客委會當年度需求等,達到「因時制宜」的效益,更能夠隨著時空環境的轉換而貼近客委會、乃至於整體社會對於客家研究之需求。

第三節　獎助執行與成果

自民國 92 年度開始執行「獎助客家研究優良博碩士論文」,至 107 年已累積 823 篇,累計獎助金額已達 4564 萬元,成果豐碩(見表 2-3-1)。若以觀圖(圖 2-3-1、圖 2-3-2)更能清楚的表示歷年件數、金額的變化趨勢。從表 2-3-1、圖 2-3-1 以及圖 2-3-2 觀之,得以發現獎助件數、金額自 92 年度開始執

〔註 41〕整理自《客家知識體系發展獎勵補助辦法》(107 年 9 月 12 日訂定),第 3、
　　　　4、8 條。
〔註 42〕《客家知識體系發展獎勵補助辦法》(107 年 9 月 12 日訂定),第 6 條。
〔註 43〕《客家知識體系發展獎勵補助辦法》(107 年 9 月 12 日訂定),第 5 條。

行後一路攀升，高峰落在民國 100～101 年左右，之後呈現一路下降，至 107 年度為 24 件共 200 萬元。若將之與 101 年度 135 件共 636 萬元相比，件數不到其二成、金額僅為其三成，差別不可謂不大。

表 2-3-1：獎助客家研究優良博碩士論文（民國 92～107 年度）件數、獎助金額比較表

年　度	獎助件數			獎助金額（萬元）		
	碩　士	博　士	合　計	碩　士	博　士	合　計
92	11	1	12	65	15	80
93	18	0	18	95	0	95
94	21	1	22	116	5	121
95	17	2	19	95	30	125
96	25	1	26	115	15	130
97	41	3	44	215	35	250
98	71	4	75	440	55	495
99	81	2	83	507	27	534
100	95	10	105	426	102	528
101	129	6	135	576	60	636
102	73	7	80	337	74	411
103	51	7	58	250	82	332
104	56	3	59	186	32	218
105	36	1	37	189	12	201
106	25	1	26	208	12	220
107	20	4	24	160	40	200
合計	770	53	823	3972	604	4576

資料來源：整理自本文附件一。

　　獎助總件數於民國 102 年度後的下跌，與修讀碩士、博士人數驟減有關係。參照表 2-3-2 民國 92～106 學年度國內研究所畢業人數統計表，得以發現國內研究所畢業人數於民國 101 至民國 103 學年度為最多，其後隨之下降，符合圖 2-3-1 之趨勢。

圖 2-3-1：歷年獎助客家研究優良博碩士論文件數變化圖

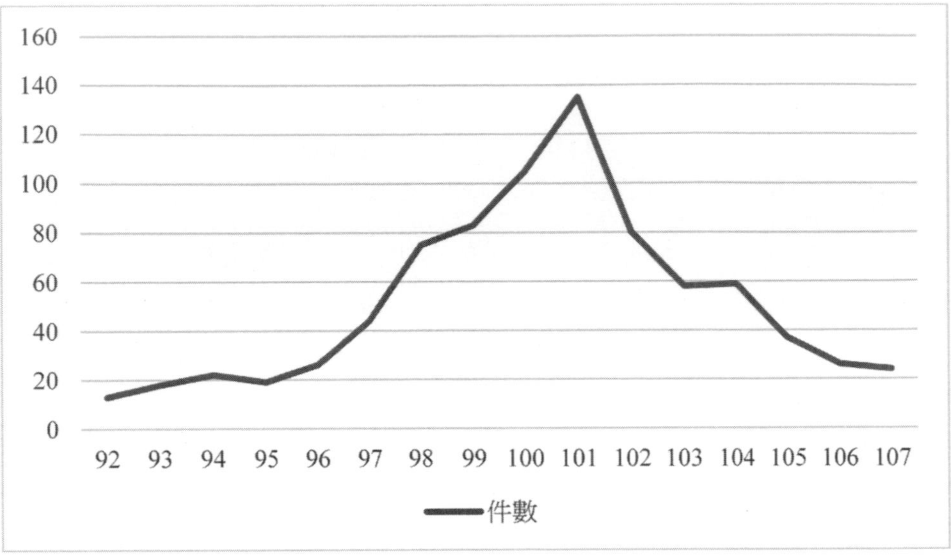

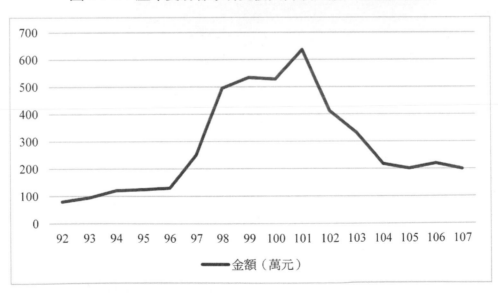

資料來源：整理自本文附件一。

圖 2-3-2：歷年獎助客家研究優良博碩士論文金額變化圖

資料來源：整理自本文附件一。

表 2-3-2：民國 92～106 學年度國內研究所畢業人數統計表

畢業學年度	碩　士	博　士
92	35981	1964
93	42334	2165
94	45736	2614
95	49926	2850
96	54387	3140
97	57674	3589
98	59492	3705
99	60024	3846
100	60050	3861
101	60218	4241
102	59991	4048
103	57461	4000
104	55752	3623
105	54941	3512
106	54346	3423

資料來源：教育部統計處教育統計查詢網（https://stats.moe.gov.tw/qframe.aspx?qno=MgAwADgA0）。

圖 2-3-3：民國 101～106 學年度央大、交大、聯大三校客家學院畢業人數折線圖

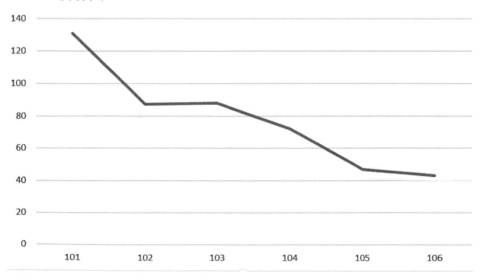

資料來源：教育部大專校院校務資訊公開網站（https://udb.moe.edu.tw/Index）。

　　若觀圖 2-3-3 中央大學、交通大學以及聯合大學三校客家學院畢業人數統計表趨勢更為明顯，民國 101 學年度畢業人數還近 140 人，至民國 106 年學年度已降至 40 人左右，也與「客委會獎助客家研究優良博碩士論文」之獎助案件數走勢符合。

　　至於碩、博士論文單篇論文之獎助金額，依據《行政院客家委員會獎助客家研究博碩士論文作業要點》之規定，獎助客家研究博碩士論文之基準，以博士論文 15 萬元以下、碩士論文 10 萬以下為原則，〔註44〕民國 107 年度 9 月 12 日訂定之《客家知識體系發展獎勵補助辦法》（107 年 9 月 12 日訂定）則規定獎助金以不分碩、博士 3 到 15 萬元為原則，〔註45〕額度較先前規定更有彈性，預計於 108 年度開始實施。於此，本文討論之民國 92 致 107 年度範圍內皆遵循前者規定，即博士論文 15 萬元以下、碩士論文 10 萬以下為基準。以附件一碩、博士取得之獎助金額分析，平均每篇博士論文得到 11.18 萬元，單篇最高取得 15 萬元（共 14 人），最少為 5 萬元（共 1 人），全距為 10 萬元；碩士論文則每篇平均取得 5.18 萬元獎助金，單篇最高為 10 萬元（共 10 人），最少為 3 萬元（共 69 人），全距為 7 萬元。博、碩士論文單篇論文獲得金額之差距，導因於「客家學術發展委員會」在審查申請獎助之資格後，會依符合審查標準決定各篇論文獲得獎助金額的高低，因而產生單篇論文博士 10 萬元、碩士 7 萬元之差距。

　　若將客委會每年的總預算、客委會負責客家知識體系獎助之「綜合規劃處」年度預算以及獎助客家研究優良博碩士論文之支出相比較（見表 2-3-3），得以發現；而客委會內「獎助客家知識體系」負責單位「綜合規劃處」的支出於民國 92 年為 127867 千元，之後緩步上升，至民國 98 年突破 200000 千元，至民國 99 年、100 年時達到高峰，分別為 259583、256291 千元。於此同時正逢獎助論文件數、支出金額之高峰，也使得綜合規劃處有足夠的經費能夠支應獎助客家知識體系之支出。

　　每年度的獎助金數量多寡受獎助論文數量多寡而牽動，但亦與前年度預算執行成果、總統政見、客委會主委個人傾向等因素有關。例如，馬英九先生在民國 97 年就任總統，其競選政見中，其中一項即為承諾行政院客家事務

〔註44〕《行政院客家委員會獎助客家研究博碩士論文作業要點》，第 5 條（自民國 93 年 12 月 13 日修訂後一直維持此基準）。
〔註45〕《客家知識體系發展獎勵補助辦法》（107 年 9 月 12 日訂定），第 8 條。

每年增加 20%，四年內達成預算倍增。〔註46〕根據圖 2-3-2 所示，民國 97 年度以後的獎助總金額皆大幅提高，與客委會總預算增加呈現正相關。

　　就「獎助客家研究優良博碩士論文」佔客家委員會綜合規劃處年度預算之比例觀之（見表 2-3-3），獎助開始的前五年（民國 92～96）佔比例皆在 1%以下，97 年突破 1%、隔年突破 2%，至 101 年到達最高 5%，是年正是獎助論文件數最多、累計獎金最多的年份，之後則隨著獎助數量減少，所占比例也緩步下降。若將「獎助論文各年總金額」與「其所佔客委會綜合規劃處年度預算之比例」計算相關係數，得出相關係數為 0.79，呈現高度正相關。

　　若從獎助博碩士論文所占客委會總預算比例觀之，獎助開始時佔 0.08%，之後緩慢上升，至 98 年度達到最高 0.226%，之後隨著獎助總金額的減少而下降，至 107 年已降至 0.079%，約等同於獎助開始年民國 92 年之比例。若將客委會獎助碩博士論文金額與所占客委會總預算比例計算相關係數，則得到 0.88，亦為高度正相關；若將客委會獎助博碩士論文金額與客委會總預算計算相關係數，則得 0.77，亦屬高度正相關。於此，得以發現隨著客委會總預算的增加，綜合規劃處投入獎助客家研究優良博碩士論文的金額也同時增加，其成長幅度大於客委會總預算的增加速度，也使得其佔客委會總預算的比例隨之增加。

表 2-3-3：獎助客家研究優良博碩士論文與客委會綜合規劃處年度預算、客委會總預算比較表　　　　　　（單位：千元）

年度	獎助客家研究優良博碩士論文	綜合規劃處年度預算	獎助博碩士論文所佔比例	客家委員會總預算	獎助博碩士論文所占比例
92	800	127867	0.626%	959380	0.083%
93	950	145458	0.653%	1279279	0.074%
94	1210	151658	0.798%	1425783	0.085%
95	1250	143666	0.870%	1458628	0.086%
96	1300	138148	0.941%	1498839	0.087%
97	2500	160761	1.555%	1611171	0.155%
98	4950	228114	2.170%	2190072	0.226%
99	5340	259583	2.057%	2703672	0.198%

〔註46〕參見：黃裕修，〈預算籌編影響因素之研究〉（臺北：世新大學行政管理學系碩士論文，2011 年），頁 111～116。

100	5280	256291	2.060%	3295324	0.160%
101	6360	118927	5.348%	3285324	0.194%
102	4110	103513	3.971%	3157605	0.130%
103	3320	120776	2.749%	2869117	0.116%
104	2180	112028	1.946%	2589817	0.084%
105	2010	118936	1.690%	2550705	0.079%
106	2200	150213	1.465%	2729903	0.081%
107	2000	110338	1.813%	2521789	0.079%
總計	45760			36126408	—

資料來源：整理自客委會網站「預算書」(https://www.hakka.gov.tw/Block/Block?
NodeID=70&LanguageType=CH&SubSite=0&SubSiteName=Main)。

筆者整理附件一中獎助論文畢業系所製成表 2-3-4，將之分為國外校院、
國內公立校院以及國內私立校院三大類，再將各類中校院獎助論文總數量由
多至少排列，各校再分別列出各系所碩、博士獎助論文數量。其中，國外校
院因為數量最少，因而特別標出其獎助年度，國內校院則特別標出來自「客
家學院」者。

依據表 2-3-4，得以發現共 16 年度的獎助論文，總共涵蓋國內外總共 72
所大專校院，其中國外校院 9 所分別來自英、日、美、法、中華人民共和國
（以下簡稱中國）共 5 國，其中碩士論文 4 篇、博士論文 6 篇；國內公立大
學共有 38 所，論文共 750 篇，其中碩士論文 709 篇、博士論文 41 篇佔最大
宗；國內私立校院共 25 所，論文共 63 篇，其中碩士論文佔 57 篇、博士論文
6 篇。以下分述國外校院、國內公立校院以及國內私立校院三類校院獎助論文
概況。

首先是國外校院部分（見表 2-3-4），10 篇論文共佔全部獎助論文 1.2%，
為最少數，而第一篇受到獎助之碩士、博士論文皆由日本留學生拔得頭籌。
民國 95 年度，第一本國外校院之碩士論文申請客委會獎助通過，係日本麗澤
大學言語教育研究所碩士論文，由莊文曲所作之《閩南人と客家人の文化比
較から見た臺灣社会——清朝の閩客「分類械鬥」から》（透過閩南人與客家
人文化之比較考察臺灣社會——從清朝閩客『分類械鬥』』起）；民國 97 年度，
第一本國外校院之博士論文通過客委會獎助通過，為溫志維《渡海客家文化
の研究——臺灣南部・美濃鎮の「伯公」を事例に》（渡海客家文化的研究—
—以臺灣南部美濃鎮的土地伯公為例），係日本大阪藝術大學藝術研究科博士

論文。此後，漸有英國、美國、中國等其他國家之碩博士論文通過獎助。依據
《客家委員會獎助客家研究優良博碩士論文作業要點》之規定，凡已取得教
育部認可之國內外公私立大學院校研究所博、碩士學位之論文，均得申請獎
助[註47]，國內外校院規定並無不同，但由於有能力出國留學者尚屬少數，
加上客家研究作為一新興研究領域，主要由海峽兩岸或是華人社群作為主要
研究者，因此國外碩博士論文申請獎助者較國內校院為少。

表 2-3-4：獎助客家研究優良博碩士論文國外校院畢業學校統計表

獎助客家研究優良博碩士論文畢業學校統計表（整理自本文附件一）				
國外校院共 9 所（美國、英國、中華人民共和國、法國、日本共 5 國），論文共 10 篇。				
校院名稱	年　度	碩士論文數	博士論文數	總　計
美國 Arizona State University	102	0	1	1
英國 University of Exeter	101	0	1	2
	102	1	0	
英國劍橋大學	103	0	1	1
廣州中山大學	102	0	1	1
法國國立巴黎第八大學	97	1	0	1
日本立教大學	103	1	0	1
日本東京大學	100	0	1	1
日本麗澤大學	95	1	0	1
日本大阪藝術大學	97	0	1	1
總計		4	6	10

資料來源：研究者整理自附件一。

接著，探究獎助論文來自國內公立校院者（見表 2-3-5），數量最多前三
名為國立中央大學、國立聯合大學以及國立交通大學，分別佔 195、80 以及
73 篇，自此三校取得學位者共佔所有獎助論文超過四成。究其原因，此三校
為最早創設客家學院的學校。國立中央大學「客家學院」於民國 92 年 8 月設
立，為全球首創之客家學院，並轄有客家社會文化碩士班（民國 92 設立）、

[註47]《客家委員會獎助客家研究優良博碩士論文作業要點》（103 年 6 月 30 日修
　　訂），第 2 條（來源：客委會網站，https://www.hakka.gov.tw/Content/Content?
　　NodeID=63&PageID=20924）。

客家語文碩士班（民國93年設立）、客家政治經濟碩士班（民國93年設立）、
客家研究在職專班（民國95年設立）、客家研究博士班（民國100年設立），
從基礎的客家語言文化和社會科學能力的訓練，到培養具備客家研究的專業
能力，完整建立高等教育機構客家人才培育的一貫體系。〔註48〕在中央大學
共195篇受獎助論文之中，共有191篇來自中央大學客家學院，僅有四篇來
自屬於「文學院」之「歷史研究所」以及「中國文學系」。

表2-3-5：獎助客家研究優良博碩士論文國內公立校院畢業學校統計表

國內公立校院：共38所，論文共750篇。					
校院名稱	系　　所		碩士論文	博士論文	總　　計
國立中央大學	客家學院	法律與政府研究所	1	0	195
		客家文化研究所	1	0	
		客家社會文化碩士班	58	0	
		客家政治經濟碩士班	37	0	
		客家政治經濟與政策研究所碩士在職專班	2	0	
		客家研究碩士在職專班	61	0	
		客家語文碩士班	31	0	
	歷史研究所		3	0	
	中國文學系		0	1	
國立聯合大學	客家研究學院	客家語言與傳播研究所	49	0	80
		經濟與社會研究所	25	0	
		資訊與社會研究所	6	0	
國立交通大學	客家文化學院	客家社會與文化碩士在職專班	67	0	73
		族群與文化碩士班	4	0	
		傳播與科技學系碩士班	1	0	
		外國語文學系暨外國文學與語言學碩士班	1	0	

〔註48〕羅肇錦，〈國立中央大學客家學院簡介〉，《全球客家研究》第2期（新竹：
2014年5月），頁365。

國立高雄師範大學	客家文化研究所	36	0	49
	臺灣語言及教學研究所	6	0	
	臺灣文化及語言研究所	1	0	
	視覺設計學系	1	0	
	教育研究所	1	0	
	國文學系	1	1	
	地理學系	0	1	
	成人教育研究所	0	1	
國立新竹教育大學	臺灣語言與教學研究所	27	5	46
	音樂學系	6	0	
	音樂碩士在職專班	5	0	
	社會學習領域教學碩士班	2	0	
	中國語文學系	1	0	
國立屏東科技大學	客家文化產業研究所	41	0	42
	森林學系	1	0	
國立臺灣師範大學	地理學系	9	0	33
	國文學系	2	2	
	民族音樂研究所	3	0	
	臺灣文化及語言文學研究所	2	0	
	歷史學系	2	0	
	臺灣語文學系（包含臺灣文化及語言文學研究所、碩士在職專班）	5	0	
	英語系	2	0	
	教育學系	1	1	
	應用華語文學系	1	0	
	東亞學系	1	0	
	設計研究所	1	0	
	社會教育學系	1	0	
	地理教學碩士班	1	0	
	臺灣史研究所	1	0	

國立屏東教育	文化創意產業學系	19	0	30
大學（民國 103	客家文化研究所	5	0	
年 8 月 1 日與	中國語文學系	3	0	
「國立屏東商	音樂學系碩士班	1	0	
業技術學院」	教育行政研究所教育行政碩士在職專班	1	0	
合併為「屏東大學」）	中國語文學系語文教學碩士班	1	0	
國立政治大學	語言學研究所	11	2	25
	民族學系	3	1	
	歷史學系	1	1	
	社會學系	1	1	
	日本語文學系	1	0	
	廣告學系	1	0	
	中國文學系	0	1	
	臺灣史研究所	1	0	
國立臺灣大學	國家發展研究所	7	4	21
	生物產業傳播暨發展學系	3	0	
	語言學研究所	1	0	
	中國文學系博士班	0	1	
	臺灣文學研究所	1	0	
	地理環境資源學系碩士班	1	0	
	歷史學研究所	1	0	
	建築與城鄉研究所	1	0	
	政治學系	1	0	
國立臺北藝術	建築與文化資產研究所	3	0	15
大學	傳統藝術研究所	2	0	
	博物館研究所	2	0	
	建築與古蹟保存研究所	2	0	
	音樂學系	2	0	
	音樂學系碩士在職專班	1	0	
	傳統音樂學系碩士班傳統戲曲組	1	0	
	建築與文化資產研究所	1	0	
	藝術與人文教育研究所	1	0	

國立清華大學	人類學研究所	2	3	14
	社會學研究所	4	0	
	臺灣文學研究所	2	0	
	臺灣語言研究與教學研究所	1	0	
	歷史研究所	0	1	
	環境與文化資源學系碩士班	1	0	
國立東華大學	族群關係與文化研究所	3	0	13
	中國語文學系	3	3	
	臺灣文化學系碩士班	1	0	
	族群關係與文化學系	1	0	
	觀光暨休閒遊憩學系	1	0	
	國際企業所	1	0	
國立中興大學	中國文學系	3	1	12
	資訊科學與工程學系	3	0	
	資訊網路與多媒體研究所	1	0	
	臺灣文學與跨國文化研究所	1	0	
	臺灣文學與跨國文化研究所	1	0	
	歷史學系	2	0	
國立臺北教育大學	教育政策與管理研究所	2	0	11
	社會科教育研究所	1	0	
	臺灣文化研究所	2	0	
	文化產業學系暨藝文產業設計與經營碩士班	1	0	
	文化創意產業經營學系碩士學位 EMBA 在職進修專班	1	0	
	音樂系	1	0	
	幼兒與家庭教育學系碩士班	1	0	
	心理與諮商學系碩士班	1	0	
	多元文化教育教學碩士班	1	0	
臺北市立教育大學（臺北市立師範學院）	中國語文學系	5	3	11
	中國語文學系語文教學碩士班	1	0	
	臺灣文化研究所	1	0	
	課程與教學研究所	1	0	

國立雲林科技大學	文化資產維護系	2	0	9
	建築與室內設計系	3	0	
	設計運算研究所	1	0	
	創意生活設計系	2	0	
	漢學資料整理研究所	1	0	
國立臺北大學	公共行政暨政策學系	5	0	9
	民俗藝術研究所	3	0	
	地政學系	1	0	
國立臺南大學（國立臺南師範學院）	臺灣文化研究所	6	0	8
	鄉土文化研究所	1	0	
	教師在職進修幼教碩士學位班	1	0	
國立中正大學	中國文學系	0	2	7
	成人及繼續教育學系碩士班	1	0	
	社會福利系	1	0	
	政治學系碩士班	1	0	
	臺灣文學研究所	1	0	
	高齡者教育研究所	1	0	
國立暨南國際大學	人類學研究所	3	0	6
	公共行政學系	2	0	
	公共行政學系碩士在職專班	1	0	
國立臺灣藝術大學	古蹟藝術修護學系碩士班	2	0	5
	工藝設計學系碩士班	1	0	
	造形藝術研究所——古蹟組	1	0	
	中國音樂學系	1	0	
國立成功大學	臺灣文學系	1	1	4
	中國文學系	1	0	
	老年學研究所	1	0	
國立彰化師範大學	臺灣文學研究所	2	0	4
	中國文學系	1	1	
國立臺中教育大學	區域與社會發展學系	2	0	4
	教育學系	0	1	
	音樂學系	1	0	

國立臺南藝術大學（國立臺南藝術學院）	民族音樂學研究所	2	0	3
	音像藝術管理研究所	1	0	
國立嘉義大學	幼兒教育研究所	3	0	3
國立花蓮教育大學	鄉土文化學系	2	0	3
	民間文學研究所	1	0	
國立屏東大學	文化創意產業學系	2	0	3
	教育行政研究所	0	1	
國立中山大學	中國文學系	1	0	2
	公共事務管理研究所	1	0	
國立高雄餐旅學院	臺灣飲食文化產業研究所	2	0	2
國立臺東大學	幼兒教育所	1	0	2
	華語文學系	1	0	
國防大學	政治學系	0	1	2
	新聞學系	1	0	
國立高雄應用科技大學	觀光與餐旅管理研究所	1	0	1
國立臺中科技大學	商業設計系	1	0	1
國立臺北科技大學	建築與都市設計研究所	1	0	1
臺北市立體育學院	運動科學研究所	1	0	1
總計	—	709	41	750

資料來源：研究者整理自附件一。

　　數量佔第二的國立聯合大學為國內第三創設客家學院之大學，於民國 95
年創設「客家研究學院」，院內設有客家語言與傳播所、經濟與社會所、資訊
與社會所培養客家研究生，每年約有 30 名碩士生完成學業。〔註49〕與中央大
學不同的是，受獎助者全數來自客家研究學院，此種差異與學校屬性亦有關

〔註49〕吳珮菱，〈行政院客委會獎補助客家學術研究之內容分析——以獎助優良博
　　　　碩士論文為例〉，頁 168。

聯，聯合大學本為「私立聯合工業技藝專科學校」，為臺灣經濟處於出口擴張時期，由時任經濟部長李國鼎倡立，目的在於工業中級技術人才之培養。民國84年，董事會通過決議將學校改隸教育部，校名改為「國立聯合工商專科學校」，日後漸次改制成為今「國立聯合大學」。〔註50〕於此可知，其學校性質以工業技術相關系所為發展主軸，不似中央大學為一綜合型大學，除了客家學院外，亦有人文相關系所得以從事屬於人文社會科學範疇之客家研究。

貢獻獎助論文數量第三的學校國立交通大學則是國內第二創設客家學院之大學（民國93年），交大「客家文化學院」下轄人文社會學系暨族群與文化所、傳播與科技研究所碩士班（與傳播所合辦）、客家社會文化碩士在職專班以及博士班（與設計系合辦）等，〔註51〕得以產出穩定質量的客家研究碩、博士論文。此外，畢業自交大之獎助論文之中絕大多數共72篇全數皆來自於客家學院，僅有一篇碩士論文來自人文社會學院之外國文學與語言學碩士班。

綜上所述，國立中央大學、國立交通大學以及國立聯合大學，分為桃、竹、苗三大客家縣市中的客家研究重鎮，也是國內前三所設有客家研究相關學院的大學，因此自民國92年來穩定產出具有一定質量的客家研究博、碩士論文，使得客委會獎助客家研究優良博碩士論文之中，此三校畢業者佔4成以上，為最大宗。究其根柢，國立中央大學、國立聯合大學以及國立交通大學三校之客家學院，係接受客委會「補助大學校院發展客家學術機構計畫」之獎助而設立，客家學院成立後，闢建了新的學術場域，一是提供教職以吸引學者從事客家研究與教學，另一方面招收對客家研究有興趣之大學部以及碩、博士研究生，培養研究新血，壯大研究之隊伍。

如是觀之，「補助大學校院發展客家學術機構計畫」與「獎助客家研究優良博碩士論文」同屬建構客家知識體系計畫，皆為客家學術發展委員會所審議之獎助政策，二者有顯著的相關性。前者從源頭——即大專院校為客家研究開闢培養新的研究者，後者則從研究者的學術產物——畢業論文提供獎助，增加其投入研究之外在動機。此二者一為因、一為果的配合之下，增加了客家研究投入者之數量以及其產出學術作品之質量，為「建構客家知識體系」

〔註50〕整理自「國立聯合大學網站」：認識聯大／學校簡介（https://www.nuu.edu.tw/p/412-1000-414.php?Lang=zh-tw）。

〔註51〕張維安，〈國立交通大學客家文化學院介紹〉，全球客家研究，第1期（新竹：2013年11月），頁252。

貢獻可觀的成果。

綜觀獎助論文中畢業自國立大專校院者,以校內有「客家學院」者為最大宗,以總共 343 篇論文佔所有畢業自國立校院者近半數。而畢業自校內無客家學院編制院校者,其系所則呈現多元化的現象,各種學門不一而足。

最後,國內私立校院共有 25 間之碩博士論文得到獎助(見表 2-3-6),共有碩士論文 57 篇、博士論文 6 篇。就畢業系所分布而言,與公立學校相比,各學校產出之畢業論文較為平均,最多為輔仁大學 8 篇,最少為大葉人學、中洲科技大學、中華大學等 13 所學校,各產出 1 篇獎助碩博士論文。由於無客家學院之編制,私立校院受獎助之論文之系所也趨於多元,包括文學院、社會科學院、設計學院、傳播學院甚至有工程學院之系所。

表 2-3-6:獎助客家研究優良博碩士論文國內私立校院畢業學校統計表

國內私立校院共 25 所,論文共 63 篇。				
校院名稱	系　　所	碩士論文	博士論文	總　　計
輔仁大學	大眾傳播學研究所	1	0	8
	中文學系研究所	0	1	
	心理所	0	1	
	宗教學系	1	0	
	音樂學系	0	1	
	語言學研究所	1	0	
	餐旅管理學系碩士班	1	0	
	織品服裝研究所	1	0	
逢甲大學	歷史與文物研究所	4	0	7
	中國文學系	2	0	
	建築所	1	0	
中國文化大學	中國文學研究所	0	1	5
	新聞研究所	1	0	
	中國大陸研究所	1	1	
	新聞學系碩士班	1	0	

佛光大學	社會學系碩士班	3	0	5
	藝術學研究所碩士班	2	0	
東海大學	景觀研究所	1	0	5
	建築所	1	0	
	政治學研究所	2	0	
	美術學系碩士班	1	0	
樹德科技大學	建築與古蹟維護研究所	3	0	5
	應用設計研究所	2	0	
中原大學	室內設計學系研究所	2	1	4
	應用外國語文學系	1	0	
東吳大學	中文研究所	1	0	3
	音樂學系碩士在職專班音樂教育組	1	0	
	心理學系	1	0	
元智大學	資訊社會學研究所	1	0	2
	社會暨政策科學學系碩士班	1	0	
玄奘大學	中國語文學系	1	0	2
	宗教學系	1	0	
世新大學	傳播管理學系	1	0	2
	行政管理學院行政管理學系	1	0	
臺南應用科技大學（臺南科技大學）	生活應用科學研究所	1	0	2
	視覺傳達設計系碩士班	1	0	
朝陽科技大學	幼兒保育系	1	0	1
大葉大學	設計暨藝術學院碩士班	1	0	1
中州科技大學	工程技術研究所	1	0	1
中華大學	企業管理學系	1	0	1
銘傳大學	公共事務學系	1	0	1
育達科技大學	企業管理研究所	1	0	1
長庚大學	企業管理研究所	1	0	1
南華大學	建築與景觀學系環境藝術碩士班	1	0	1

致理技術學院	企業管理系服務業經營管理在職專班	1	0	1
淡江大學	漢語文化暨文獻資源研究所	1	0	1
靜宜大學	觀光事業學系	1	0	1
嶺東科技大學	視覺傳達設計研究所	1	0	1
實踐大學	社會工作學系	1	0	1
總計	－	57	6	63

資料來源：整理自本文附件一。

　　總結以上國外校院、國內公立校院以及私立校院之分析，畢業自國內公立校院者佔所有獎助論文 91.13%為最大宗，其中，中央大學、聯合大學以及交通大學數量為所有國內校院前三多數，三者共佔所有獎助論文 42.28%，幾乎皆來自三校設有之客家學院。在國內公立校院之後，為國內私立校院，共佔所有獎助論文 7.65%，而私立校院各校院之論文也較為平均；最後，由於負笈國外者本身就較國內進修者少，加上國內客委會推動相關獎助計畫，讓客家研究與國外相比環境較於完善，因此民國 95 年度始有外國校院申請補助並通過，而國外校院畢業者僅佔全部獎助論文 1.21%為最少。

第三章 「客委會獎助客家研究優良博碩士論文」內容探析

第一節　客家研究分類方法

縱觀臺灣客家研究，一直到 1980 年代後期、解除戒嚴之後，受到 1988 年還我母語運動刺激，具有客家主體意識之「客家學研究」才成為重要課題。[註1] 至今，差不多三十年左右，並且尚在發展當中。因此，隨著「客家研究」之發展，歷來學者對於如何將「客家研究」分門別類有過許多不同的討論。

2007 年行政院客委會出版《臺灣客家研究概論》，由行政院客家委員會籌備主任徐正光主編。其中，由徐正光、張維安合撰之〈導論〉指出，此書成書目的為「撰述一本具有學術規格又通俗易懂的入門書」，並希望書中各篇章能夠「系統地總結過去的研究成果」。[註2] 換言之，此書的章節安排係先盤點已有的客家研究成果，再有意識地分類分項，由各專長學者撰寫，以達到使讀者能夠快速掌握「客家研究」之目的。於此，此論著將「客家研究」分為四大領域：「歷史發展」、「社會文化」、「語言文學與藝術」以及「當代客家的變遷與轉型」。

「歷史發展」部分著重客家的源流與移墾，包括客家源流與原鄉的探討、

〔註1〕 徐正光、張維安，〈導論：建立臺灣客家知識體系〉，收入徐正光主編，《臺灣客家研究概論》（臺北市：客委會，2007 年），頁 4〜5。

〔註2〕 徐正光、張維安，〈導論：建立臺灣客家知識體系〉，收入徐正光主編，《臺灣客家研究概論》，頁 14。

客家族群遷移至臺灣後的開墾活動以及客家族群與閩南族群互動，如「福佬客」等議題；「社會與文化」部分包含了家族與宗族、婦女、客家產業經濟、飲食文化、宗教信仰與禮俗等；「語言、文學與藝術」則聚焦語言、音樂、戲曲、文學、建築等；「客家社會的當代發展」內容較為多元，除了與關鍵的 1988 年還我母語運動相關之客家族群認同、文化社會運動、族群關係、政策制定，以及 2000 年左右漸次發展之客家廣播、電視等客家傳播領域之外，更將近年來頗受注意的社區營造、東南亞客家等相關議題一併概括。因此，「客家社會的當代發展」可謂本書中跨域最廣之一部。

若細細探究徐正光、張維安何以將客家研究成果分為此四大類，其分類意識源自於其對「客家研究」源流以及研究方法之觀察，茲分析如下。徐正光、張維安認為，若將客家研究置入臺灣本土研究的脈絡觀之，在 1980 年代開始，在臺灣史研究的帶領下，出現若干重要的帶有客家關心之著作，重要學者包括 B. Pasternak、M. Cohen 在臺灣田野調查後所出版之研究，以及施添福《清代在臺漢人的祖籍分布和原鄉生活方式》〔註3〕以族群比較方式比較不同祖籍漢人遷居臺灣後的生活環境選擇、尹章義以不同祖籍墾民如從何合作走向競爭對立之過程〔註4〕、莊英章以宗族發展探討臺灣地域開發之研究等。於此可見，這段時期的客家作為研究對象多是依附在有關臺灣史研究的課題之下展開。〔註5〕正因為如此，徐正光、張維安將「歷史發展」（源流與移墾）作為本書的第一部分，一如客家研究在臺灣之研究成果，正是以源流、移墾的歷史相關研究做為開端。

接著，〈導論〉在探究「客家學構成要素」部分，指出從事客家為對象之研究必須注意社會與文化部分：

> 「客家學」是一門對社會文化現象進行詮釋性瞭解的學科，重視一個社會文化行為的意義，客家學一方面要針對社會文化的歷史意義加以詮釋，也要對社會行動者的行為進行瞭解，這個人類行動所構成的社會就是一個由「意義之網」所構成的社會。〔註6〕

〔註3〕施添福，《清代在臺漢人的祖籍分布和原鄉生活方式》（臺北市：國立臺灣師範大學地理學系，1987 年）。

〔註4〕參見尹章義，《新莊發展史》，（臺北：新莊市公所，1980.7）；《新莊（臺北）平原拓墾史》（《新莊志》卷首），（臺北：新莊市公所，1981.1）等書。

〔註5〕徐正光、張維安，〈導論：建立臺灣客家知識體系〉，頁 4。

〔註6〕徐正光、張維安，〈導論：建立臺灣客家知識體系〉，頁 12。

　　這段論述係由「客家學」的方法論切入，強調社會、文化以及歷史意義，點出「客家學」與社會學研究之旨趣、研究對象有所類似之處。由於對社會、文化以及「意義之網」之重視，也不難理解作者將「社會與文化」作為全書第二個分類。

　　另外，「社會與文化」子類目包含之家族、宗族、婦女、飲食文化、宗教信仰。詳查「科技部人文社會學門」中「社會學」部分，〔註7〕其下包含「人口家庭與社區」、「文化研究」、「社會變遷與發展」等次領域，若將之與此書「社會與文化」部分之子類目相比較，得以發現兩者關心之焦點有所重合，換言之，「客家研究」或是「客家學」在研究方法上，一定程度上採用了傳統「社會學」之方法與理論。

　　最後，作者點出「1988年還我母語運動」對「客家學」建構之作用，其認為客家族群所處時代的不公平、不正義，以及扭曲的公共資源分配、不合理的族群關係，使得客家研究得以發展，並具有批判性、反思性之特質。〔註8〕誠然，客家族群在臺灣屬於少數，在歷史發展下常常為無聲的、被欺壓的一群，在現代社會其資源、需求也常被忽視。1988年的還我母語運動就是肇因於此，客家語言的生存空間受到壓迫，甚至面臨消失的境地。因此，書中剩下兩部分別為客家族群的「語言、文學與藝術」等1988年以後受到重視而漸有研究成果之領域，以及受到還我母語運動刺激後的「客家社會的當代發展」。綜合上述，得以發現徐正光、張維安將現有的客家研究之分類，係依據其對「客家研究」、「客家學」發展之歷史脈絡，以及其研究對象以及方法論內涵。

　　這樣的客家研究分類法也由官武德所承襲。2016年，官武德〈客家委員會獎助客家研究計畫書目彙編：2003～2014年〉在分類客家研究計畫時，也承襲了徐正光的分類方式，此外，更以各研究計畫中的研究對象之研究場域作為分類基準，分為「北部（雙北、桃園市、新竹縣市、苗栗縣）」、「中部（臺中市、南投縣、彰化縣、雲林縣、嘉義縣）」、「南部（臺南縣、高雄市、屏東縣）」、「東部（花蓮縣、臺東縣）」、「跨區域」、「不分區」、「中國」、「其他國家

〔註7〕參見科技部人文及社會科學研究發展司網站／學門領域（https://www.most.gov.tw/hum/ch/list?menu_id=96c12199-c4e0-46a6-9fb6-7b00dba2b600&view_mode=listView）。

〔註8〕徐正光、張維安，〈導論：建立臺灣客家知識體系〉，頁13。

／區域」等八個研究區。〔註9〕官武德將研究對象、主題所處之區域也當成分類的基準之一，等同將「空間」元素納入討論，如此一來能夠使閱讀者更能快速、完整地掌握客家研究成果。

　　2010 年陳定銘、吳珮菱〈行政院客委會獎補助客家學術研究之內容分析——以獎助優良博碩士論文為例〉為分析「客委會獎助客家研究優良博碩士論文」之研究主題與領域，將獎助論文歸納出 12 種類的主題與次類目。12 種類主題包含：文化、語文與教育、藝術、經濟、網絡、政治與政策、族群、性別、社會、歷史、大眾傳播、其他，除此之外，各主題與其下之次類目見表 3-1-1。

表 3-1-1：陳定銘、吳珮菱整理之客家研究 12 主題及次類目

主題題目	次類目	定　義
文化	文化	有關民族生活形式的研究
	文化認同	對於社會制度、之士體系、價值信念、象徵符號等認同的研究
	建築	具有文化背景的建造物
	服裝	藉由服飾表達特定的意象或意義者
	飲食	藉由傳統飲食文化反映文化習俗者
	宗教信仰與習俗	宗教包括了符號意義、信仰、儀式的遵從，習俗就是舉凡生活中食、衣、住、行、育、樂的內涵的形式，以及期間思想、行為、儀節、活動的紀錄與形成
語文與教育	語言	一套共同採用的溝通符號、結構規則與表達形式
	文學	以語言文字為工具，形象化的反映客觀現實社會經驗與價值信念的藝術，包括藝術小說詩歌散文...等
	教育	致力教育學術研究，創新教育實踐方法與技術，提供教育政策與學校實務之精進發展者
藝術	音樂	與樂團、樂器、歌曲及演奏、演唱相關之研究
	舞蹈	透過跳舞的活動，展現特定族群文化的內涵
	戲劇	有關戲劇文學、劇評、劇團發展、戲劇學、戲劇表演相關之研究

〔註9〕官武德，〈客家委員會獎助客家研究計畫書目彙編：2003～2014 年〉，《全球客家研究》（新竹縣：國立交通大學客家文化學院，2016 年 5 月），第 6 期，頁 329～356。

經濟	產業	富有經濟價值之土地特有資產的研究
	文創產業	可藉由個人原創的創意、技能與才華，並能夠藉著智慧財產權累積，開創財富與就業機會的產業群研究
	經營策略	經營管理的戰略性思想
	行銷策略	確保產品在市場中鞏固競爭優勢的戰略性思想策略
網絡	社會網絡	人與人之間的接觸所形成的社會關係
	權力網絡	參與經濟、政治與社會活動所形成具權力本質的網路關係
	政策網絡	國家機關與社會行動者之間的連結模式，用以探討某個政策領域之中的權力關係研究
政治與政策	政治	有關各種集團進行決策的過程和方法的研究，也研究各種集團或個人為了各自的利益所節成的特定關係
	政策	有關政府、機構、組織或個人為實現目標而訂立的計畫
族群	族群	一群基於血緣或基於文化、語言、宗教、行為、生物特徵，而相互認同或與其他族群有所區別群體的研究
	族群記憶	族群透過抽象的集體記憶維繫認同
	族群認同	指一個人的自我定義用來區分我群和他群標準的研究
性別	性別	婦女或兩性於族群、社會、文化中的相關研究
社會	社區	一群有良好互動，並在這個互動的基礎上發展出來的人際網絡，和正式或非正式的組織
	社區運動	社區住民通過組織化動員的過程來參與自我及社區發展過程的研究
	社區營造	由居民透過共同參與的民主方式，凝聚利害與共的社區意識，關心社區生活環境，營造社區文化特色，進而重新建立人與人、人與環境關係的研究
歷史	歷史	指人類社會過去活動之記錄與敘述的研究
	聚落	眾多居住房屋構成的集合或人口集中部的區域研究
大眾傳播	傳播媒體	傳播科技與影響以及媒體批判與文化行動等相關領域
	數位化	資料彙整作成資料庫，以保存資料及供展示應用的研究
其他	心理	理解、探索人類的心理現象的研究
	人物	對於特定人物的生平、歷程、作為所做的介紹
	植物	地區植物物種的研究

資料來源：轉引自陳定銘、吳珮菱，〈行政院客委會獎補助客家學術研究之內容分析──以獎助優良博碩士論文為例〉，《2010 客家文化學術研討會論文集》（臺北縣：國立臺北大學通識教育中心、臺北縣政府客家事務局，2010年），表 3，頁 178～179。

　　若將陳定銘、吳珮菱「客家研究」12 主題與徐正光、張維安的四大類客家研究比較，明顯可以發現其分類又更加精細，就徐正光、張維安分類法中的「社會與文化」類而言，其中包含家族與宗族、婦女、產業經濟、飲食文化、宗教信仰、禮俗共 6 個次主題，而陳定銘、吳珮菱的「文化」主題之中，雖有禮俗、飲食文化等次類目，但「婦女」改隸於「性別」主題，產業經濟改屬「經濟」主題、「宗族」部分改屬「歷史」主題。究其原因，在於兩者著述目的不同。徐正光主編《臺灣客家研究概論》係屬一概論性質的客家研究著作，著作目的在於讓讀者快速地掌握現行客家研究之全貌；陳定銘、吳珮菱則是總結一段時間內獎助博碩士論文從事研究之主題，其分析之文本——「客家研究博碩士論文」並非概論、通論性質論著，論文研究主題力求深入、標新，因此陳定銘、吳珮菱將之歸納得出的客家研究主題類別也更加多元、精細。

　　2011 年，客委會委託江明修等進行「建構『客家知識體系』規劃研究」，其中下轄五個子計畫：子計畫一〈建構客家知識體系理論架構〉、子計畫二〈客家知識體系計畫作業機制〉、子計畫三〈客家學術機構發展現況〉、子計畫四〈客家研究社群學術成果〉以及子計畫五〈規劃前瞻客家知識體系發展計畫〉，研究結果集結成專書《客家研究：社群省思與政策對話》於 2013 年出版。〔註10〕

　　「建構『客家知識體系』規劃研究」之目的在於檢視歷年來客家研究成果，其中包括對客家學術機構運作現況、課程設計與研討活動之探究與分析，希望達到定義我國客家研究的完整論述、構築客家知識體系的發展方向、奠定「客家學」在臺灣人文社會科學中的學術地位之目的。〔註11〕

　　孫煒、韓保中將我國正式的學術分類中，進行客家相關的學術研究工作分為十二類：客家行政與法制研究、客家教育研究、區域客家研究、客家產業研究、客家社群研究、客家資訊傳播研究、客家語言研究、客家文化研究、客家文學研究、客家女性研究、客家歷史研究、客家美學研究，其中每一客家研究領域均可包含數個研究對象相關的主題。〔註12〕

〔註10〕江明修主編，《客家研究：社群省思與政策對話》（臺北市：智勝文化事業，2013 年 5 月）。

〔註11〕江明修主編，《客家研究：社群省思與政策對話》，頁 3。

〔註12〕孫煒，〈客家知識體系的分析架構〉，收入江明修主編，《客家研究：社群省思與政策對話》（臺北市：智勝文化事業，2013 年 5 月），頁 27～29。

　　接著,再以學門屬性做區分標準,可將客家研究領域歸納出三大學術類型:語言文化類型(客家語言研究、客家文化研究、客家文學研究、客家性別研究、客家歷史研究、客家美學研究)、社會經濟類型(區域客家研究、客家產業研究、客家社群研究、客家資訊傳播研究)以及教育法制類型(客家行政與法制研究、客家教育研究)。學術領域類型、客家研究領域以及其包含之研究主題對照見表 3-1-2)。

表 3-1-2:客家研究領域、主題與學術領域對照表

項 次	客家研究領域	主 題	學術領域
1	客家語言研究	客家相關語言接觸、語詞語法、音韻、聲韻、語調、語言使用、語言分布與沿革等	語言文化類型
2	客家文化研究	客家相關宗教活動、風水、飲食文化、禮俗、歲時祭儀、祭典儀式、民間信仰等	
3	客家文學研究	客家相關俗諺、謎語、傳說故事、文學評論、民間文學及其影響等	
4	客家性別研究	客家相關父權社會、女性研究、婚姻等	
5	客家歷史研究	客家相關歷史源流、姓氏、堂號、移民(海外發展)、地名沿革與典故等	
6	客家美學研究	客家相關服飾、手工藝、民俗技藝、音樂、歌謠、戲劇、舞蹈、視覺藝術、民俗文物、建築形制、格局、設計、寺廟建築、古蹟與歷史建築、生活空間與建築原理等	
7	區域客家研究	客家相關地理環境(自然、人文)、水利設施、土地開發、區域型態、聚落發展與群聚型態等	社會經濟類型
8	客家產業研究	客家相關農業、林業、漁業、牧業、礦業、文化產業(飲食)、休閒產業、產業經營管理、節慶活動行銷管理、商業貿易與管理思想等	
9	客家社群研究	客家相關社會變遷、客家運動、社團組織、宗族家族組織、社會參與、族群意識、族群認同、族群關係、第三部門、人口調查統計、社會事業(福利組織)等	
10	客家資訊傳播研究	客家相關媒體、雜誌、廣播、電視、電影、網路、出版品等	

| 11 | 客家行政與法制研究 | 客家相關選舉、法律、政治參與、地方派系、地方自治、政治事件與公民治理方式等 | 教育法制類型 |
| 12 | 客家教育研究 | 客家相關語言（鄉土）教育、語言（鄉土）教 | |

資料來源：改繪自孫煒、韓保中〈客家知識體系的分析架構〉，表一，頁 29。

　　孫煒、韓保中之分類是在陳定銘、吳珮菱之博碩士論文研究主題分類的基礎上轉化而來，若將兩者對照，得以發現直接對應有客家文化研究（對應「文化」）、客家性別研究（對應「性別」）、客家歷史研究（對應「歷史」）、客家美學研究（對應「藝術」）以及客家行政與法制研究（對應「政治與政策」）、客家資訊傳播（對應「大眾傳播」），類似的項目有客家文創產業研究（與「經濟」雷同）、客家社群研究（與「族群」雷同，又包含些許「族群」、「社會」主題之內涵），另又把陳定銘、吳珮菱之「語言與教育」拆成「客家語言研究」與「客家教育研究」二類。

　　以上數類客家研究分類法，為了其研究之不同目的，加上時代變遷、客家相關研究增加而各有其不同的分類意識，也標誌著客家研究更趨於多元化發展。但細細審視各種客家研究分類方法則不難發現，儘管隨著分類方法更為多元、細緻，但各個類目中間尚有許多模糊地帶，誠如孫煒〈客家知識體系的分類架構〉指出：

> 近二十餘年來，我國的客家研究可謂百花齊放、推陳出新，實不可能再設計出一套全新且互斥的分類標準。〔註13〕

張維安在探討「客家研究」與「客家學」之建構時也指出：

> 客家學這個名詞，被創造出來雖然已經有一段時間，但是，作為社會學會人類學這樣的「客家學」，我認為還沒有自己的基礎，目前仍屬於在吸收各學科養分的階段，來自於各學科觀點對客家學的建構都很重要。〔註14〕

　　接著，將以上二則引文並陳，並深入探究其內涵。張維安認為現階段「客家學」（論本質應該傾向「客家研究」）還未如人類學、社會學等現有學門，並處於正在吸取其他學科（如人類學、社會學、歷史學）養分之階段。正因

〔註13〕孫煒、韓保中，〈客家知識體系的分析架構〉，頁 29。
〔註14〕張維安，〈導論客家研究、客家意象與客家學〉，《思與言：人文與社會科學雜誌》43 卷第 2 期，（臺北市：2005 年 6 月），頁 3。

為如此，現階段客家研究使用許多其他學門之方法、理論，甚至某種程度也承襲了其他學科的研究典範，導致了孫煒、韓保中所述之「難以找到一互斥且全新的分類標準」。簡言之，張維安所言之「客家學正在處於借用其他學科之階段」為因，導致了孫煒所述「不可能再設計一套全新且互斥的標準」之結果。

事實上，學界對於「客家研究」、「客家學」之看法與前文張維安之論述頗為相似。楊國鑫於同期《思與言》所發表之〈現階段客家學的定位：從方法論的角度探討〉係以「有沒有清晰的方法論」來檢視所謂「客家學」是否如社會學、歷史學等既有學科一般具有清楚的疆界。關於這個問題，楊國鑫給的答案為「否」，他明白指出現有的「客家研究」其實都是「借用」既有人文及社會科學的方法論和理論之事實。依照建構「客家學」的觀點而言，這是遺憾之處，也是未來客家學界要努力的方向之一。〔註15〕

綜上所述，關於「客家研究是否成為獨立學門之『客家學』」此一問題，得以發現具有獨立方法論、清晰學科疆界、已有學術典範等條件尚未滿足，因此以「客家研究」稱之較為符合實情。由於目前「客家研究」正在借用其他學科方法、理論之階段，於是，本文將於下一節〈獎助博碩士論文學門分析〉擬以「教育程度及學科標準分類第4次修正版」（96年7月）其中的「大學校院學科標準分類」（如附件二）〔註16〕分析「客委會獎助客家研究優良博碩士論文」各年度學門分布。採用此分類標準的原因在於，目前國家圖書館「臺灣博碩士論文知識加值系統」〔註17〕資料庫仍採用此標準將資料庫內48萬餘筆的博、碩士論文依系所漸次分為9大領域，23學門、158學類，於此，此一將所有國內學位論文分類的統一標準，具有說服力。

筆者先是依序查閱民國92至107年度所有獎助論文於「臺灣博碩士論文知識加值系統」上顯示的學門、學類，〔註18〕再將受獎助共10篇來自外國校

〔註15〕蕭新煌，〈臺灣客家研究的典範移轉〉，《全球客家研究》，第10期（新竹縣：2018年5月），頁12。

〔註16〕教育部統計處網站：首頁／統計標準分類／教育程度及學科標準分類第4次修正版（96年7月）（https://depart.moe.edu.tw/ed4500/cp.aspx?n=2C13413C7370AB85）。

〔註17〕https://ndltd.ncl.edu.tw/cgi-bin/gs32/gsweb.cgi?o=d

〔註18〕博碩士論文分類基本上以國家圖書館「臺灣博碩士論文知識加值系統」上刊載的學門分類為準，特別要說明的是，其中幾個系所之學術分類曾有變過，如：國立交通大學「客家社會與文化碩士在職專班」以及國立屏東教育大學

院的論文依照前述分類機制自行分類（見表 3-1-3）。

表 3-1-3：外國院校獎助論文學門、學類分類表

年度	論文資訊	學門	學類
95	莊文曲，〈透過閩南人與客家人文化之比較考察臺灣社會──清朝閩客「分類械鬥」起〉，日本國麗澤大學言語教育研究所碩士論文。	人文學門	語言學類
97	溫志維，〈渡海客家文化的研究──以臺灣南部美濃鎮的土地伯公為例〉，大阪藝術大學藝術研究所博士論文。	藝術學門	民俗藝術學類
97	柯佩怡，〈從二月戲之儀式與音樂論美濃客家族群身分之建構〉，法國國立巴黎第八大學音樂學研究所碩士論文。	藝術學門	音樂學類
100	星純子，〈現代臺灣社區運動的地方社會學──高雄縣美濃鎮社會運動、民主化與社區總體營造〉，日本東京大學綜合文化研究所博士論文。	社會及行為科學學門	社會學類
100	林怡安，〈從極簡主義看漢語名詞組結構〉，英國劍橋大學語言學系博士論文。	人文學門	語言學類
101	胡紫雲，〈舞臺上的文化、記憶與空間：臺灣客家女性現代劇〉，（Culture, Memory, and Space on Stage: The Construction of Female Hakka Contemporary Theatre in Taiwan），英國艾斯特大學戲劇系博士論文。	藝術學門	應用藝術學類
102	楊惠玲，〈客語、華語及閩南語的語法化：以否定字為例，兼論模態、時貌及疑問標記〉，美國亞利桑那州大學英語暨語言學系博士論文。	人文學門	語言學類

「客家文化研究所」在民國 97 學年度以前屬於「民族學類」，98 學年度以降屬於「區域研究學類」（同屬社會及行為科學學門）；國立高雄師範大學「臺灣語言與教學研究所」在民國 95 學年度以前屬「語言學類」，96 開始屬於「臺灣語文學類」（二者同屬「人文學門」），以上這三種情形，本文以較靠近現在的為基準，即國立交通大學「客家社會與文化碩士在職專班」、國立屏東教育大學「客家文化研究所」所有畢業論文皆分為區域研究學類、國立高雄師範大學「臺灣語言與教學研究所」畢業論文皆屬「臺灣語文學類」。除此之外，國立臺灣大學「生物產業傳播暨發展學系」之論文亦有「農業經濟及推廣學類（農業科學學門）」、「生物科技學類（生物科學學門）」二種。本文考量該系所特色以及畢業論文研究取向後，將所有國立臺灣大學「生物產業傳播暨發展學系」畢業論文列為「農業經濟及推廣學類」。

102	鄭家韻,〈居民對觀光衝擊的認知與態度——以臺灣客家鄉鎮東勢鎮為例〉,英國艾斯特大學旅遊發展與政策研究所碩士論文。	社會及行為科學學門	公共行政學類
102	藍清水,〈臺灣客家形成之研究〉,廣州中山大學歷史系博士論文。	人文學門	歷史學類
103	林雨蓉,〈觀光化下南庄老街客家文化之變遷〉,日本立教大學觀光學研究科碩士論文。	民生學門	觀光休閒學類

資料來源:改繪自本文附件一。

接著統計全部共 823 篇之學門分布。透過表 3-1-4 得以發現,屬於「社會及行為科學學門」之論文數量最多,超過論文總數一半,約佔 52%左右;其次為屬於「人文學門」之博碩士論文共 256 篇,佔比 31%;再次是藝術學門,但數量只有 42 篇,僅占整體 5.1%。

表 3-1-4:受獎助博碩士論文學門分布表

學　　門	篇　　數	學　　門	篇　　數
社會及行為科學學門	428	人文學門	256
藝術學門	42	教育學門	24
設計學門	19	建築及都市規劃學門	13
民生學門	12	傳播學門	8
農業科學學門	6	商業及管理學門	5
工程學門	4	社會服務學門	3
電算機學門	1	其他學門	1
法律學門	1	總計	823

資料來源:筆者自繪。

在審視獎助論文之學門分布後,為討論方便,將佔比低於 1%(8 篇以下)之學門同歸為其他類,加上其於佔比高於 1%之八個學門(八篇以上),以此九類學門(見表 3-1-5)作為下一節〈獎助博碩士論文學門分析〉之分類基礎,方便觀察各年度學門分布趨勢變化。

表 3-1-5：本文第三章〈客委會獎助客家研究優良博碩士論文學門題目
分析〉第二節「獎助博碩士論文學門分析」九類學門與定義

標　號	學門名稱	定　義
1	社會及行為科學學門	包含著經濟、政治、社會與行政、文化、心理學、地理等綜合領域。
2	人文學門	屬於該領域之學類系所訓練學生對所有有關人文或藝術方面的理論、創作及實踐之學習。
3	藝術學門	藝術方面包含美術、行政、雕刻工藝、音樂、及將藝術應用到表演、數位多媒體、印刷出版等方面。
4	教育學門	屬於該領域之學類系所訓練學生學習所有專注在與學習和教學有關的理論、實務及相關的研究、行政及支援服務。
5	設計學門	傳統與現代科技設計之結合，應用至視覺傳達設計、產品設計、空間設計、時尚造型等領域。
6	建築及都市規劃學門	讓學生學習從一般建築理論與實務，發展至景觀設計、都市規劃、建築與文化資產的保存與再利用、環境保育等方向。
7	民生學門	個人服務包括食衣育樂的部分，例如餐飲、旅遊、觀光、運動與休閒、美容等。
8	傳播學門	屬於該學類之系所結合藝術與文化、傳播與科技、行銷企劃學、以及人文社會等相關領域，培育數位媒體、視訊、動畫等大眾傳播之研究與教學各方面之人才。
9	其他類	農業科學學門、商業及管理學門、工程學門、社會服務學門、電算機學門、其他學門、法律學門以及其他學門。

資料來源：整理自本文附件二。

第二節　獎助博碩士論文學門分析

　　本節將分析各年度受客委會獎助博碩士論文的學門分布，依序探討各年度學位論文使用了何種學門的方法與理論、各學門又多聚焦哪些研究議題、各年度又以哪些學門、議題為最多，用以分析「客家研究」之趨勢與發展。

　　參考本文表 2-3-1「獎助客家研究優良博碩士論文（民國 92～107 年度）件數、獎助金額比較表」〔註 19〕，觀其數量、以及金額之趨勢，得以發現自民國 92 年度獎助計畫開始後，件數、金額逐年上升，至 98 年度無論獎助論文件數、金額較前幾年皆有顯著的成長，92 至 97 年度每一年平均有 23.6 件論文受獎助、平均每年獎助總金額為 133.5 萬元，但 98 年度獎助件數為 75 件、總金額達 495 萬元。此後每年件數、獎助總金額繼續攀升，至 101 年度達最高峰 135 件學位論文、總獎助金 636 萬元，隨後論文件數與獎助總金額開始下降，103 年跌至 98 年度以前之水平。

　　有鑑於此，本文擬依各年度論文件數、獎助總金額之變遷，將「客家委獎助客家優良博碩士論文」分為三期：

　　第一期為「成長期」，斷限自獎助開始之民國 92 年度至 97 年度，此時期件數、獎助金額接逐年小幅度攀升；

　　第二期為「高峰期」，為民國 98 年度至 102 年度，其中 98 年度件數與總金額皆大幅增加，101 年度時達到獎助施行 16 年之中的最高峰，之後開始緩降；

　　第三期為「減少期」，以民國 103 年度至 107 年度為範圍，此時客委會獎助客家研究學位論文無論件數、總金額皆回到 98 年度以前之水準，難以與前期相比。

　　以下「客家研究」學門分析，分別就「成長期」、「高峰期」以及「減少期」漸次說明各時期內各年度的研究學門、研究議題變化，並試圖勾勒出民國 92 年度迄今的「客委會獎助客家研究優良博碩士論文」之研究學門、議題趨勢走向。

一、成長期（民國 92 年度～97 年度）

（一）民國 92 年度

　　民國 92 年度為「（行政院）客委會獎助客家研究優良博碩士論文」為第一年度，受獎助論文共 13 篇，包括 1 篇博士論文、12 篇碩士論文，為歷年最少，又每本碩士論文平均可得 5.90 萬元獎助。其學門分布見表 3-2-1。

〔註 19〕本文頁 25。

表 3-2-1：民國 92 年度獎助論文學門、學類分布表

標　號	學門名稱	學　類	碩士論文	博士論文	總　計
1	社會及行為科學學門	公共行政學類	1	0	3
		民族學類	1	0	
		區域研究學類	1	0	
2	人文學門	語言學類	4	0	6
		中國語文學類	0	1	
		人類學類	1	0	
3	藝術學門	—	0	0	0
4	教育學門	—	0	0	0
5	設計學門	空間設計學類	1	0	1
6	建築及都市規劃學門	—	0	0	0
7	民生學門	—	0	0	0
8	傳播學門	新聞學類	1	0	1
9	其他類	—	1	0	1
總計			11	1	12

資料來源：研究者整理。

　　藉由表 3-2-1 以發現，第一年獎助佔最多數為人文學門，共 5 篇碩士論文、1 篇博士論文，其次是社會及行為科學學門共三篇碩士論文，再來才是設計學門、傳播學門、其他類各一篇。本年度最多的人文學門中，又以語言學類最多，佔四篇。由於本年度為獎助論文開始徵件的首年，未成風氣，因而數量偏少，而論文的分布以人文學門中的語言學類佔最多數，符合 1988 年以降之客家社會運動以客家語言存續作為主要訴求，進而引起學界研究客家語言之時空脈絡。

　　本年度受獎助之博士論文江俊龍〈兩岸大埔客家話比較研究〉〔註 20〕也是此一脈絡下的產物，通常醞釀一部博士論文需要 4 至 8 年時間，如此推算江俊龍在 1990 年代起即開始關注客家語言相關研究議題，其於民國 84 學年度通過口試之碩士論文〈臺中東勢客家方言詞彙研究〉〔註 21〕即可作為印證。

〔註 20〕江俊龍，〈兩岸大埔客家話比較研究〉（嘉義：國立中正大學中國文學系博士論文），2001 年。

〔註 21〕江俊龍，〈臺中東勢客家方言詞彙研究〉（嘉義：國立中正大學中國文學系碩士論文），1995 年。

值得一提的是，本年度也是客委會推行「補助大學校院發展客家學術機構」計畫的首年，中央大學客家學院、交通大學客家文化學院、聯合大學客家研究學院正建置當中，於此尚未能提供客家研究之博、碩士論文。

（二）民國 93 年度

表 3-2-2：民國 93 年度獎助論文學門、學類分布表

標　號	學門名稱	學　類	碩士論文	博士論文	總　計
1	社會及行為科學學門	綜合社會與行為科學類	2	0	5
		社會學類	2	0	
		地理學類	1	0	
2	人文學門	臺灣語文學類	3	0	4
		語言學類	0	0	
		歷史學類	1	0	
3	藝術學門	視覺藝術學類	1	0	3
		音樂學類	1	0	
		藝術行政學類	1	0	
4	教育學門	普通科目教育學類	1	0	3
		教育行政學類	1	0	
		綜合教育學類	1	0	
5	設計學門	空間設計學類	1	0	2
		綜合設計	1	0	
6	建築及都市規劃學門	－	0	0	0
7	民生學門	－	0	0	0
8	傳播學門	－	0	0	0
9	其他類	－	1	0	1

資料來源：研究者整理。

　　表 3-2-2 為民國 93 年度獎助論文的學門分布狀況。是年總共 18 篇獎助論文，與上一年度（92）不同的是，本年全數皆為碩士學位論文，而每篇碩士論文平均可得 5.27 萬元的獎助金，較前一年度略為減少。在學門分布部分，仍是由人文學門、社會及行為科學學門數量占最多，二者剛好占所有獎助論

文之一半。社會及行為科學學門之中，又以綜合社會及行為科學學類兩篇為最多，並開始有運用社會學、地理學理論之碩士論文受到獎助。在人文學門部分，仍是以語文相關學類（語言學類、臺灣語文學類）占多數，論文內容以各地不同腔調的客家語研究為主，以同是高師大臺灣語言與教學研究所的賴淑芬〈屏東佳冬客話研究〉〔註22〕、黃怡慧〈臺灣南部四海話的研究〉〔註23〕以及賴文英〈新屋鄉呂屋豐順腔客話研究〉〔註24〕作為代表。

藝術學門部分則有視覺藝術學類、音樂學類以及藝術行政學類各一篇碩士論文。若探究其研究方法，則可得知此時的藝術學類客家研究多是以客家相關的藝術表現作為觀察對象，除單純研究其形式外，亦有研究其背後客家意識或相關概念建構者。〔註25〕教育學門則是以客語教育相關研究為主，包括客語教材、學童客家語的使用狀況等等。誠如前文所述，客家語言存續問題是客家族群運動之肇始，也是研究之熱點，教育學門之研究受此影響也可見一斑。〔註26〕除此之外，在本年度獎助論文中僅有 2 篇屬於設計學門，研究內容則是以客家族群聚居區之文化地景作為研究對象，甚至有自行以水彩等創作富含客家意象作品者，可說是為客家研究獎助論文帶來新的形式。〔註27〕

（三）民國 94 年度

民國 94 年度為第三個獎助年度，共有博士論文 1 篇、碩士論文 21 篇，共 22 篇論文，得獎助金 121 萬元。其中，博士論文獲得獎助金 5 萬元，碩士

〔註22〕賴淑芬，〈屏東佳冬客話研究〉（高雄：國立高雄師範大學臺灣語言與教學研究所碩士論文，2003 年）。

〔註23〕黃怡慧，〈臺灣南部四海話的研究〉（高雄：國立高雄師範大學臺灣語言與教學研究所碩士論文，2003 年）。

〔註24〕賴文英〈新屋鄉呂屋豐順腔客話研究〉（高雄：國立高雄師範大學臺灣語言與教學研究所碩士論文，2003 年）。

〔註25〕參見：鍾皓如，〈論電視新聞中客家「義民」之建構〉（臺南：國立臺南藝術學院音像藝術管理研究所碩士論文，2004 年）、何東錦，〈臺灣客家改良戲唱腔研究——以榮興客家採茶劇團 2003 年演出之《錯有錯》為例〉（東吳大學音樂學系碩士在職專班音樂教育組碩士論文，2003 年）。

〔註26〕參見：徐賢德〈國小客家語教材結構化設計研究以一年級為例〉（臺北：國立臺北師範學院社會科教育研究所碩士論文，2003 年）、郭珍妦〈美濃地區幼兒在家客語使用現況調查暨其語言能力與智力之相關探討〉（臺南：國立臺南師範學院教師在職進修幼教碩士學位班碩士論文，2004 年）。

〔註27〕參見：林秀權，〈南臺灣客家族群人文圖像——專題創作〉（高雄：樹德科技大學應用設計研究所碩士論文）、鍾兆生，〈美濃地區菸樓空間營造之研究〉（高雄：樹德科技大學建築與古蹟維護系碩士論文，2006 年）。

論文平均一篇得 5.52 萬元獎助金。誠如本文第二章第二節所述，客委會「獎助客家研究優良博碩士論文機制」於此年度開始改為事後申請制，自此欲申請獎助者必須先畢業取得學位後才能申請獎助。〔註28〕

表 3-2-3：民國 94 年度獎助論文學門、學類分布表

標　號	學門名稱	學　類	碩士論文	博士論文	總　計
1	社會及行為科學學門	民族學類	3	0	7
		區域研究學類	1	0	
		社會學類	1	0	
		公共行政學類	1	0	
		心理學類	1	0	
2	人文學門	語言學類	5	0	8
		中國語文學類	2	0	
		人類學類	0	1	
3	藝術學門	民俗藝術學類	1	0	2
		音樂學類	1	0	
4	教育學門	教育行政學類	1	0	2
		綜合教育學類	1	0	
5	設計學門	空間設計學類	1	0	1
6	建築及都市規劃學門	建築學類	2	0	2
7	民生學門	—	0	0	0
8	傳播學門	—	0	0	0
9	其他類	—	0	0	0
總計			21	1	22

資料來源：研究者整理。

　　至於學門部分，仍以人文學門、社會科學學門最多，二者占本年度獎助論文近七成，可謂絕對多數。本年度人文學門除承襲前幾年度皆為語文相關學類（語言學類、臺灣語文學類、中國語文學類）為最大宗之外，尚有一篇人類學的博士論文獲得獎助，為國立清華大學人類學研究所陳緯華〈靈力經濟

〔註28〕本文頁 20～21。

與社區再生產：漢人民間信仰與臺灣地方社會之建構〉〔註29〕。其文以田野調查搭配相關史料，以研究彰化地區（以田尾鄉作為核心）信仰與地方社會之間的關係。有別於以往探討信仰多以結構功能論的角度出發，著重信仰、祭祀圈對社會功能之貢獻，該文則換個角度，以祭祀圈中成員藉地方信仰得到、交換了哪些有形、無形的利益（作者稱之為「靈力經濟」）。若探究此文「客家因素」，係因其研究對象——彰化縣田尾鄉的居民當中，除了閩南族群外，尚有客家人聚居（但屬於福佬客，平時多操閩南語），文中對各個族群的互動關係亦有所梳理。於此，雖然陳緯華研究並非以客家族群作為主要研究對象，但仍能發現其研究中有「客家變項」存在。

社會及行為科學學門部分，因中央大學客家學院客家社會文化碩士班有第一批研究生畢業，民族學類中三篇有二篇皆是屬於該碩士班，另一篇則是來自東華大學族群關係與文化研究所。探究本年度民族學類受獎助之論文，發現主題分別皆與族群互動、客家認同意識有關，內容包括大陸與臺灣客家認同變化、閩客族群邊界流動等。〔註30〕

藝術學門部分，則有對客家木雕、新竹地區客家八音作為研究對象者；教育學門也是承襲前年度，以客語教學相關議題作為研究核心；設計學門與建築學門的研究則為對客家竹圍、居民住家格局、茶產業相關研究。

綜合上述，透過94年度獎助之論文總件數以及單篇論文受獎助金額前幾年僅有小幅提升；學門分布大致上仍承襲以前，結構上未有太大的變化。值得注意的是，此年開始，漸有客家學院之畢業論文完成口試，並受到客委會獎助。

（四）民國 95 年度

民國95年度共有19件論文受到客委會獎助，其中2件為博士論文、17篇碩士論文；兩篇博士論文各得 15 萬元最高獎助，碩士論文則平均每篇得

〔註29〕陳緯華，〈靈力經濟與社區再生產：漢人民間信仰與臺灣地方社會之建構〉（國立清華大學人類學研究所博士論文，2004年）。

〔註30〕參見：彭芊琪，〈外省客家人的本土化：以廣東陸豐莊氏宗親會為例〉（桃園：國立中央大學客家社會文化研究所碩士論文，2005 年）、王雯君〈閩客族群邊界之流動——通婚對女性族群記憶與認同之影響（桃園：國立中央大學客家社會文化研究所碩士論文，2004 年）、林瑞珍〈遠嫁似曾相識的他鄉——廣東梅州客家女子於臺灣南部客家庄的生活〉（花蓮：國立東華大學族群關係與文化研究所碩士論文，2004 年）。

5.58 萬元獎助金，整個年度獎助總金額為 125 萬元。在獎助學門分布方面，仍是以人文學門、社會及行為科學學門數量最多，二者共 14 篇論文佔是年獎助超過 7 成為最大宗。

表 3-2-4：民國 95 年度獎助論文學門、學類分布表

標　號	學門名稱	學　類	碩士論文	博士論文	總　計
1	社會及行為科學學門	民族學類	3	0	7
		區域研究學類	3	0	
		綜合社會及行為科學學類	1	0	
2	人文學門	語言學類	1	0	7
		中國語文學類	1	2	
		臺灣語文學類	1	0	
		其他語文學類	1	0	
		其他人文學類	1	0	
3	藝術學門	音樂學類	1	0	1
4	教育學門	綜合教育學類	1	0	1
5	設計學門	空間設計學類	1	0	1
6	建築及都市規劃學門	景觀設計學類	1	0	2
		建築學類	1	0	
7	民生學門	－	0	0	0
8	傳播學門	－	0	0	0
9	其他類	－	0	0	0
總計			17	2	19

資料來源：研究者整理。

　　人文學門部分，除了原本的客家語言研究外，本年度獎助論文也有以其他文本作為研究對象，包括客家古典文學、客家詩、客家採茶戲、客家小說等。本年度僅有的兩本博士論文皆屬於人文學門、中國語文學類，分別為邱湘雲〈海陸客家話和閩南語構詞對比研究〉[註31] 以及邱春美〈六堆客家古

―――――――――――

[註31] 邱湘雲，〈海陸客家話和閩南語構詞對比研究〉（高雄：國立高雄師範大學國文學系博士論文，2005 年）。

典文學研究〉〔註32〕。前者以語言學方法分析海陸客家話以及閩南語之構詞，並比較其異同；後者則是將焦點放在客家古典文學上，以客家人聚居區——六堆地區作為基準，將所有曾活動於此地、留下之文學作品作為研究對象，時間自清領時期康熙年間一直到現代。於是，就本年度人文學門研究對象觀之，可以說是兼顧古典、民俗等多元文本，充實了人文學門的研究，也揭示了「客家研究」的多元本質。

民國95年度屬於社會及行為科學學門之獎助論文中，雖有民族學類、區域研究學類之分，但大致上圍繞著宗族、客家聚落、族群認同等，跟上年度本學門研究主題相似，無太大變化。藝術學門僅有一篇獎助論文林宜欣〈創作型搖滾樂團結合傳統音樂素材之研究——以好客樂隊為例〉〔註33〕，但此研究具有一特殊意義，則是獎助開辦至今第一篇以「搖滾樂團」作為研究對象之研究，林宜欣以田野調查、口述訪問、資料彙整等方法，對融合「客家」與「搖滾」於一爐的「好客樂團」的成立背景、音樂理念乃至於其音樂作品皆有深入的分析。於此，林宜欣的嘗試擴大了客家研究「文本」之範疇，也有從古典（客家民謠、戲曲）逐步走向現代之意向。

建築學門部分，仍維持一貫對客家聚居鄉鎮之文化地景、文化社區的研究與詮釋；教育學門、設計學門仍為整體獎助論文之少數，各有一篇碩士論文，內容都是以教育現場工作者作為書寫對象的個案研究。〔註34〕綜合上述，民國95年度受到客家委員會獎助之客家研究博、碩士論文的總件數較前一年度微幅下降，但總獎助金額卻微幅提高。至於學門分布也多承襲以往歷年之分布，並無太大變化。

（五）民國96年度

民國96年度受客委會獎助之博碩士論文共有26案，僅有1篇博士論文，得到15萬元獎助，碩士論文25案共分得115萬元獎助金，平均下來每本碩

〔註32〕邱春美，〈六堆客家古典文學研究〉（臺北：輔仁大學中文研究所博士論文，2004年）。

〔註33〕林宜欣，〈創作型搖滾樂團結合傳統音樂素材之研究——以好客樂隊為例〉（臺北：國立臺灣師範大學民族音樂研究所碩士論文，2006年）。

〔註34〕參見：黃怡雯，〈客籍國中小校長的領導風格、教師組織承諾與學校效能關係之研究〉（高雄：國立高雄師範大學教育學系碩士，2006年）、黃鴻松，〈全球化衝擊下鄉土教育深化之研究——一位美濃社區教師的詮釋〉（高雄：樹德科技大學建築與古蹟維護研究所碩士論文，2005年）。

論得 4.6 萬元。年度總獎助金額為 130 萬元，比前一年度增加 5 萬元。在受獎助論文的學門分布上，如同歷年仍是以社會及行為科學學門、人文學門數量最多，兩者分佔整年度獎助論文超過 4 成。

表 3-2-5：民國 96 年度獎助論文學門、學類分布表

標　號	學門名稱	學　類	碩士論文	博士論文	總　計
1	社會及行為科學學門	民族學類	8	0	11
		地理學類	2	0	
		社會學類	1	0	
2	人文學門	語言學類	5	0	11
		中國語文學類	2	0	
		臺灣語文學類	3	0	
		人類學學類	0	1	
3	藝術學門	音樂學類	1	0	1
4	教育學門	教育行政學類	0	0	1
5	設計學門	—	0	0	0
6	建築及都市規劃學門	—	0	0	0
7	民生學門	運動科技學類	1	0	1
8	傳播學門	—	0	0	0
9	其他類		1	0	1
總計			25	1	26

資料來源：研究者整理。

在人文學門部分，仍由與臺灣語文學類、中國語文學類、語言學類等與語言、文學相關之學類佔絕大多數，其中運用語言學方法者，研究範疇遍及客家語聲調、詞類、構詞等，文學領域則有俗諺、親屬稱謂詞等研究。〔註35〕

〔註35〕參見羅婉君，〈客語「放」及其同類動詞：框架語義與構式之互動〉（國立政治大學語言學研究所碩士論文，2007 年）、廖珮筠，〈從動詞意義和結構的整合分析客語移除類動詞〉（國立政治大學語言學研究所碩士論文，2007 年）、熊姿婷，〈臺灣客家節氣諺語及其文化意涵研究〉（雲林：國立雲林科技大學漢學資料整理研究所碩士論文，2006 年）、徐煥昇，〈臺灣苗栗通宵客語研究〉（國立新竹教育大學臺灣語言與語文教育研究所碩士論文，2007 年）、謝杰雄，〈語料庫的建置與臺灣客家語 VP 研究〉（國立新竹教育大學臺灣語言與語文教育研究所碩士，2006 年）。

除此之外，尚有對客家信仰、風俗等屬於臺灣語文學類研究論文。〔註36〕

社會及行為科學學門部分，以民族學類 8 篇佔最多，其中以中央客家學院三個客家研究碩士班為大宗。中大的客家社會與文化碩士班、客家語言碩士班、客家政治與經濟碩士班分別從政治、經濟、社會與文化不同面向切入，立體地構築客家研究領域。由此觀之，得以發現中央大學客家學院自民國 92 學年度成立後，至今已漸次有穩定質量之學研究成果產出。

至於藝術學門、教育學門之碩士論文，則維持一貫的研究焦點，與先前年度並無太大出入。值得一提的是，本年度受獎助論文有出自民生學門運動科技學類以及農業學門林業學類（歸於其他類）。前者為〔註37〕鄭秀貴〈「永不放棄」：李瑞麟教練領導棒球隊歷程之個案研究〉，係客家籍棒球教練李瑞麟的個人生命史研究；後者為徐惠君，〈新竹縣北埔鄉客家民族植物使用知識之研究〉〔註38〕則是以「民族植物學」視角切入，研究客家族群社會結構、行為以及植物三者之間的交互關係。以上兩者採用之學門方法、理論在歷來獎助論文中較為少見，但仍獲得客家委員會獎助，代表有別於主流人文、社會學科之外的研究取徑也能幫助吾人理解「客家」此一族群、概念，實有另闢蹊徑之效。

綜合上述，民國 96 年度獎助總金額、總件數比前一年度微幅上升，民族學類獎助論文漸有客家學院產出之學術成果。除了歷來皆出現過之學門外，96 年度獎助論文尚有屬於農業學門、民生學門者，較屬罕見。

（六）民國 97 年度

民國 97 年度客委會共獎助 44 篇博碩士論文，其中 3 篇博士論文、41 篇碩士論文；3 篇博士論文共得 35 萬元，碩士論文則平均每篇得 5.24 萬元。總篇數較去年成長約 6 成，總獎助金額 250 萬元較去年成長約兩倍。於此，民國 97 年度之獎助論文數量、總獎助金額皆有明顯增加（見表 3-2-6）。

〔註36〕參見林秀昭，〈北客南遷高雄地區的開發與義民爺信仰之研究〉、黃啟仁，〈恆春地區客家二次移民之研究——以保力村為例〉、謝宜文，〈美濃地區客家「還神」祭典與客家八音運用之研究〉，（三者皆為臺南：國立臺南大學臺灣文化研究所碩士論文，2006 年）。

〔註37〕鄭秀貴，〈「永不放棄」：李瑞麟教練領導棒球隊歷程之個案研究〉（臺北：臺北市立體育學院運動科學研究所碩士論文，2006 年）。

〔註38〕徐惠君，〈新竹縣北埔鄉客家民族植物使用知識之研究〉（國立屏東科技大學森林系研究所碩士論文，2006 年）。

表 3-2-6：民國 97 年度獎助論文學門、學類分布表

標　號	學門名稱	學　類	碩士論文	博士論文	總　計
1	社會及行為科學學門	民族學類	17	0	21
		區域學類	4	0	
2	人文學門	語言學類	4	1	16
		中國語文學類	2	1	
		臺灣語文學類	3	0	
		歷史學類	5	0	
3	藝術學門	音樂學類	2	0	3
		民俗藝術學類	0	1	
4	教育學門	學前教育學類	1	0	1
5	設計學門	空間設計學類	1	0	1
6	建築及都市規劃學門	－	0	0	0
7	民生學門	服飾學類	1	0	1
8	傳播學門	一般大眾傳播學類	1	0	1
9	其他類	－	0	0	0
總計			41	3	44

資料來源：研究者整理。

　　本年度三篇博士論文分別為：陳秀琪〈閩南客家話音韻研究〉[註 39]、徐貴榮〈臺灣饒平客話音韻的源與變〉[註 40]以及溫志維〈渡海客家文化的研究——以臺灣南部美濃鎮的土地伯公為例〉[註 41]，其畢業系所分屬人文學門中國語文學類、人文學門語言學類以及藝術學門民俗藝術學類。其中，

[註 39] 陳秀琪，〈閩南客家話音韻研究〉（彰化：國立彰化師範大學國文研究所博士論文，2006 年）。

[註 40] 徐貴榮，〈臺灣饒平客話音韻的源與變〉（新竹：國立新竹教育大學臺灣語言與語文教育研究所博士論文，2007 年）。

[註 41] 溫志維，〈渡海客家文化的研究——以臺灣南部美濃鎮的土地伯公為例〉（日本：大阪：大阪藝術大學藝術研究所博士，2008 年）。

陳秀琪、徐貴榮之博士論文皆以語言學取徑分析不同腔調之客家語，且二者皆接受羅肇錦教授之指導，可謂師出同門。然此一脈絡可追溯自二人在修讀碩士學位時期，陳秀琪〈臺灣漳州客家話的研究──以詔安話為代表〉〔註42〕、徐貴榮〈臺灣桃園饒平客話研究〉〔註43〕即展現出二人對客家語言之研究興趣，博士論文可視為其延續。目前陳秀琪、徐貴榮也以客語學者身分活躍於客家研究學界，〔註44〕而其碩、博士論文可謂二人研究生涯之開端。

溫志維〈渡海客家文化的研究──以臺灣南部美濃鎮的土地伯公為例〉則是以被客家族群普遍視作土地守護神之「伯公」信仰作為研究對象，組織多次的對於廟宇、神壇之建築風格、社會結構田野調查。文中對伯公信仰之歷史起源、建築形式與相關藝術表現皆有著墨，可說是對「伯公」信仰做出全面的盤點與解析。

其餘碩士論文之學門分布，仍是以社會及行為科學學門、人文學門佔最多，二者合佔整年度獎助論文件數 8 成以上，惟社會及行為科學學門之論文篇數已漸漸超越人文學門。究其原因，實因中央大學客家學院之三個客家研究碩士班客家社會與文化碩士班、客家語言碩士班、客家政治與經濟碩士班皆屬社會及行為科學學門，且開始有數量、品質穩定之碩士論文產出，使得社會及行為科學學門（民族學類）所佔之比例越來越高。

社會及行為科學學門之中，由中央客家學院三個碩士班皆屬之的民族學類佔最多，本年度的研究議題除了歷來多有成果之客家語言、客家與其他族群關係、客家族群認同之外，本年度尚有宗教信仰、客家產業研究等研究獲得獎助，具有開創性。宗教信仰部分，本年度首見以日治時期「鸞堂」信仰發展作為研究對象之論文獲得獎助，除了鸞堂本身的緣起與流變之外，對於祭祀圈中的社會結構、權力關係皆有所論及；〔註45〕客家產業部分則是將大湖

〔註42〕陳秀琪，〈臺灣漳州客家話的研究──以詔安話為代表〉（新竹：國立新竹師範學院臺灣語言與語文教育研究所碩士論文，2001 年）。

〔註43〕徐貴榮〈臺灣桃園饒平客話研究〉（新竹：國立新竹師範學院臺灣語言與語文教育研究所碩士論文，2002 年）。

〔註44〕陳秀琪為現任中央大學客家學院客家語文暨社會科學學系副教授兼系主任、徐貴榮為中央大學中央大學客家學院客家語文暨社會科學學系兼任助理教授。

〔註45〕參見：周怡然，〈終戰前苗栗客家地區鸞堂之研究〉、鄭寶珍〈日治時期客家地區鸞堂發展：以新竹九芎林飛鳳山代勸堂為例〉（二者皆為桃園：國立中央大學客家文化研究所碩士論文，2008 年）。

草莓季、新加坡客家與當鋪產業之間的關係作為研究對象,包括產業與人、人與地之間的關係,乃至於其產業提供之族群記憶等也有所論及,豐富了客家研究之視角。〔註46〕

至於本年度人文學門論文比例有逐漸下降之趨勢。除了歷來對客家語言、客家文學(詩、小說)之研究外,本年度歷史學類共有 5 篇,與前幾年相比算是大幅成長。本年度歷史學類研究聚焦於拓墾過程、客家信仰儀式以及個人生命史,時間橫跨清領、日治時期、戰後,地域橫跨臺北、中壢、臺中、高屏地區,呈現遍地開花之態勢。〔註47〕

至於藝術學門、教育學門的論文數量與主題無太多變化。另外,本年度有第一次有畢業自民生學門服飾學類、大眾傳播學門一般大眾傳播學類系所之碩士論文受到獎助。前者楊舜云〈從傳統到創新:臺灣客家服飾文化在當代社會的過渡與重建〉〔註48〕透過文獻分析、參與觀察、深度訪談等取徑,檢視客家服飾從傳統到創新的路程,希望能藉此發掘客家服飾藝術表現上的特色,並探索與當代社會之間的互動脈絡;後者林信丞〈從客家雜誌分析臺灣客家形象之變遷〉〔註49〕則以與客家社會運動息息相關之《客家雜誌》(原《客家風雲》雜誌)中論述為研究對象,進行內容分析,再與 8 位相關學者專家進行深度訪談,從中歸納出客家特質以及《客家雜誌》所關心之議題焦點。

綜合上述,民國 97 年度作為「成長期」之最後一年,獎助論文件數、獎助總金額與前幾年之平均相比,明顯有走升之趨勢。本年度中有兩篇博士論

〔註46〕參見:林瑜蔚,〈新加坡當鋪業與客家〉(桃園:國立中央大學客家政治經濟研究所碩士論文,2008 年)、劉憶萱,〈客家聚落之產業、地景與記憶變遷:以大湖草莓為例〉(國立中央大學客家社會文化研究所碩士論文,2008 年)。

〔註47〕參見:陳雪娟〈中壢十三庄輪祀網絡之研究(1826~1945)〉(桃園:國立中央大學歷史研究所碩士論文,2008 年)、王和安,〈日治時期南臺灣的山區開發與人口結構:以甲仙六龜為例〉(桃園:國立中央大學歷史研究所碩士論文,2006 年)、劉鴻德,〈在醫療與醫學專業之間:邱仕榮及其同時代臺大醫院與臺灣醫學〉(臺北:國立政治大學歷史學系碩士論文,2007 年)、林聖蓉,〈從番界政策看臺中東勢的拓墾與族群互動(1761~1901)〉(臺北:國立臺灣大學歷史學系碩士論文,2007 年)、吳憶雯,〈新竹峨眉地區的拓墾與社會發展(1834~1911)〉(臺中:逢甲大學歷史與文物管理研究所碩士論文,2008 年)。

〔註48〕楊舜云,〈從傳統到創新:臺灣客家服飾文化在當代社會的過渡與重建〉(臺北:輔仁大學織品服裝研究所碩士論文,2008 年)。

〔註49〕林信丞,〈從客家雜誌分析臺灣客家形象之變遷〉(新竹:國立交通大學傳播與科技學系碩士論文,2008 年。

文聚焦於客家語言領域，另一篇則是聚焦於客家民間信仰及其藝術表現。學門分布部分，雖然仍由社會及行為科學學門以及人文學門佔最多數，惟客家學院產出質量俱穩定之論文，使社會及行為科學學門論文已多於人文學門，與先前兩者受獎助論文數量平分秋色之態勢已有所不同。另外，本年度有之前未曾受獎助之學類論文入榜，分別為屬於民生學門之「服飾學類」以及屬於傳播學門之「一般大眾傳播學類」，前文以聚焦於客家服飾與社會之文化互動，後者則分析《客家雜誌》之論述以歸納出客家特色與印象。

綜觀客家委員會獎助優良博碩士論文成長期（民國 92 至 97 年度），其論文總篇數從第一年 13 篇（博士論文 1 篇、碩士論文 12 篇）、總獎助金 80 萬元開始微幅增長，經過 5 年至 97 年數量已達 44 篇（博士論文 3 篇、碩士論文 41 篇）、總獎助金 250 萬元，件數、金額有長足的進展。

表 3-2-7 統整成長期（民國 92 至 97 年度）所有獎助論文的學門分布，以論文總件數來看，以人文學門、社會及行為科學學門數量最多且相近，分別各佔論文總數近 4 成；其次依序為藝術學門、教育學門、設計學門、建築與都是規劃學門、民生學門、傳播學門、其他類。

表 3-2-7：成長期（民國 92～民國 97 年度）獎助論文學門、學類分布表

標　號	學門名稱	學　類	碩士論文	博士論文	總　計
1	社會及行為科學學門	民族學類	33	0	54
		區域學類	8	0	
		綜合社會及行為科學類	3	0	
		社會學類	4	0	
		地理學類	3	0	
		公共行政學類	2	0	
		心理學類	1	0	
2	人文學門	語言學類	22	1	52
		中國語文學類	7	4	
		臺灣語文學類	7	0	
		歷史學類	6	0	
		人類學學類	1	2	
		其他語言學類	1	0	
		其他人文學類	1	0	

3	藝術學門	音樂學類	6	0	10
		民俗藝術學類	1	1	
		視覺藝術學類	1	0	
		藝術行政學類	1	0	
4	教育學門	綜合教育學類	3	0	8
		教育行政學類	3	0	
		普通科目教育學類	1	0	
		學前教育學類	1	0	
5	設計學門	空間設計學類	5	0	6
		綜合設計學類	1	0	
6	建築及都市規劃學門	建築學類	3	0	4
		景觀設計學類	1	0	
7	民生學門	運動科技學類	1	0	2
		服飾學類	1	0	
8	傳播學門	新聞學類	1	0	2
		一般大眾傳播學類	1	0	
9	其他類	—	3	0	3
總計			133	8	141

　　由於博士、碩士學位之性質、修業時間有所差異，一般而言，為求能掌握研究領域以及專業研究能力之奠定，取得博士學位所投入的時間成本與心力高於碩士學位數倍，如此的結果也反映在獎助論文博、碩士論文懸殊的數量差異上。若碩、博士論文分論，就成長期（民國92至97年度）而言，博士論文總共僅有8篇，其中7篇出自於人文學門、1篇出自藝術學門。觀其研究主題，則多以客家語言相關研究為主，包括不同腔調之間的客語比較、客語與閩南語之比較、客家語腔調之轉變、客家古典文學研究等，其次才是人類學對於客家社會祭祀、宗教、民俗、族群等研究。自1988年客家「還我母語運動」揭開現代客家社會運動之序幕以來，客家語言即成為一般社會大眾的專注焦點，學界也受此影響，許多語言學專家學者相繼投入相關研究之中。從1988年至2000年初期（即本文「成長期」），經過十餘年的醞釀、培養，使得許多以「客家語文」之研究生以相關研究取得博士學位，並經過一定的篩選程序獲得論文獎助，可視為1988年以降客家社會運動所取得之成果。此外，博士論文作為學者研究生涯之開端，本時期受到獎助博士生現多活躍於

客家研究學界，經過十餘年至今，也成為客家研究學界之中流砥柱，繼續培養下一代客家研究者，以收承先啟後之效。

在碩士論文部分，學門分布則呈現多元化的發展，除了佔最多數的社會及行為科學學門以及人文學門以外，藝術學門從客家民俗音樂、木雕、南北管甚至搖滾樂團皆有所著墨；教育學門則圍繞著客語教育為核心，並論及其教材、課程、實施與學校行政等，並有客家教育者之個案研究；建築與都市規劃學門之論文則是多以客家地景、地貌、聚落以及其變遷作為研究主題，亦有從產業出發探討其與地方之關係者；民生學門、傳播學門以及其他類則為最少數，三者加起來數量不到整體獎助論文之 10 分之 1，但其研究領域、方法遍及運動科學、商業管理、農業科學、社會服務，內容概括了客家女性志願服務社團參與、客家服飾、客家教練生命史、客家植物知識等，其特殊性也標誌著「客家」作為一研究領域，在研究上具有豐富的開展性、多元性以及跨域性。

客委會獎助客家研究優良博碩士論文之成長期（民國 92 至 97 年度）為獎助政策之開端，因此無論論文數量、獎助總金額與之後相比皆較低，但有緩步上升之趨勢；學門分布呈現較為單一化的發展，大多數研究皆集中在社會及行為科學學門以及人類學門，一定程度延續了 1980 年代末開始之客家社會運動關注焦點。此外，客委會學術獎助政策除了客家研究優良博碩士論文外，尚陸續推動「補助大學校院發展客家學術機構」、「獎助客家學術研究計畫」等等，其中「補助大學校院發展客家學術機構」在大專院校成立「客家學院」或相關研究機構，此舉也在成長期中慢慢收到成效，顯現在受獎助之「社會及行為科學學門」之論文數量逐年成長，並有高於人文學門論文數量之趨勢。

二、高峰期（民國 98 年度～102 年度）

（一）民國 98 年度

「客委會獎助客家研究優良博碩士論文」之「高峰期」自民國 98 年度開始，至民國 102 年度結束，此時期較前期「成長期」相比，受獎助之博、碩士論文數量與金額皆有跳躍式地成長，並於民國 101 年度達到最高峰（論文共 135 件，總獎金 636 萬元）。隨後，論文數量與獎助總金額開始逐步下降，於民國 103 年度跌至民國 98 年度以前水準。以下依序就民國 98 至民國 102 各年度獎助狀況，以及學門、學類分布以及研究焦點分別闡述、分析。

　　民國 98 年度共有 4 篇博士論文、71 篇碩士論文共 75 件受到客委會獎助，其中博士論文共分得 55 萬元獎助金，碩士論文則平均每件得 6.19 萬元，總獎助金額達 495 萬元。於此，無論是總篇數、總獎助金額以及每篇論文平均獎助金額皆較前一年度（民國 97）有跳躍式地進展，〔註50〕因此將本年度視作「高峰期」之始。

　　本年度共 4 篇博士論文受到獎助，創了歷年的新高，其中 3 篇以歷來客家研究之熱點──客家語言為研究標的，分別就古漢語與客家語之比較、桃園新屋客語稱詞、客語潛能補語等面向進行研究。〔註51〕另一篇博士論文薛雲峰〈臺灣客家史觀：以義民與 1895 乙未抗日戰爭為例〉則是將 1895 年乙未抗日置於清領臺灣客家「義民」脈絡之中，藉由歷史研究法探究由客家族群視角史觀是如何形成與變遷。〔註52〕

表 3-2-8：民國 98 年度獎助論文學門、學類分布表

標　號	學門名稱	學　類	碩士論文	博士論文	總　計
1	社會及行為科學學門	民族學類	27	0	49
		區域學類	17	0	
		綜合社會及行為科學類	1	1	
		經濟學類	1	0	
		社會學類	1	0	
		政治學類	1	0	
2	人文學門	語言學類	7	1	18
		中國語文學類	6	1	
		外國語文學類	2	0	
		宗教學類	1	0	

〔註50〕民國 97 年度客委會共獎助 44 篇博碩士論文、碩士論文則平均每篇得 5.24 萬元、總金額 250 萬元，與民國 98 年度相比，論文數量成長 1.7 倍、碩士論文平均每篇獎助金額成長 9500 元、獎助總金額成長 1.98 倍。

〔註51〕依序參見：鄧盛有，〈客家話的古漢語和非漢語成分分析研究〉（嘉義：國立中正大學中國文學系博士論文，2007 年）、賴文英，〈區域方言的語言變體研究：以桃園新屋客語小稱詞為例〉（新竹：國立新竹教育大學臺灣語言與語文教育研究所博士論文，2008 年）、強舒媺，客語潛能補語構式之事件概念與論元體現：認知模型與構式理論之整合〉（臺北：國立政治大學語言學研究所博士論文，2009 年）。

〔註52〕參見：薛雲峰，〈臺灣客家史觀：以義民與 1895 乙未抗日戰爭為例〉（臺北：國立臺灣大學國家發展研究所博士論文，2009 年）。

3	藝術學門	音樂學類	1	0	3
		綜合藝術學類	2	0	
4	教育學門	學前教育學類	1	0	1
5	設計學門	綜合設計學類	1	0	2
		其他設計學類	1	0	
6	建築及都市規劃學門	建築學類	1	0	1
7	民生學門	—	0	0	0
8	傳播學門	—	0	0	0
9	其他類	企業管理學類	1	0	1
總計			72	3	75

資料來源：研究者整理。

在學門分布部分，本年度社會及行為科學學門掛帥之傾向更加明顯，由 49 篇佔全部論文 6 成 5 為最多，其次是人文學門的 18 篇，打破了以往由社會及行為科學學門、人文學門數量約略相等共佔數量第一的格局。其餘各學門，包括藝術學門、教育學門、設計學門以及建築及都市規劃學門之論文數皆在 3 篇以下，甚至無畢業自民生學門與設計學門相關系所之獎助論文，為最少數。於此，可以發現民國 98 學年度獎助論文學門之重心更是明顯傾向了社會及行為科學學門與人文學門，其中社會及行為科學學門又佔了絕對多數。

在社會及行為科學學門中，又以民族學類、區域研究研究佔最多數，其中除了原本中央大學客家學院 3 個客家研究相關碩士班以外，95 學年度又增開「客家研究碩士在職專班」，由中央大學客家學院四個研究所的教師聯合指導，吸引中小學教師、公務員、非營利組織工作人員及公司行號人士就讀。〔註 53〕於是，自本年度開始有畢業自客家研究碩士在職專班者得到獎助資格（與中央大學客家學院客家政治經濟碩士班、客家語文碩士班、客家社會與文化研究所同屬民族學類）。

此外，國立交通大學自民國 95 年亦有「客家社會與文化碩士在職專班」成立，〔註 54〕民國 97 年度已有第一篇來自此碩士班之獎助論文，今年度（98）

〔註 53〕 羅肇錦，〈國立中央大學客家學院簡介〉，《全球客家研究》（新竹：2014 年 5 月），頁 366～367。

〔註 54〕 「國立交通大學客家社會與文化碩士在職專班網站」：首頁／專班簡介／成立緣起（http://chk.nctu.edu.tw/?page_id=317）。

則增加至 7 篇，呈現穩定增加的趨勢（屬於區域研究學類）。於此，中央大學客家學院以及交通大學客家文化學院下轄之碩士班已成為客委會獎助客家研究博碩士論文之主要來源。

審視民國 98 年度畢業自交通大學客家社會與文化碩士在職專班之論文，其內容涵蓋客家民間信仰、客家戲曲、客家族群互動以及拓墾過程等等。其中，民間信仰研究聚焦於鸞堂、祭祀組織中的「福首」與「堂主」；〔註55〕客家戲曲則有傳統的美濃「二月戲」，亦有以客家戲曲結合現代舞臺劇表演形式的《羅伯芳傳奇》劇情、藝術形式分析。〔註56〕整體而言，若與央大客家學院在職專班受獎助之碩士論文相提並論，二者皆呈現了豐富的研究主題與面向。

將焦點轉於民國 98 年度之人文學門受獎助論文，得以發現仍是以客家語言、客家文學作為主要研究成果。另本年度首次出現「宗教學類」之畢業論文受到獎助，係出自於輔仁大學宗教研究所雅衛依‧撒韻〈賽夏五福宮——一個合成文化的研究〉〔註 57〕係以宗教人類學方法、輔以依利亞德（Mircea Eliade，1907～1986）的宗教現象學理論，從歷史的進程中討論賽夏族神龍信仰現象的成因、現在及未來。所謂的「賽夏五福宮」，即是賽夏族神龍信仰與漢人道教信仰結合之產物，因此透過研究賽夏五福宮之源流與轉變，則可以更深入理解苗栗頭份鎮當地客、原之間的文化競合現象。

本年度藝術學門、教育學門、設計學門以及建築與都市規劃學門之獎論文數量皆低於等於 3 篇以下，甚至沒有民生學門與傳播學門之論文受到獎助，獎助學門以社會及行為科學學門、人文學門為核心之態勢已漸漸明顯。

綜合上述，民國 98 年度之獎助論文，無論是論文總數量、博士論文數量、獎助總金額、碩士論文平均獎助金額皆創新高，較前期有跳躍式的成長，於是本文將民國 98 年度定為獎助政策之第二期：「高峰期」之始。論文學門分布以社會及行為科學學門為最多，佔絕對優勢，原因在於交大、中央大學等

〔註55〕 吳昭慧，〈美濃龍肚清水宮的福首與堂主〉、陳瑞霞，〈從書院到鸞堂：以苗栗西湖劉家的地方精英角色扮演為例（1752～1945）〉（二者皆為新竹：國立交通大學客家社會與文化碩士在職專班論文，2008 年）。

〔註56〕 依序參見黃美珍，〈聚落、信仰與地方精英：以美濃二月戲為例〉（新竹：國立交通大學客家社會與文化碩士在職專班論文，2008 年）、賴惠真，〈《羅芳伯傳奇》中的認同與流離〉（新竹：國立交通大學客家社會與文化碩士在職專班論文，2009 年）。

〔註57〕 雅衛依‧撒韻，〈賽夏五福宮——一個合成文化的研究〉（新北市：天主教輔仁大學宗教研究所碩士論文，2008 年）。

客家學院產出數量質量俱穩定的客家研究論文所致。

（二）民國 99 年度

民國 99 年度之獎助論文，共 83 案，其中 2 篇博士論文、81 篇碩士論文，博士論文共得 27 萬元（各得 12、15 萬元），碩士論文每篇平均得 6.25 萬元，總獎助金額共 534 萬元，較去年民國 98 年度碩士論文單篇平均得 6.19 萬元、總金額 495 萬元皆有所成長，惟漲幅不是很大。

本年度博士論文數量為去年度的一半，僅有 2 篇獲得獎助，為彭心怡〈江西客贛語的特殊音韻現象與結構變遷〉〔註 58〕以及吳煬和〈文教、信仰與文化建構——臺灣六堆敬字風俗研究〉〔註 59〕。兩篇論文皆屬於人文學門，前者以音韻學理論比較分析江西省內贛語與客語之聲母、韻母、音調與韻尾，以探悉相關音變類型以及特殊的音韻現象；後者則是透過文獻蒐集、田野調查等研究法，並以六堆作為目標區域，探討「敬字」風俗源流及動因。

表 3-2-9：民國 99 年度獎助論文學門、學類分布表

標　　號	學門名稱	學　　類	碩士論文	博士論文	總　　計
1	社會及行為科學學門	區域學類	24	0	47
		民族學類	17	0	
		綜合社會及行為科學類	1	0	
		經濟學類	1	0	
		公共行政學類	2	0	
		心理學類	1	0	
		社會學類	1	0	
2	人文學門	語言學類	9	0	18
		中國語文學類	1	1	
		臺灣語文學類	2	0	
		人類學學類	2	0	
		歷史學類	2	0	
		其他語文學類	0	1	

〔註 58〕彭心怡〈江西客贛語的特殊音韻現象與結構變遷〉（國立中興大學中國文學系博士論文，2010 年）。

〔註 59〕吳煬和〈文教、信仰與文化建構——臺灣六堆敬字風俗研究〉（花蓮：國立東華大學民間文學研究所博士論文，2010 年）。

3	藝術學門	視覺藝術學類	1	0	5
		音樂學類	1	0	
		藝術行政學類	1	0	
		美術工藝學類	1	0	
		應用藝術學類	1	0	
4	教育學門	綜合教育學類	1	0	2
		專業科目教育學類	1	0	
5	設計學門	綜合設計學類	1	0	2
		空間設計學類	1	0	
6	建築及都市規劃學門	－	0	0	0
7	民生學門	其他民生學類	2	0	3
		生活應用科學學類	1	0	
8	傳播學門	一般大眾傳播學類	1	0	1
9	其他類	－	5	0	5
總計			80	2	83

資料來源：研究者整理。

　　審視民國 99 年度獎助論文之學門分布，仍是以社會及行為科學學門 47 篇為最多，其次為人文學門 18 篇（內有 2 篇博士論文），再次是藝術學門、其他類各 5 篇，而教育學門、設計學門、民生學門、傳播學門以及建築與都市規劃學門皆少於等於 3 篇，為最少數。

　　在社會及行為科學學門中，以民族學類、區域學類數量占最多，其中民族學類全部是來自於中央大學客家學院客家相關碩士班，後者則由交通大學客家文化學院、屏東科技大學客家文化產業研究所以及高師大客家文化研究所組成。除了原本的研究焦點之外，本年度有若干海外客家之研究，如：黃靖雯〈東南亞的「客家」意涵：英殖民馬來亞的華人分類過程〉[註 60]、戴

〔註60〕黃靖雯〈東南亞的「客家」意涵：英殖民馬來亞的華人分類過程〉（桃園：國立中央大學客家社會文化研究所，2010 年）。

秋怡〈屏東客家印尼華僑離散之個案研究〉〔註61〕等。前者探討英國殖民時期如何將華人分為 11 個方言族群，其過程以及分類後的演變也深入加以梳理。透過大量且跨越新加坡、臺灣、馬來西亞的第一手史料以及詳盡的論證，讓黃靖雯研究得到 10 萬元獎助，為碩士論文獎助金額之上限。

除此之外，本年度社會及行為科學學門中有多本以地域、客家聚落、社區發展作為主體之研究，〔註62〕顯示社區營造、客家地域研究成為學術研究之熱點。

人文學門部分，除了語言相關學類為最多數外，人類學類、歷史學類也各有兩篇碩士論文受到獎助，此二學類不約而同地將焦點置於客家宗族、客家社區發展上，人類學類有潘秋伶〈系譜・屋家・女兒：一個粵東宗族組織重建與蛻變的探討〉〔註63〕、劉如意〈社區如何展現能動性：在地與空間的研究，以臺灣竹北六家地區為例〉〔註64〕；歷史學類則是張宏欣〈造橋鄉的開發與社會經濟發展（1763～1945）〉〔註65〕、姜閔仁〈新竹沿山地區家族之發展——以北埔新姜家族為例（1856～1945）〉〔註66〕。

本年度藝術學門之獎助論文，除了藝術形式之分析之外，較具特色者則有以產業策略探討農產價值者，或是設計策略的使用與客家之間的連結等；〔註67〕

〔註61〕 戴秋怡，〈屏東客家印尼華僑離散之個案研究〉（屏東：國立屏東教育大學客家文化研究所，2010 年）。

〔註62〕 參見：莊蘭英，〈六堆地區客家特色產業消費心理向度及行銷策略之研究——以屏東內埔地區為例〉（國立屏東科技大學客家文化產業研究所碩士論文，2008 年）、羅苡榛，〈臺灣苗栗地域社群之構成：「以芎中七石隆興」為例〉（國立交通大學客家社會與文化碩士在職專班碩士論文，2010 年）、陳琇君，〈農村經濟與社區營造——大湖草莓園區與薑麻園產業發展的比較研究〉（國立交通大學客家社會與文化碩士在職專班碩士論文，2010 年）等等。

〔註63〕 潘秋伶，〈系譜・屋家・女兒：一個粵東宗族組織重建與蛻變的探討〉（國立清華大學人類學研究所碩士論文，2009 年）。

〔註64〕 劉如意，〈社區如何展現能動性：在地與空間的研究，以臺灣竹北六家地區為例〉（國立暨南國際大學人類學研究所碩士論文，2010 年）。

〔註65〕 張宏欣，〈造橋鄉的開發與社會經濟發展（1763～1945）〉（臺中：逢甲大學歷史與文物研究所，2010 年）。

〔註66〕 姜閔仁，〈新竹沿山地區家族之發展——以北埔新姜家族為例（1856～1945）〉（臺中：逢甲大學歷史與文物研究所，2010 年）。

〔註67〕 參見黃于真，〈設計策略下客家文化元素之探討〉（新北市：國立臺灣藝術大學工藝設計學系碩士論文，2009 年）、蕭敏君，〈不只是價格——建構生產端農產價值的可能性〉（雲林：國立雲林科技大學文化資產維護研究所碩士論文，2009 年）。

教育學門則分析客語教材中性別相關內容,以及分析客家流行樂團為研究標的;
〔註68〕有趣的是,本年度民生學類受獎助論文不約而同的都是以「客家飲食」
作為研究主題,包括客家米食、龍潭「椪風茶」等,〔註69〕得以發現客家獨具
特色的飲食文化已逐漸受到重視,相關研究對象不只是飲食本身,而是可以進
一步追索其形成的歷史、社會文化脈絡。

無獨有偶,本年度屬於其他類、農業科學學門、農業經濟及推廣學類論
文:林明〈新埔柿餅節的「打手」:節慶與關鍵行動者〉〔註70〕亦是研究客家
飲食文化衍生之節慶,可以發現雖使用不同學門方法,但其關心之焦點仍有
相似性。

綜合上述,民國99年度之獎助論文較前一年度(98)相比,論文數量、
碩士論文平均單篇獎助金額、獎助總金額皆有成長,惟幅度不大,博士論文
數量反而減少。學門分布則仍維持相同格局,以社會及行為科學學門佔最多。
研究主題而言,本年度有許多學門之獎助論文皆注意到客家聚落形成與發展,
以及客家飲食背後的文化意涵與社會脈絡。

(三)民國 100 年度

民國100年度獎助客家研究優良博碩士論文共105案,10篇博士論文、
95篇碩士論文,數量超過之前所有的年度;獎助金額部分,博士論文平均每
篇得10.2萬元,碩士論文平均每篇得4.53萬元,比起民國98年度、99年度
每篇碩士論文平均獎助金超越6萬而言,可說是大幅下降,也因為如此本年
度的獎助總件數多於前一年(99年度)22件,但總獎金卻是528萬元,還減
少了6萬元。

〔註68〕依序參見:陳玉樺,〈國民小學客語教科書性別之內容分析〉(臺北:國立臺
　　　　北教育大學多元文化教育教學碩士班論文,2010年)、李淑琴,〈客家流行樂
　　　　團之研究──以「山狗大」為例〉(新竹:國立新竹教育大學音樂教學碩士班
　　　　論文,2010年)。

〔註69〕本年度屬於民生學門者有:陳玫如,〈美濃地區不同世代的客家族群對客家飲
　　　　食文化的認知及飲食行為之相關研究〉(臺南:臺南科技大學生活應用科學研
　　　　究所碩士論文,2009年)、劉澤玲〈客家米食文化在銅鑼傳統飲食中的傳承〉
　　　　(國立高雄餐旅學院臺灣飲食文化產業研究所碩士論文,2009年)、江裕春,
　　　　〈龍潭椪風茶文化研究──在地知識的傳承〉(國立高雄餐旅學院臺灣飲食
　　　　文化產業研究所碩士論文,2009年)。

〔註70〕林明,〈新埔柿餅節的「打手」:節慶與關鍵行動者〉(國立臺灣大學生物產業
　　　　傳播暨發展學系碩士論文,2009年)。

　　本年度的博士論文共有 10 篇，為歷年最多，其中又有 2 篇畢業自國外校院，分別是以極簡主義語言學觀點分析現代漢語（官話、客家語、粵語、閩南話）之〈從極簡主義看漢語名詞組結構〉（The Sinitic Nominal Phrase Structure: A Minimalist Perspective）〔註71〕；以及聚焦於客家鄉鎮——美濃其社會運動、社區營造之〈現代臺灣社區運動的地方社會學——高雄縣美濃鎮社會運動、民主化與社區總體營造〉〔註72〕。國內校院之博士論文之學門仍以人文學門、社會及行為科學學門佔多數（民國 100 年度獎助學門學類分布見表 3-2-10），另有一設計學門研究客家墓葬與墳墓體系設計的論文，以往尚無以客家墓葬型制作為研究主題之論文得到獎助，於此，廖倫光〈臺灣客家納骨葬法與墳墓體系〉〔註73〕可謂開了風氣之先。

　　綜合本年度博士論文獎助狀況，得以發現客委會以各種獎助政策推動客家研究已達效果，已有許多博士論文以客家研究為主題，成為重要的學術研究成果。另外，本年度博士論文中尚有外國校院，因此可以說「客家研究」、「客家學」在國際上的推廣已有初步成果。

表 3-2-10：民國 100 年度獎助論文學門、學類分布表

標　　號	學門名稱	學　類	碩士論文	博士論文	總　　計
1	社會及行為科學學門	民族學類	18	0	51
		區域學類	16	0	
		綜合社會及行為科學類	2	1	
		經濟學類	7	0	
		公共行政學類	1	0	
		政治學類	1	0	
		地理學類	1	0	
		社會學類	1	2	
		心理學類	0	1	

〔註71〕林怡安，〈從極簡主義看漢語名詞組結構（The Sinitic Nominal Phrase Structure: A Minimalist Perspective）〉（英國：劍橋大學語言學系博士論文，2010 年）。

〔註72〕星純子，〈現代臺灣社區運動的地方社會學——高雄縣美濃鎮社會運動、民主化與社區總體營造〉（日本：東京大學綜合文化專攻博士論文，2011 年）。

〔註73〕廖倫光，〈臺灣客家納骨葬法與墳墓體系〉（桃園：中原大學設計學研究所博士論文，2009 年）。

2	人文學門	語言學類	15	1	42
		其他人文學類	8	0	
		中國語文學類	4	0	
		臺灣語文學類	4	2	
		歷史學類	3	1	
		人類學學類	1	1	
		外國語文學類	1	0	
		文獻學學類	1	0	
3	藝術學門	音樂學類	4	0	5
		綜合藝術學類	1	0	
4	教育學門	—	0	0	0
5	設計學門	綜合設計學類	2	0	3
		視覺傳達與設計學類	1	0	
		其他設計學類	0	1	
6	建築及都市規劃學門	建築學類	1	0	2
7	民生學門	—	0	0	0
8	傳播學門	—	0	0	0
9	其他類		2	0	2
總計			95	10	105

資料來源：研究者整理。

　　獎助論文學門分布部分，本年度仍由社會及行為科學學門共 51 篇佔近半數為最多，但是人文學門數量較去年大幅增加，本年度人文學門共有 42 篇論文佔 4 成，已回到前期「成長期」人文學門、社會學門數量接近的狀態。

　　若就本年度人文學門受獎助論文觀之，其中以語言學類、其他人文學類數量最多，前者係因本年度增加了許多畢業自聯合大學客家語言與傳播研究所之論文，後者則是因屏東教育大學（現為「屏東大學」）文化創意產業學系論文受到獎助之原因。

　　聯合大學客家語言與傳播研究所創立於民國 95 年，自民國 98 年度即有該所畢業論文受到獎助，至今年成長至 9 篇；屏東教育大學文化創意產業學系原為民國 95 年創立之「客家文化研究所」，並自 98 年度開始有畢業自該所之碩

士論文得到獎助資格，自 99 學年度起，該校「臺灣文化產業經營學系」和「客家文化研究所」整合更名而成「文化創意產業學系」（含碩士班）。〔註74〕而這些客家相關系所的成立，係客委會提供獎補助大力支持之結果。

　　屏東大學文化創意產業學系承襲了客家文化研究之脈絡，並給予創新，將「客家」概念與「文創」、「產業」結合。無獨有偶，探究本年度獎助當中，即便是其他學門、學類之中，亦有許多跟文創、產業發展相關之論文，屬於社會及行為科學學門民族學類的有張素惠〈客家花布的符號消費與族群認同〉〔註75〕等；公共行政學類有曾昭儒〈地方文化行銷策略研究——以新竹縣新埔鎮客家古蹟文化為例〉〔註76〕；經濟學類有徐國寶〈苗栗縣國小舞龍運動的傳承、轉化與創新推廣〉〔註77〕、黃智群〈體驗行銷導入鐵道文化遺產營運之研究——以舊山線復駛為例〉〔註78〕；設計學門有：謝易珉〈「六堆鬧熱季」——六堆客家文化創意設計〉〔註79〕、陳右欣〈「客家花布」？「臺灣花」？的設計文化現象研究〉〔註80〕等。

　　以上各學門、學類僅列舉數例，若詳述與客家文創產業相關者則多於此數。此年度與文化創意產業相關之研究特別多，甚至有跨學門、學類的現象，其主要原因在於我國政府之推動。早在民國 91 年，行政院在《挑戰 2008：國家發展重點計畫》中，特別將文化創意產業發展計畫列為十大分項計畫之一，欲透過國家力量，由文建會、經濟部、教育部、新聞局共同執行。〔註81〕民國 98 年，政府核定《創意臺灣——文化創意產業發展方案》，並於隔年（民

〔註74〕屏東大學客家研究中心網站：首頁／中心簡介／設置緣起（http://www.hakka.nptu.edu.tw/files/11-1024-8.php?Lang=zh-tw）。

〔註75〕張素惠，〈客家花布的符號消費與族群認同〉（桃園：國立中央大學客家研究碩士在職專班論文，2010 年）。

〔註76〕曾昭儒〈地方文化行銷策略研究——以新竹縣新埔鎮客家古蹟文化為例〉（國立臺北大學公共行政暨政策學系碩士在職專班論文，年）。

〔註77〕徐國寶，〈苗栗縣國小舞龍運動的傳承、轉化與創新推廣〉（國立聯合大學經濟與社會研究所碩士論文，2010 年）。

〔註78〕黃智群，〈體驗行銷導入鐵道文化遺產營運之研究——以舊山線復駛為例〉（國立聯合大學經濟與社會研究所碩士論文，2010 年）。

〔註79〕謝易珉，〈「六堆鬧熱季」——六堆客家文化創意設計〉（國立高雄師範大學視覺設計學系碩士論文，2009 年）。

〔註80〕陳右欣，〈「客家花布」？「臺灣花」？的設計文化現象研究〉（國立雲林科技大學創意生活設計系 碩士論文，2010 年）。

〔註81〕吳密察，〈文化創意產業之規劃與推動〉，《研考雙月刊》（臺北：27 卷第 4 期，2003 年），頁 61～62。

國 99 年）制定《文化創意產業發展法》，顯現政府對文創產業之重視。〔註 82〕
《文化創意產業發展法》第 11 條第二款規定：

> 政府得協助地方政府、大專校院及文化創意事業充實文化創意人
> 才，並鼓勵其建置文化創意產業相關發展設施，開設相關課程，或
> 進行創意開發、實驗、創作與展演。〔註 83〕

於是，自此大專院校多有文創產業相關系所學程設立，本年度文創產業相
關論文數量為數頗豐，即可視為政府上述自民國 91 來一貫政策實踐之成
果。

　　此外，客委會成立後，規劃了「客家文化振興第一期六年計劃」、「客家
特色文化加值經濟發展四年計畫」等中長程計畫，希望能夠帶動客家區域地
方產業為目的，積極成為客家文化創意產業之推手。〔註 84〕於此，在政府各
部門的配合下，使得相關研究數量呈現上漲的趨勢。

　　綜合上述，民國 100 年度獎助論文成果比前一年度增加，其中博士論文
數量是歷年（民國 92 年度～107 年度）來最多，惟由於平均單篇論文獎助金
額較前一年陡降，因此儘管本年度論文件數多於前年度，但總金額仍是略少
於前一年。在學門分布部分，本年度人文學門之獎助論文所佔比例已回到「成
長期」之程度，原因在於多間文創相關系所成立，另外客家文創產業作為本
年度的研究焦點，亦呈現跨學門、跨學類的趨勢。

（四）民國 101 年度

　　民國 101 年的獎助論文數量、總金額為歷年來最高峰，獎助碩士論文 129
篇、博士論文 6 篇，共 135 篇；博士論文平均每篇得 10 萬元、碩士論文每篇
可得 4.46 萬元，總獎助金額達 636 萬元。

　　本年度共有 6 部博士論文受到獎助，分別來自人文學門、教育學門、社
會及行為科學學門以及藝術學門相關系所（民國 101 年度獎助學門分布請見
下表 3-2-11）。人文學門共有兩篇博士論文：賴淑芬〈臺灣南部客語的接觸演

〔註 82〕傅朝文，〈我國文化創意產業相關問題研析〉，《國會季刊》（臺北：45 卷第 3
　　　　 期，2017 年 9 月）頁 100～101。
〔註 83〕《文化創意產業發展法》（民國九十九年二月三日總統華總一義字第
　　　　 09900022451 號令制定公布全文 30 條），資料來源：全國法規資料庫（https://
　　　　 law.moj.gov.tw/LawClass/LawAll.aspx?pcode=H0170075）。
〔註 84〕王俐容，〈客家文化政策與文化創意產業的發展〉，收入江明修主編，《客家政
　　　　 治與經濟》（臺北：智勝文化，2010 年），頁 168～169。

變〉〔註85〕、黃美鴻〈臺灣客家語句型教學：教材句型結構分析及教學架構
之建立〉〔註86〕，二者皆屬於語言學類。前者運用語言學中「借用」和「強
加」等理論，對南部海陸客語的內部發展與接觸特徵、麟洛四縣客語的內部
發展與接觸變化、南部客語接觸變化的原因與機制等三個主要議題進行研究；
後者則是藉由歸納教育部國編版、康軒版、翰林版的國民中小學客語教材中
常見及重要句型，再將結果交由第一線客語教師教學後再予以檢核和調整句
型教學架構，以達到改進現有客語教材之目的。

　　教育學門則有第一次有成人教育學類的獎助博士論文：鍾肇騰〈花東地
區客家高齡學習者生活品質、學習需求、學習態度與自我發展關係之研究〉
〔註87〕以行政院客家委員會設置的九個客家文化重點發展鄉鎮，其中參與民
國99或100年教育部推動「樂齡學習資源中心」開辦的學習課程者為研究對
象，以問卷調查方法探究其生活品質、學習需求等。

　　此外，屬於社會及行為科學學門綜合社會及行為科學學類之彭鳳貞〈臺
灣客家族群政策建構研究——國際視野下之發展策略〉〔註88〕則是將1988年
還我母語運動以降之客家政策與比利時、西班牙、以及中國大陸的族群政治
相互比較，進而對本國客家政策現狀加以檢討，並提出對未來之展望。

　　最後，本年度尚有二篇分就客家山歌、具有客家元素之現代舞臺劇作為
研究對象之論文，分屬教育學門普通科目教育學類、藝術學門應用藝術學
類。〔註89〕

〔註85〕賴淑芬，〈臺灣南部客語的接觸演變〉（新竹：國立新竹教育大學臺灣語言與
　　　　語文教育研究所博士論文，2012年）。

〔註86〕黃美鴻，〈臺灣客家語句型教學：教材句型結構分析及教學架構之建立〉（新
　　　　竹：國立新竹教育大學臺灣語言與語文教育研究所博士論文，2012年）。

〔註87〕鍾肇騰，〈花東地區客家高齡學習者生活品質、學習需求、學習態度與自我發
　　　　展關係之研究〉（高雄：國立高雄師範大學成人教育研究所博士論文，2010
　　　　年）。

　　　　曾瑞媛，〈客家山歌之節奏研究〉（臺中：國立臺中教育大學教育學系博士論
　　　　文，2011年）。

〔註88〕彭鳳貞，〈臺灣客家族群政策建構研究——國際視野下之發展策略博士〉（臺
　　　　北：中國文化大學中山與中國大陸研究所博士論文，2012年）。

〔註89〕依序參見：曾瑞媛，〈客家山歌之節奏研究〉（國立臺中教育大學教育學系博
　　　　士論文，2012年）、胡紫雲，《舞臺上的文化、記憶與空間：臺灣客家女性現
　　　　代劇（Culture, Memory, and Space on Stage: The Construction of Female Hakka
　　　　Contemporary Theatre in Taiwan）》（英國：艾斯特大學戲劇系博士論文，2012
　　　　年）。

表 3-2-11：民國 101 年度獎助論文學門、學類分布表

標　號	學門名稱	學　類	碩士論文	博士論文	總　計
1	社會及行為科學學門	區域學類	33	0	76
		民族學類	22	0	
		經濟學類	8	0	
		綜合社會及行為科學類	4	1	
		社會學類	3	0	
		公共行政學類	3	0	
		政治學類	1	0	
		地理學類	1	0	
2	人文學門	語言學類	18	2	39
		臺灣語文學類	8	0	
		其他人文學類	6	0	
		中國語文學類	2	0	
		歷史學類	2	0	
		其他語文學類	1	0	
3	藝術學門	音樂學類	3	0	5
		應用藝術學類	0	1	
		視覺藝術學類	1	0	
4	教育學門	學前教育學類	2	0	5
		成人教育學類	0	1	
		普通科目教育學類	0	1	
		專業科目教育學類	1	0	
5	設計學門	綜合設計學類	1	0	1
6	建築及都市規劃學門	建築學類	1	0	1
7	民生學門	觀光休閒學類	2	0	2
8	傳播學門	博物館學類	2	0	3
		新聞學類	1	0	
9	其他類	－	3	0	3
總計			129	6	135

資料來源：研究者整理。

在學門分布部分，以社會及行為科學學門為最大宗，碩博士論文合計共有 76 篇，佔全年度獎助論文一半以上，其次是人文學門共 39 篇，其餘各學門皆為 5 篇或以上、不足 3%。另外，本年度三個客家學院：國立中央大學客家學院、國立交通大學客家文化學院以及國立聯合大學客家研究學院相關系所畢業者已佔近半（66 篇）。

民國 101 學年度人文學門畢業論文以國立聯合大學客家語言與傳播研究所（14 篇，屬語言學類）、國立新竹教育大學臺灣語言與語文教育研究所（5篇，屬語言學類）、國立屏東教育大學文化創意產業學系（6 篇，屬其他人文學類）、國立臺灣師範大學臺灣文化及語言文學研究所（4 篇，屬臺灣語文學類）為主。客語教學與教材一直是常見的獎助論文研究項目，之前年度多分析現行的官方、非官方客語教材，而今年彭馨平〈日治時期臺灣的客語教材研究——以《廣東語集成》為例〉〔註 90〕則為首篇研究日治時期客語教材之獎助論文，此研究以臺人用日語片假名編輯的《廣東語集成》與現代客語比較，以了解背後的社會變遷。此外，亦屬語言學類之范志盈〈日本殖民對客家話的影響：以客語中的日語借詞為例〉〔註 91〕也將研究焦點置於日治時期之客語，藉此探討統治權力對於語言的影響及結果。

除了人文學門之外，本年度屬於社會及行為科學學門相關系所之獎助論文中，也有許多研究日治時期臺灣客家相關議題者，包括：傅彩惠〈日治時期苗栗街聚落發展與變遷（1895～1945）〉〔註 92〕（屬於社會學類）、陳俊安〈日治時期臺灣總督府新竹地區的客家社會統治：以《警友》雜誌為例〉〔註 93〕（屬於區域研究學類）、謝惠如〈日據時期北客再次移民之發展歷程研究：以雲林縣林內鄉、莿桐鄉為例〉〔註 94〕（屬於區域研究學類）

〔註90〕彭馨平，〈日治時期臺灣的客語教材研究——以《廣東語集成》為例〉（臺北：國立臺灣師範大學臺灣文化及語言文學研究所，2011 年）。

〔註91〕范智盈，〈日本殖民對客家話的影響：以客語中的日語借詞為例〉（苗栗：國立聯合大學客家語言與傳播研究所碩士論文，2011 年）。

〔註92〕傅彩惠，〈日治時期苗栗街聚落發展與變遷（1895～1945）〉（新竹：國立新竹教育大學社會學習領域教學碩士班論文，2012 年）。

〔註93〕陳俊安，〈日治時期臺灣總督府新竹地區的客家社會統治：以《警友》雜誌為例〉（桃園：國立中央大學客家社會文化研究所碩士論文，2012 年）。

〔註94〕謝惠如，〈日據時期北客再次移民之發展歷程研究：以雲林縣林內鄉、莿桐鄉為例〉（高雄：國立高雄師範大學客家文化研究所碩士論文，2012 年）。

等。於此得以發現，隨著客家研究的開展，受獎助博、碩士論文為開闢新的研究議題，於是在既有的研究領域上，將其加入時間變因，以探討其變遷過程以及背後之社會脈絡。

綜合上述，民國 101 年度為全部 16 年度獎助中獎助金額、獎助總件數最高者；在學門分布方面仍是以社會及行為科學學門、人文學門為最大宗，此年度國內三個客家學院所占獎助論文也趨於一半，在研究主題、內容部分也有加深、加廣的現象。

（五）民國 102 年度

民國 102 年度受獎助之論文共有 80 案，其中博士論文 7 篇、碩士論文 篇；博士論文平均每篇可得 10.57 萬元，碩士論文平均每篇可得 4.61 萬元，總獎助金額共 411 萬元。本年度件數與總獎助金額皆降至民國 101 年度之 6 成左右，可以說是有明顯下跌。

本年度博士論文有三篇語言相關學類之研究受到獎助（學門分布請見表 3-2-12），研究主軸皆是不同地區客家腔調與附近其他方言之比較；〔註95〕歷史學類者有二篇，分別探討臺灣客家起源以及北臺灣客家「嘗會」組織；〔註96〕社會及行為科學學門政治學類一篇，係以當代自由主義觀點檢視我國客家政策；〔註97〕藝術學門音樂學類一篇，以客家當代歌曲為研究標的，分析其社會歌詞釋義、客家歌詞語音及聲調探討、樂曲分析、生理機制上的描述與客家系民歌唱法及美聲唱法的演唱探討。〔註98〕

〔註95〕參見：陳筱琪，〈閩南西片方言音韻研究〉（臺北：國立臺灣大學中國文學系博士論文，2013 年）、劉勝權，〈粵北始興客家音韻及其周邊方言之關係〉（臺北：臺北市立教育大學中國語文學系博士班，2013 年）、楊惠玲，〈客語、華語及閩南語的語法化：以否定字為例，兼論模態、時貌及疑問標記〉（Arizona State University, Department of English, Linguistics，2012 年）。

〔註96〕參見：藍清水，〈臺灣客家形成之研究〉（中國：廣州中山大學歷史系博士論文，2013 年）、林桂玲，〈客家地域社會組織的變遷──以北臺灣「嘗會」為中心的討論〉（國立清華大學歷史研究所博士論文，2013 年）。

〔註97〕邱啟展，〈我國客家族群政策之研究──當代自由主義正義論觀點〉（桃園：國防大學政治學系博士論文，2012 年）。

〔註98〕孔仁芳，〈臺灣當代客家歌曲研究與演唱詮釋〉（臺北：輔仁大學音樂學系博士論文，2013 年）。

表 3-2-12：民國 102 年度獎助論文學門、學類分布表

標　號	學門名稱	學　類	碩士論文	博士論文	總　計
1	社會及行為科學學門	區域學類	21	0	46
		民族學類	9	0	
		經濟學類	6	0	
		公共行政學類	3	0	
		地理學類	3	0	
		政治學類	1	1	
		綜合社會及行為科學類	1	0	
		社會學類	1	0	
2	人文學門	臺灣語文學類	7	0	23
		中國語文學類	4	2	
		語言學類	4	1	
		其他人文學類	3	0	
		歷史學類	0	2	
3	藝術學門	音樂學類	1	1	5
		美術學類	1	0	
		綜合藝術學類	1	0	
		應用藝術學類	1	0	
4	教育學門	教育行政學類	1	0	1
5	設計學門	—	0	0	0
6	建築及都市規劃學門	建築學類	2	0	2
7	民生學門	—	0	0	0
8	傳播學門	廣告學類	1	0	2
		新聞學類	1	0	
9	其他類	—	1	0	1
總計			73	7	80

資料來源：研究者整理。

　　民國 102 年度學門分布仍是以社會及行為科學學門共 46 篇為最大宗，內容概括客家觀光產業、文創產業、客家社區社群、客家政治傾向等等，其次是人文學門 23 篇。本年度也承襲了前幾年度的研究熱點，包括文創產業、社區發展、性別研究等等。其中，有別於以往客家性別研究多以女性做為論述

核心,本年度李嘉敏〈客家男性的性別角色形象與生命經驗〉〔註99〕則改以男性作為論述中心,探討大眾心中客家男性意象以及客家男性對自己的定位與看法,可說是別開生面;人文學門部分,仍是以客家語言、客語教學、客家文學文本分析為大宗。

綜合上述,民國102年度在獎助論文數量、獎金有明顯地下降;其學門分布與論文研究內容也大致承襲其幾年度的狀態,未有太大的變化。

綜觀高峰期(民國98~民國102年度)的獎助狀況,得以發現獎助論文數量開始呈跳躍式增長,獎助論文件數、獎助總金額在民國98年度75件、495萬元,民國90年度略增為83件共534萬元,與97年度44件共250萬元相比成長約一倍左右。至民國100年度,獎助論文總件數超過100件,民國101年度達到最高點135件、總獎助金額636萬元。隨後獎助論文總件數、總金額開始同步下降,逐漸回到高峰期初期(民國98年度、民國99年度)水平。

隨著時間推進,透過客委會「補助大學校院發展客家學術機構計畫」的推行,國內大專院校客家學院或是客家研究機構漸次成立,產出質量俱佳的學術成果。若觀察高峰期受獎助之博碩上論文之學門分布(見表3-2-13),則得以清楚發現客家學術研究呈現更多樣化的發展,這樣的發展包含二者:研究學門多樣化以及研究議題多樣化。

表3-2-13:高峰期(民國98~102年度)獎助論文學門、學類分布表

標　號	學門名稱	學　類	碩士論文	博士論文	總　計
1	社會及行為科學學門	民族學類	106	0	269
		區域學類	98	0	
		經濟學類	23	0	
		公共行政學類	9	0	
		社會學類	7	2	
		綜合社會及行為科學類	9	3	
		地理學類	5	0	
		政治學類	4	1	
		心理學類	1	1	

〔註99〕李嘉敏,〈客家男性的性別角色形象與生命經驗〉(苗栗:國立聯合大學經濟與社會研究所,2013年)。

2	人文學門	語言學類	52	6	140
		中國語文學類	17	6	
		臺灣語文學類	21	0	
		其他人文學類	17	0	
		歷史學類	7	3	
		人類學學類	3	1	
		其他語文學類	1	1	
		外國語文學類	3	0	
		文獻學學類	1	0	
		宗教學學類	1	0	
3	藝術學門	音樂學類	10	1	23
		綜合藝術學類	4	0	
		應用藝術學類	2	1	
		視覺藝術學類	2	0	
		美術學類	1	0	
		藝術行政學類	1	0	
		美術工藝學類	1	0	
4	教育學門	學前教育學類	3	0	9
		專業科目教育學類	2	0	
		普通科目教育學類	0	1	
		綜合教育學類	1	0	
		成人教育學類	0	1	
		教育行政學類	1	0	
5	設計學門	綜合設計學類	5	0	9
		其他設計學類	1	1	
		視覺傳達設計學類	1	0	
		空間設計學類	1	0	
6	建築及都市規劃學門	建築學類	5	0	5
7	民生學門	觀光休閒學類	2	0	5
		其他民生學類	2	0	
		生活應用科學學類	1	0	

8	傳播學門	博物館學類	2	0	5
		新聞學類	2	0	
		廣告學類	1	0	
9	其他類	—	13	0	13
總計			449	29	478

資料來源：研究者整理。

　　高峰期受獎助論文畢業系所分布於 43 個學類（其他類不計），與前期成長期 30 個學類相比，明顯增加，揭示了更多不同學門、學類之系所、研究生願意投入客家研究領域，並產出嚴謹的學術成果，最終得到獎助，使客家研究獎助博碩士論文呈現學門多樣化發展。

　　在議題多樣化的部分，隨著各學門獎助論文數量增多，在研究必須不與前人成果重複的前提下，學位論文的研究主題勢必也必須越趨多元。在高峰期歷年論文中，得以發現文創產業發展、社區營造營造等主題之研究論文大量出現，究其根柢係因政府有意識推動文創產業之發展，並有相應的法規如《文化創意產業發展法》等立法，促進了大專院校設立文化創意發展相關系所、刺激了相關研究風氣，於是高峰期開始有許多客家文化創意產業相關之研究受到獎助，可視為客家研究與此趨勢合流之結果。

三、減少期（民國 103 年度～107 年度）

　　客委會獎助客家研究優良博碩士論文自民國 103 年度起，每年度獎助件數以及總獎助金額一路下探，並且低於民國 98 年度水準，於是本文將民國 103 年度開始，一直至民國 107 年度歸類為「減少期」。以下分述民國 103 年度至民國 107 年度各年之獎助概況、受獎助論文之學門學類分布以及研究議題與焦點。

（一）民國 103 年度

　　民國 103 年度共有 7 篇博士論文、51 篇碩士論文獲得客委會獎助，合計共 58 案；其中碩十論文平均每篇可得 4.90 萬元，博士論文平均每天篇可得 11.17 萬元，年度總獎助金額共 332 萬元。就受到獎助論文總篇而言，仍低於前一期最低篇數之年度——民國 98 年度的 75 篇，年度總獎助金也低於前期最低的民國 102 年度（411 萬元）。

　　本年度共有博士論文 7 篇受到獎助，其中 6 篇屬於人文學門中國語文學

類、1篇屬於教育學門綜合教育學類。中國語文學類相關系所畢業之獎助博士論文主題包括不同地域客家腔調研究、客家文學、客家傳統信仰等；〔註100〕後者則是以日治時期桃竹苗等客家分布區之教育施行狀況。〔註101〕

　　本年度畢業自國立中央大學、國立交通大學以及國立聯合大學之客家學院之獎助論文共有26篇，佔4成多，比前期「巔峰期」三院校佔總獎助論文近半數而言，其比例略微下降。

　　本年度的獎助論文學門分布見表3-2-14。本年度以社會及行為科學學門、人文學門合佔所有獎助論文8成為最大宗，其中人文學門獎助論文數量略高於社會及行為科學學門2篇，為繼民國94年度以來首次人文學學獎助論文數量高於社會及行為科學學門，如此分布迥異於「高峰期」所有獎助年度，反而趨向「成長期」各年度的獎助論文學門分布。

表3-2-14：民國103年度獎助論文學門、學類分布表

標　號	學門名稱	學　類	碩士論文	博士論文	總　計
1	社會及行為科學學門	民族學類	9	0	22
		區域學類	9	0	
		地理學類	2	0	
		綜合社會及行為科學類	1	0	
		經濟學類	1	0	
2	人文學門	臺灣語文學類	6	1	25
		語言學類	6	0	
		中國語文學類	1	5	
		其他人文學類	3	0	

〔註100〕參見：鍾怡彥，〈美濃作家的在地書寫研究〉（桃園：國立中央大學中國文學系博士論文，2014年）、張二文，〈臺灣六堆客家地區鸞堂與民間文化闡揚之研究〉（花蓮：國立東華大學中國語文系博士論文，2014年）、范姜灯欽，〈臺灣客家生活故事研究〉（花蓮：國立東華大學中國語文學系博士論文，2014年）、何純惠，〈閩西中片客家話與混合方言音韻研究〉（臺北：國立臺灣師範大學國文學系博士論文，2014年）、徐賢德，〈高樹客家話語言接觸研究〉（臺北：臺北市立大學中國語文研究所博士論文，2014年）、黃靖嵐，〈客家文學在臺灣的出現與發展（1945～2010）〉（臺南：國立成功大學臺灣文學系博士論文，2014年）。

〔註101〕江孋乙，〈日治時期臺灣桃竹苗地區的客家教育（1895～1945）〉（國立臺灣師範大學教育學系博士論文，2013年）。

		宗教學類	1	0	
		人類學學類	1	0	
		外國語文學類	1	0	
3	藝術學門	音樂學類	1	0	3
		民俗音樂學類	1	0	
		綜合藝術學類	1	0	
4	教育學門	綜合教育學類	0	1	1
5	設計學門	空間設計學類	1	0	3
		視覺傳達設計學類	1	0	
		產品設計學類	1	0	
6	建築及都市規劃學門	建築學類	1	0	1
7	民生學門	觀光休閒學類	1	0	1
8	傳播學門	—	0	0	0
9	其他類		2	0	2
總計			51	7	58

資料來源：研究者整理。

　　社會及行為科學學門全部共 22 篇獎助論文中，又以客家相關系所（包括中央大學、交通大學、聯合大學之客家學院，以及屏科大客家文化產業研究所、高師大客家文化研究所）佔 19 篇為最多數，研究主題以客家產業、客家宗族、地域研究為主。〔註 102〕

　　人文學門中仍是以語言相關的學類佔最多數，包括了客家語言、文學以及民俗文化等研究。就語言部分而言，本年度研究地方客語已擴及印尼坤甸、泰國曼谷、廣東梅縣、福建詔安、古田等地，使客家語言研究呈現研究分工

〔註 102〕客家產業相關者請參見：徐郁雯，〈客家社區產業之社會經濟分析——以桃園縣高原樂活有機村為例〉（桃園：國立中央大學客家政治經濟研究所碩士論文，2014 年）、賴美芳，〈客家伴手禮創意包裝設計之研究：以苗栗縣傳統食品業者為例〉（新竹：國立交通大學客家社會與文化碩士在職專班論文，2014 年）；客家宗族社會相關研究請參見：邱曉燕，〈西湖溪下游地域社會之形成與變遷〉（新竹：國立交通大學客家社會與文化碩士在職專班論文，2013 年）等文；地域研究請參見：施紫潔，〈清代彰化永靖、埔心、員林地區閩客族群空間分佈及其特色〉（臺北國立臺灣師範大學地理學系碩士論文，2014 年）、呂展曄，〈清領時期芎林、橫山地區客家地域形塑之探討〉（臺北國立臺灣師範大學地理學系碩士論文，2013 年）。

更為細緻之發展。〔註 103〕

綜合上述，民國 103 年度之獎助論文無論獎助總件數、總金額有明顯下降的趨勢，隨著期獎助總件數減少，其學門分布也回到獎助初期——「成長期」態勢，即出自「社會及行為科學學門」、「人文學門」二相關系所之畢業論文各佔年度總獎助件數 4 成左右。

（二）民國 104 年度

民國 104 年度受獎助之論文共有 59 案，其中博士論文 3 篇、碩士論文 56 篇；博士論文平均每篇可得 10.66 萬元，碩士論文平均每篇可得 3.32 萬元，總獎助金額共 218 萬元。與前一年度相比，獎助論文總件數增加 1 件，但由於平均每部碩士論文獎助金額較前年度降低 1.48 萬元，因此本年度獎助總金額大幅低於去年 114 萬元。

本年度受獎助之博士論文共有 3 篇，其中 2 篇屬於人文學門中國語文學類，無獨有偶，二者剛好分別以桃竹苗、六堆等地的客家民間故事作為主要文本加以分析。〔註 104〕另 1 篇受獎助之博士論文：顧朋〈客家與近代中國革命之關係——以太平天國與辛亥革命〉係屬於社會及行為科學學門、綜合社會及行為科學學類，該文從太平天國、辛亥革命此二中國近代史的重要事件中，探討客家人參與其中之原因、扮演角色並分析其革命意識。〔註 105〕

民國 104 年度獎助博碩士論文之學門分布見表 3-2-15。經由此表可以看出，本年度由社會及行為科學學門佔最多，共有 36 篇博碩士論文佔整體案數 6 成，其次是人文學門的 15 篇佔約四分之一。綜觀社會及行為科學學門之畢業系所，得以發現與前年度一樣，以客家相關系所佔最多，其中包括央大、交大、聯合大學之客家學院相關碩士班，以及高師大客家文化研究所、屏科大客家文化產業研究所等幾乎佔了全部。研究主題部分，畢業自社會及行為科學學門相關系所之論文多承襲去年，以文創、產業發展、宗教信仰、民俗

〔註 103〕 參見：彭淑鈴，〈上杭古田客家話研究〉、鄭玉華，〈四川簡陽客家話研究——以踏水鎮為例〉、黃素珍，〈印尼坤甸客家話研究〉（三者皆為桃園：國立中央大學客家語文研究所碩士論文，2013 年）。

〔註 104〕 曾瓊儀，〈臺灣桃竹苗地區客家民間故事研究〉（臺北：中國文化大學中國文學研究所博士論文，2014 年）、彭素枝，〈臺灣六堆客家民間故事研究〉（臺北：國立臺灣師範大學國文學系博士論文，2015 年）。

〔註 105〕 顧朋，〈客家與近代中國革命之關係——以太平天國與辛亥革命〉（臺北：國立臺灣大學國家發展研究所博士論文，2015 年）。

文化為主要研究主題。

表 3-2-15：民國 104 年度獎助論文學門、學類分布表

標　　號	學門名稱	學　　類	碩士論文	博士論文	總　　計
1	社會及行為科學學門	區域學類	23	0	36
		民族學類	10	0	
		公共行政學類	1	0	
		綜合社會及行為科學類	0	1	
		經濟學類	1	0	
2	人文學門	語言學類	9	0	15
		中國語文學類	0	2	
		其他人文學類	1	0	
		歷史學類	1	0	
		臺灣語文學類	1	0	
		外國語文學類	1	0	
3	藝術學門	音樂學類	1	0	2
		綜合藝術學類	1	0	
4	教育學門	成人教育學類	1	0	1
5	設計學門	空間設計學類	－	－	0
6	建築及都市規劃學門	建築學類	1	0	1
7	民生學門	觀光休閒學類	1	0	3
		餐旅服務學類	1	0	
		其他民生學類	1	0	
8	傳播學門	－	0	0	0
9	其他類		1	0	1
總計			56	3	59

資料來源：研究者整理。

　　整體而言，民國 104 年度的獎助狀況與前一前度民國 103 年度相比，無論是獎助件數、獎助總金額、研究主題與學門分布等皆呈現相似之態勢，其中差異最大的部分即是人文學門與社會及行為科學學門之比例，不似前年數量大約相等。另外，本年度民生學門有三篇碩士論文受到獎助，其主題皆是

以分析客家節慶為研究主軸，與人文學門、社會及行為科學學門之獎助論文
亦有許多客家節慶、文創產業等相關研究相互呼應。

（三）民國 105 年度

民國 105 年度受獎助之論文共有 37 案，其中博士論文 2 篇、碩士論文 35
篇；博士論文平均每篇可得 10 萬元，碩士論文平均每篇可得 5.17 萬元，總獎
助金額共 201 萬元。本年度獎助總件數較前二年度少約 20 件左右，惟因平均
每部碩士論文獎助金額提升至 5.17 萬元，於是獎助總金額仍維持在 200 萬元
以上。

表 3-2-16：民國 105 年度獎助論文學門、學類分布表

標　　號	學門名稱	學　　類	碩士論文	博士論文	總　　計
1	社會及行為科學學門	區域學類	14	0	20
		民族學類	5	0	
		社會學類	1	0	
2	人文學門	語言學類	4	1	11
		中國語文學類	3	0	
		臺灣語文學類	2	0	
		其他人文學類	1	0	
3	藝術學門	音樂學類	2	0	3
		綜合藝術學類	1	0	
4	教育學門	學前教育學類	1	0	1
5	設計學門	－	0	0	0
6	建築及都市規劃學門	－	0	0	0
7	民生學門	－	0	0	0
8	傳播學門	－	0	0	0
9	其他類		2	0	2
總計			36	1	37

資料來源：研究者整理。

民國 105 年度受獎助博士論文僅有一篇，僅高於民國 93 年度之 0 篇，為
新竹教育大學台灣語言與語文教育研究所之博士論文：房子欽〈臺灣客家語

動後體標記語法化研究〉〔註106〕，屬於人文學門語言學類，內容依語言學理論分析客語版本之《聖經》以理解客語語法之變化。

民國 105 年度受客委會獎助之博碩士論文之學門分布（見上表 3-2-16）大致上仍維持社會及行為科學學門最多、人文學門次之的樣態，其研究主題也大多承襲以前基礎，再行加深加廣。若從畢業學校、系所觀之，本年度客家相關系所畢業者共 24 篇，佔全部 6 成以上，仍為客委會獎助客家研究博碩士論文之主要來源，惟聯合大學今年僅有一篇得到獎助，為自民國 98 年度聯合大學客家研究學院之畢業論文第一次得到客委會獎助以來單年度最少篇。

此外，本年度共有 2 篇畢業自農業學門、農業經濟及推廣學類（本文將歸於「其他類」）受到獎助，其論文皆屬客家飲食文化研究，分別以公館紅棗、關西仙草為研究個案，探討其商品化過程以及與在地之連結。〔註107〕

綜合上述，民國 105 年度之獎助博碩士論文總件數較前年大幅下跌，惟客委會將每篇論文獎助金額提高，使得年度總獎助金額雖有下降，但其幅度並不大。至於本年度學門分布的狀況與前一年相比並無太多變化，此外，本年度主要仍是客家相關系所產出的學術成果為主，惟聯合大學客家學院之論文今年數量跌至歷年最少之 1 篇。

（四）民國 106 年度

民國 106 年度受獎助之論文共有 26 案，其中博士論文 1 篇、碩士論文 25 篇；博士論文平均每篇可得 12 萬元，碩士論文平均每篇可得 8.32 萬元，總獎助金額共萬 220 元。本年度獎助總件數又再度下探，已回到獎助政策開始實行初年之水準，惟因每篇碩士論文平均可得知獎助金額大幅增加至 8.32 萬元，於是即使總件數更少，獎助總金額還比去年成長 20 萬元左右。

本年度受獎助之客家研究博士論文與去年數量相同僅有 1 篇：鍾兆生〈美濃聚落文化景觀之形塑與特質〉，其以美濃客家聚落作為研究區域，探討其中人文景觀其形塑之人地關係網絡，包括住居、水域、儀式音樂等，並詮釋其景觀意義。於此，此研究係運用地理學下二大系統之一的人文地理範疇作為

〔註106〕房子欽，〈臺灣客家語動後體標記語法化研究〉（新竹：國立新竹教育大學臺灣語言與語文教育研究所，2015 年）。

〔註107〕張瓊月，〈地方特色食物的構築與維繫：以關西仙草為例〉（臺北：國立臺灣大學生物產業傳播暨發展學系碩士論文，2015 年）、陳品穎，〈農業食物品質的在地化：以公館紅棗為例〉（臺北：國立臺灣大學生物產業傳播暨發展學系碩士論文，2016 年）。

視角以及研究方法，以深入探析景觀文本背後之意義與形成脈絡。

　　本年度受獎助論文之學門分布見表 3-2-17，可以發現本年度仍是以社會及行為科學學類之獎助論文佔比最多，其次是人文學門，出自其餘學門之獎助論文為最少數。

表 3-2-17：民國 106 年度獎助論文學門、學類分布表

標　　號	學門名稱	學　　類	碩士論文	博士論文	總　　計
1	社會及行為科學學門	區域學類	11	0	15
		綜合社會及行為科學學門	2	0	
		民族學類	1	0	
		地理學類	1	0	
2	人文學門	臺灣語文學類	4	0	8
		語言學類	2	0	
		中國語文學類	1	0	
		其他人文學類	1	0	
3	藝術學門	—	0	0	0
4	教育學門	專業科目教育學類	1	0	1
5	設計學門	綜合設計學類	1	0	1
6	建築及都市規劃學門	建築學類	1	0	1
7	民生學門	—	0	0	0
8	傳播學門	—	0	0	0
9	其他類	—	0	0	0
總計			25	1	26

資料來源：研究者整理。

　　綜觀本年度受獎助論文的研究主題，仍是以客家產業、客家文學、民俗等分析研究為主，此外，較特別的有白色恐怖時期客家人家庭個案之探討，〔註108〕，縱觀各年份之獎助論文，僅有寥寥數篇研究對客家人與白色恐怖之

〔註108〕 參見：邱惠鈴，〈1950 年代白色恐怖受難者家屬的生命歷程探討——以苗栗縣南庄鄉黃昌祥家庭為例〉（臺北：國立臺北教育大學臺灣文化研究所碩士論文，2015 年）。

探討,但白色恐怖作為長時段的歷史現象,其受難者亦有涵蓋一定數量的客家族群,因此,此議題之研究仍有待後續開展。〔註109〕

另外,本年度教育學門之獎助論文——吳採瑄〈客家味緒:關係美學作為藝術教育實踐〉將研究焦點置於客家美學,研究內容包括規劃一客家美學教育方案並實踐之,在其研究過程當中引起客家相關媒體的關注。吳採瑄的嘗試顯示了「客家」作為一文化概念,其深厚的底蘊、內涵使其十分適合應用於美學的創作與實踐上,使「客家」不僅止於學院派的研究,更能向一般大眾推廣並受到重視。

綜合上述,民國106年度之獎助論文總件數因近年碩博士研究生畢業人數少而再度下降,惟因承襲了民國105年度以來客委會將單篇論文獎助金提高之舉措,讓本年度總獎助金仍處於200萬元以上,無大幅衰退。另外,本年度獎助學門仍以社會及行為科學學門、人文學門二者為主軸,研究主題仍是以客家文化創意產業、區域產業研究為主。

(五)民國107年度

民國107年度受獎助之論文共有24案,其中博士論文4篇、碩士論文20篇;博士論文平均每篇可得10萬元,碩士論文平均每篇可得8萬元,總獎助金額共200萬元。本年度獎助論文總件數又比去年度少2篇,而獎助碩士論文平均每篇可得獎助金仍維持在8萬元,使得總獎助金額維持在200萬元以上。

本年度共有4篇博士論文受到獎助,較去年度明顯增加,各篇分屬社會及行為科學學門、人文學門以及教育學門。人文學門之博士論文葉秋杏〈認知情態義與主觀化之浮現:臺灣客語評注性情態副詞的認知語用觀點研究〉〔註110〕屬於語言學類,係以客語語料庫中句型作為材料,以探討臺灣客語評注性情態副詞在語法化、詞彙化以及語用化運作之下的發展過程,以及情態與語言演變機制之間的關係;社會及行為科學學門則是研究苗栗西湖流域的客家祭祀組織——嘗會,另篇則是以客家、原住民學科建制發展比較探討族

〔註109〕有關白色恐怖與客家者另見:100年度受到獎助之陳建傑,〈戰後臺灣客家政治案件之研究——胡海基案之個案分析〉(臺中:東海大學政治學研究所碩士論文,2011年)。

〔註110〕葉秋杏,〈認知情態義與主觀化之浮現:臺灣客語評注性情態副詞的認知語用觀點研究〉(臺北:國立政治大學語言學研究所博士論文,2016年)。

群與知識正義之間的關係。〔註111〕

　　本年度受獎助之論文之學門分布概況請參見表 3-2-18。仍以社會及行為科學學門數量最多，佔獎助論文總數之一半，其次是畢業自人文學門相關系所之論文。若從畢業學校、系所觀之，本年度畢業於客家相關學院、系所者僅有 8 篇，佔全數畢業論文 3 分之 1。此現在與近年客家相關系所就讀、畢業人數下滑有直接關係（相關分析請見本文第二章第三節「獎助執行與成果」）。

表 3-2-18：民國 107 年度獎助論文學門、學類分布表

標　號	學門名稱	學　類	碩士論文	博士論文	總　計
1	社會及行為科學學門	綜合社會及行為科學學門	4	1	12
		區域學類	4	0	
		民族學類	2	1	
2	人文學門	語言學類學類	3	1	5
		歷史學類	1	0	
3	藝術學門	音樂學類	1	0	1
4	教育學門	普通科目教育學類	1	0	3
		成人教育學類	1	0	
		教育行政學類	0	1	
5	設計學門	—	0	0	0
6	建築及都市規劃學門	其他建築及都是規劃學類	1	0	1
7	民生學門	環境資源學類	1	0	1
8	傳播學門	—	0	0	0
9	其他類	—	1	0	1
總計			20	4	24

資料來源：研究者整理。

〔註111〕　分別參見：徐毓宏，〈西湖溪流域客家嘗會之研究〉（臺北：國立政治大學民族學系博士論文，2016 年）、葉志清，〈族群與知識正義：臺灣客家與原住民族學科建制發展之比較〉（臺北：國立臺灣大學國家發展研究所博士論文，2016 年）。

綜合上述，本年度獎助論文總件數大幅下降至獎助初期「成長期」平均（23.6篇）左右，但因自105年度以來客委會提高單篇論文獎助金額，使本年度獎助總金額勉予維持在200萬元以上。此外，本年度獎助學門分布以及研究主題大致上承襲上一年度之分布，並無太大變化。

以下總結客委會獎助客家研究優良博碩士論文之第三期——「減少期」（民國103～107年度）之趨勢。從每年獎助論文件數觀之，「減少期」首年民國103年度共獎助了58件博碩士論文，與前一年102年度的80篇相比明顯下跌約三成，104年大約持平（59篇），隨後一路下探，至民國107年度達24篇，回到獎助初期（民國95年度左右）之水平，降幅不可謂不大。究其原因，跟國內修習碩、博士班人數、客家相關學院就讀人數減少有關。

隨著每年獎助論文總件數的明顯減少，「減少期」每年度的總獎助金額亦隨之下降，不過，隨著客委會調高單篇論文獎助金額，民國105年度碩士論文單篇獎助金可達5萬餘元，106年度、107年度更是衝破8萬元大關，遠高於「高峰期」（民國98年度至102年度）之平均5.2萬元。於是，即使105年度總件數已低於40篇，但獎助總金額仍維持於200萬元以上，直到107年度皆然。

若是進一步從「減少期」獎助論文之畢業校院、系所分析，來自交大、央大、聯大客家學院論文佔所有論文近4成，若是將其他大專院校客家相關系所（國立高雄師範大學客家文化研究所、國立屏東科技大學客家文化產業研究所）加入計算，則高達116篇，超過五成。惟隨著年度總獎助論文數量的減少，客家學院、客家相關研究所畢業論文所佔比例也有隨之下降的趨勢。

接著分析「減少期」受獎助論文之畢業系所學門分布（見表3-2-19），整體而言，「減少期」獎助論文中出自社會及行為科學學門超過半數為最大宗，其次為人文學門佔3成為第二，其餘各學門論文數則皆低於5%。若觀其變遷趨勢，「減少期」首年（民國103年度），社會及行為科學學門、人文學門二者論文數量尚可等量齊觀，是年初自於人文學門的論文數量甚至略高於社會及行為科學學門，不過隔年（民國104年度）開始，畢業自社會及行為科學學門相關系所者已大幅多於人文學門，直至民國107年度皆是如此。

表 3-2-19：減少期（民國 103～民國 107 年度）獎助論文學門、學類
分布表

標　號	學門名稱	學　類	碩士論文	博士論文	總　計
1	社會及行為科學學門	區域學類	61	0	105
		民族學類	27	1	
		綜合社會及行為科學類	7	2	
		地理學類	2	1	
		經濟學類	2	0	
		公共行政學類	1	0	
		社會學類	1	0	
2	人文學門	語言學類	24	2	64
		臺灣語文學類	13	1	
		中國語文學類	5	7	
		其他人文學類	6	0	
		歷史學類	2	0	
		外國語文學類	2	0	
		宗教學學類	1	0	
		人類學學類	1	0	
3	藝術學門	音樂學類	5	0	9
		綜合藝術學類	3	0	
		民俗藝術學類	1	0	
4	教育學門	成人教育學類	2	0	7
		綜合教育學類	0	1	
		普通科目教育學類	1	0	
		專業科目教育學類	1	0	
		學前教育學類	1	0	
		教育行政學類	0	1	
5	設計學門	綜合設計學類	1	0	4
		視覺傳達設計學類	1	0	
		空間設計學類	1	0	
		產品設計學類	1	0	

6	建築及都市規劃學門	建築學類	3	0	4
		其他建築與及都是規劃學類	1	0	
7	民生學門	觀光休閒學類	2	0	5
		環境資源學類	1	0	
		其他民生學類	1	0	
		餐旅服務學類	1	0	
8	傳播學門	—	0	0	0
9	其他類	—	6	0	6
總計			188	16	204

資料來源：研究者整理。

　　「減少期」之博、碩士論文之研究主題，承襲了前期高峰期之多樣化發展。其中，與客家產業、客家文化創意等仍為研究熱點，呈現了跨學門、學類的現象。不同學門之亦代表了不同學科研究方法、理論與視角，因此，透過「客委會獎助客家研究優良博碩士論文」機制，得以促進不同學門、學類對不同客家研究議題深入探究，以收橫看成嶺側成峰之效。

　　綜合上述，「減少期」的客家獎助之總件數、總金額受教育現場狀況影響，呈現逐年減量之趨勢，連帶使得各年度獎助論文學門各有消長。雖說如此，獎助博、碩士論文仍呈現了學門多樣化、研究議題多樣化之發展。

四、綜合分析

　　以下分就受獎助博碩士論文畢業之系所、學門以及研究議題三個部分，總結「成長期」（民國 92～97 年度）、「高峰期」（民國 98～102 年度）、「減少期」（民國 103～107 年度）「客委會獎助客家研究優良博碩士論文」呈現何種「客家研究」面貌以及發展趨勢。

　　首先先從獎助論文學門分布觀之，整體而言，社會及行為科學學門之比例佔所有年度獎助論文一半以上（見圖 3-2-1），其次是人文學門，所占比例近三分之一，而其餘七類學門則共佔六分之一左右，比例可謂相當懸殊。

圖 3-2-1：獎助論文九類學門比例圖

■社會及行為科學學門　■人文學門　　　　▨藝術學門
▨教育學門　　　　　　▨其他類　　　　　▨設計學門
■建築及都市規劃學門　▨民生學門　　　　▨傳播學門

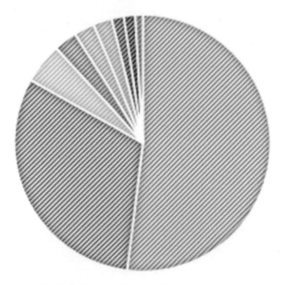

資料來源：研究者繪製。

　　接著，藉由圖 3-2-2 獎助論文九類學門總計圖（民國 92 年度～107 年度），則能清楚觀察到九類學門於不同年度的消長趨勢。如上文所述，從結果而論，畢業自社會及行為科學學門系所之獎助論文數量為最多，但如圖 3-2-2 所示，在獎助之初的「成長期」（民國 92 年度～97 年度），人文學門獎助論文數量多於社會及行為科學學門，此期間內雖互有消長，但仍維持差不多的比例。到了「高峰期」（民國 98 年度～102 年度）之初，由於客家相關系所相繼成立，並開始有研究生獲得學位，為「獎助客家研究優良博碩士論文」機制提供了充足的申請基數，而這些客家相關系所多屬於社會及行為科學學門，於是自民國 96 年度開始，社會及行為科學學門獎助論文數量急遽提高，與人文學門獎助論文數量逐漸拉開，至民國 100 年度雖拉近至 10 篇以內，但直到「減少期」（民國 103 年度～107 年度）之 103 年度二者才一度有所交叉，但在民國 103 年度之後的各年度社會及行為科學學門論文數仍皆高於人文學門。

圖 3-2-1：獎助論文九類學門總計圖（民國 92 年度～107 年度）

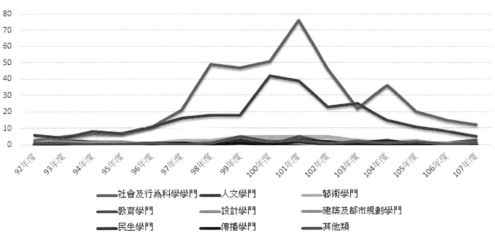

　　總結以上學門分布結果，社會行為學門學門佔最大多數，人文學門次之。在社會及行為科學學門中，又以區域研究學類、民族學類合佔近八成；人文學門則是三個語言相關的學類佔最多（語言學類、中國語文學類、臺灣語文學類），三者共佔人文學門畢業論文中超過七成。

　　研究主題部分，隨著時空背景的不同，則有不同的研究主題成為熱點。惟客家語言相關的研究可說是一以貫之，因受到客家「還我母語運動」之影響，在獎助之初的「成長期」（民國 92 年度～97 年度）即是許多碩博士論文的研究核心，直至高峰期（民國 98 年度～102 年度）、「減少期」（民國 103 年度～107 年度），即使各年度獎助論文數量有所增減，但各年仍有一度數量與客家語言相關的論文受到獎助。此外，綜觀各年度博士論文，其中語言相關的研究即佔超過半數，於此可知，「客家語言」一直是客家研究中的研究焦點，16 個年度的獎助論文也使得客家語言領域累積了質量俱佳的研究成果。

　　歷年獎助論文的研究主題除了客家語言外，人文學門、社會及行為科學學門尚有以下幾項常見的研究主題：宗族、移墾、聚落發展民俗、宗教（原鄉信仰、傳統信仰、基督宗教、儀式等）、文學（古典、現代兼有）、性別（女性研究為主）、客家運動、客家政策法制等等；「藝術學門」與「設計學門」則有舞蹈、戲劇、音樂（傳統、現代兼有）、視覺藝術、手工藝品、建築形式等研究；「教育學門」則以客家語言教育的課程設計與實踐為主；「建築與都市規

劃學門」相關研究則是以小區域研究為主，例如客家地方社群、社區、祭祀圈的形成等，並兼有建築形式的相關論述；「傳播學門」則是以客家電視、廣播、戲劇、客家意象、客家形象等主題較為常見。

另外，客家文化創意、產業發展等主題研究則呈現跨越學門、學類的現象。如前文所述，有鑑於政府自民國90年代漸次推廣，將文創列為國家重要施政方向，並透過立法等手段，將文創產業發展落實於學術研究等面向。從歷年客委會獎助客家研究優良博碩士論文來看，於「成長期」即有創意產業相關之學位論文獲得客委會獎助，隨著獎助論文數量之增加，自「高峰期」開始，客家文化創意產業、地方產業發展等相關論文也大幅增加，大專院校文創產業相關學系、研究所的成立更是有推波助瀾之效，使得獎助名單中迭有相關系所的論文受到獎助。甚至到了獎助論文數量大幅下探之「減少期」，仍有許多相關的研究受到獎助。因此，我們可以說，與客家文創產業相關的學位論文在政府的推波助瀾之下，呈現跨學門、跨年度分布的現象。

誠如本文第三章第一節「客家研究分類方法」所指出，本文運用教育部「教育程度及學科標準分類第四次修正版（民國96年7月）」中的「大學校院學科標準分類」來分類客家研究獎助論文，係基於此分類具有以下二種特點：具有普遍性與明確性。目前國內最大的博碩士論文資料庫：隸屬於教育部國家圖書館的「臺灣博碩士論文知識加值系統」，即是以此將歷年共114萬餘篇所有國內畢業學位論文加以分類，說明了此種分類具有「普遍性」，適合用於本文分析「客家研究」運用了何種學門的研究理論與方法。此外，教育部「大學校院學科標準分類」中的每個領域、學門、學類之內涵、定義、範疇皆有所闡述，具有相當程度的「明確性」，便於應用至本文探究「客家研究」的研究對象、研究目的與範疇之部分。

孫煒、韓保中曾點出為「客家研究」設計一套專門分類標準之困難：「我國客家研究可謂百花齊放、推陳出新，時不可能在設計出一套全新且互斥的分類標準。」〔註112〕使用教育部「大學校院學科標準分類」分類客家研究論文雖然一定程度上有助於本文研究，但仍有所限制，分論如下。

第一，教育部「大學校院學科標準分類」係以畢業系所為依歸，同一系所的畢業論文皆分為同一個領域、學門與學類。於此，單看某篇論文的分類不一定能完全如實呈現其研究取向及特色。換言之，即是同個分類內的論文

〔註112〕孫煒、韓保中，〈客家知識體系的分析架構〉，頁29。

仍可能具有一定程度的差異性。舉例而言,國內大專院校所有「中國文學系」之學位論文皆被歸於人文學門、中國語文學類,若觀受獎助論文畢業自中國文學系中,有以臺灣本地文本作為分析對象者,或是具有強烈臺灣主體性特色者,與傳統中國文學相關研究十分不同。於此,若單看其分類「中國語文學類」並無法凸顯其研究特色及觀點。

除了以上提到同個分類內具有一定的差異性外,「大學校院學科標準分類」如同孫煒、韓保中所言,不同分類並不全然互斥,其間仍有模糊地帶。以「中國語文學類」、「臺灣語文學類」兩個學類的定義為例,中國語文學類的分類定義為:

> 培育中國語文等之研究、文學、創作、應用人才,並結合資訊科技,使學生具有厚實的文化涵養、提升文化學術、配合國家人力需求與就業導向,實踐社會關懷。〔註113〕

臺灣語文學類之分類定義為:

> 培育客家語、台灣語文等之研究、文學、創作、應用人才,並結合資訊科技,使學生具有厚實的文化涵養、提升文化學術、配合國家人力需求與就業導向,實踐社會關懷,發揚台灣語文文化。〔註114〕

將二者兩相比較,得以發現最大不同之處在於將「中國語文」抽換詞面為「客家語」、「臺灣語文」,其餘大致上相同。其中,「中國語文」、「客家語」、「臺灣語文」三個名詞指涉意義之間的關係似乎也有所重疊。從實踐層面來看,參閱本文附件一獎助論文中屬於「中國語文學類」、「臺灣語文學類」者,其研究對象多為客家語言、文學相關的文本作為分析對象,就研究特色而論,二者之間實在無顯著之差異。

綜合以上採用之原因以及限制,使用教育部「大學校院學科標準分類」有助於本文釐清現行「客家研究」之定義、範疇與研究目的,更是一套施行已久、具有普遍性之分類標準。惟此分類法無法凸顯各類研究之特色,以及各類之間具有模糊地帶之限制,本文則加入探討各類論文的研究主題,並挑選六篇學位論文實行個案分析,以完整呈現受到客委會獎助學位論文的「客家研究」樣貌。

徐正光、張維安在深究「客家研究」一詞所指涉的範疇時曾指出,「僅僅

〔註113〕參見本文附件二。
〔註114〕參見本文附件二。

只是討論『客家變項』的研究，和帶有『客家關心』甚至帶有『客家意識』的客家研究，兩者之間有一定程度的不同。」〔註115〕言下之意，理想中的「客家研究」較傾向於以「客家」作為核心而開展的學術研究，而非所有與「客家」相關之研究皆屬之。於此，隨著時間的演變，可明顯觀察到受客委會獎助之「客家研究」博碩士論文，從帶有「客家變項」之研究，向具有「客家意識」之研究過渡。

蕭新煌於 2018 年提出對「客家研究」之觀察時指出，近 15 年來，臺灣的「客家研究」呈現「制度化」、「成熟化」的發展軌跡。〔註116〕其中，制度化即指客委會透過補助等方式，促使「三個客家學院、2.5 個研究所、二學會的創立」；「成熟化」則是指客家研究的成果累積以及多元發展，所謂多元發展，則包括「在地化」、「本土化」、「族群互動」、以「（臺灣為主體的）跨國比較」等特色。若以此檢視全年度受客委會獎助之客家研究優良博碩士論文，亦能以發現成熟化發展：成果累積部分，16 個獎助年度共獎助了 823 篇客家研究論文，有一定的成果；研究議題在獎助初期即有許多呈現「在地化」、「本土化」、「族群互動」，甚至是「跨國比較」等視角之研究。因此，「成熟化」之發展趨勢十分顯而易見。

除此之外，筆者亦發現獎助論文亦有另外兩種多元化發展趨勢，即研究議題多元化以及研究方法、學門多元化。研究議題多元化包含了「研究對象」與視角多元化。以人文學門、中國語文學類為例，其學門研究係建基於「文本」分析，而在獎助初期，其分析文本多為客家古典文學、語言，隨後漸有民俗戲曲、傳統音樂，乃至於民間故事等，呈現研究文本多元化的發展趨勢。

另外，學門多元化則是指，對於同一個主題、研究對象，使用多種不同學科取徑與研究方法用以分析、探究。舉例而言，獎助論文中包括人文學門、民生學門、社會及行為科學學門、農業學門等研究皆對文創產業等議題有所論述。於此在以上二者文本、研究學門多元化交織之下，則使客家研究達到「深化」之成效，即使獎助論文數量於近年逐漸減少，但此一趨勢仍是可以明顯觀察到的。

綜合上述，藉由本節「獎助博碩士論文學門分析」，發現獎助研究論文符

〔註115〕徐正光、張維安，〈導論：建立臺灣客家知識體系〉，收入徐正光主編，《臺灣客家研究概論》，頁 14。
〔註116〕蕭新煌，〈臺灣客家研究的典範移轉〉，頁 3～4。

合徐正光、張維安所述「由『客家變項』轉向有『客家意識』、以『客家』為主體」之趨勢；以及蕭新煌指出的「成熟化」發展，包括研究成果的累積、「在地化」、「本土化」、「族群互動」視角、「跨國比較」方法等。此外，本文提出受客委會獎助之客家研究學位論文另有二途多元化之發展趨勢，即「研究議題」以及「研究學門」多元化，二者的相互交織之下，導致了客家研究的「深化」。

第三節　獎助博碩士論文個案分析

　　本節擬從民國 92 至 107 年度「客委會獎助客家研究優良博碩士論文」共 823 篇獎助論文中，挑選碩、博士論文各三篇，分析其內容，包括研究主題、研究對象、問題意識、方法論等；其次再將此六篇論文置於「客家研究」發展之脈絡中綜合分析，以深入了解客委會獎助客家研究優良博碩士論文呈現之學術研究全貌。

　　為達此目的，本節先依照下列幾個原則挑選個案分析之論文：

　　第一，分別從「成長期」（民國 92 年度～民國 97 年度）、「高峰期」（民國 98 年度～民國 102 年度）以及「減少期」（民國 103 年度～民國 107 年度）挑選博士、碩士論文各一篇，以呈現各時期研究特色，並兼顧碩、博士論文的性質差異。

　　第二，此六篇學位論文出自不同學類，以呈現獎助「客家研究」論文多元的研究特色。以此二原則選出的六篇受獎助學位論文如下（表 3-3-1）所示：

表 3-3-1：個案分析獎助碩博士論文列表

編號	分　期	獎助年度	論文資訊	學　門	學　類
1	成長期	92	江俊龍，〈兩岸大埔客家話比較研究〉，國立中正大學中國文學系博士論文，93 年。	人文學門	中國語文學類
2		94	陳思萍，〈臺灣日治時期近山茶工廠研究〉，國立臺北藝術大學建築與古蹟保存研究所碩士論文，96 年。	建築及都市規劃學門	建築學類

3	高峰期	98	薛雲峰,〈臺灣客家史觀:以義民與 1895 乙未抗日戰爭為例〉,國立臺灣大學國家發展研究所博士論文,98 年。	社會及行為科學學門	綜合社會及行為科學學類
4		99	林明,〈新埔柿餅節的「打手」:節慶與關鍵行動者〉,國立臺灣大學生物產業傳播暨發展學系碩士論文,98 年。	農業科學學門	農業經濟及推廣學類
5	減少期	103	江孄乙,〈日治時期臺灣桃竹苗地區的客家教育(1895～1945)〉,國立臺灣師範大學教育學系博士論文,102 年。	教育學門	綜合教育學類
6		104	任婕,〈改不改宗?客家人的文化觀與宗教信仰選擇——以客福協會為例〉,國立中央大學客家社會文化研究所碩士論文,104 年。	社會及行為科學學門	區域研究學類

資料來源:研究者整理自本文附件一。

　　以下簡要分述選擇此六篇做個案分析之原因。**編號 1:江俊龍〈兩岸大埔客家話比較研究〉**為「客委會獎助客家研究優良博碩士論文」機制中第一篇博士論文,加上「客家語」從還我母語運動以來,至整個獎助年段中一直是都是學界研究的焦點,因此江俊龍此文有其代表性;**編號 2:陳思萍〈臺灣日治時期近山茶工廠研究〉**明顯將「客家」僅作為一研究變項,具有「客家研究」發展初期之特色。

　　編號 3 與編號 4 分別為「高峰期」受獎助之博、碩士論文。**編號 3:薛雲峰,〈臺灣客家史觀:以義民與 1895 乙未抗日戰爭為例〉**其將客家作為主體,建構族群史觀,則具有強烈客家意識,與編號 2 相比更是相映成趣;**編號 4:林明〈新埔柿餅節的「打手」:節慶與關鍵行動者〉**為當年度獎助金額最高的碩士論文,表示其研究品質受到當年度客家學術發展委員會的高度認可。此外,林明將地方創意產業作為研究對象,也是「高峰期」獎助論文常見的研究模式,於是林明論文具有代表性。

　　編號 5 與編號 6 則分別為「減少期」的博、碩士論文,挑選原因旨在呈現「客家研究」發展後的特色,包括同學門中研究主題的多元化,以及同一研究主題的深化。**編號 5:江孄乙〈日治時期臺灣桃竹苗地區的客家教育(1895～1945)〉**一改教育學門研究論文一向將焦點置於客語教育,而試圖統整日治時期桃竹苗地區的客家教育面貌,為教育學門獎助論文從個案到統整之代表;**編號 6:任婕,〈改不改宗?客家人的文化觀與宗教信仰選擇——以客福協會**

為例〉則是因以往客家宗教相關研究多聚焦於民俗信仰，而改以研究客家基督徒面對改宗的抉擇。編號 5 與以往同學門之研究更具有統整性、編號 6 與以往客家宗教為主題的研究更注意到了其他宗教與元素，此二種特色皆凸顯了「客家研究」的「成熟化」與「深化」。

一、個案分析

（一）江俊龍，〈兩岸大埔客家話比較研究〉，國立中正大學中國文學系博士論文，民國 93 年

江俊龍〈兩岸大埔客家話比較研究〉為「客委會獎助客家研究優良博碩士論文」第一篇受獎助之博士論文，亦是民國 92 年度唯一一篇。拿到博士學位後，江俊龍繼續深耕於學術界，先後任教職於屏東師範語文教育學系、國立臺中師範學院臺灣語文學系、國立中正大學中國語文學系，現任教於國立中央大學客家學院客家語文與社會科學學系專任副教授。〔註 117〕

該文基本上承襲了江俊龍對於臺中大埔腔客語的一貫關心。民國 85 年，江俊龍碩士論文〈臺中東勢客家方言詞彙研究〉〔註 118〕即注意到了東勢地區客家語言的特殊性，其博士論文則是承繼了碩士論文對東勢大埔腔調客語詞彙的研究所開展。

若論臺灣客語本質，其實皆為不同祖籍之客家移民入臺後，隨著時間與閩南話、原住民語等產生融合之變體。誠然，臺灣客家語以海陸、四縣二種腔調最為強勢，其他腔調的客語，如臺中東勢地區使用之「大埔腔」客語，因使用人數較少而較不被重視，以致於有許多誤解，如大埔腔調客語是「受閩南語影響的非純正的客家話」，或者說是一種「聲母接近海陸腔，聲調近似四縣腔的合體」，究其所以其實都非實情。有鑑於此，江俊龍之博士論文廣泛地收集「大埔腔」相關的語音資料，包括原鄉廣東省大埔縣以及臺中東勢的縣志、族譜、語言相關出版品、客家辭典等，透過分析、比較兩地大埔腔客語之聲調、語音、詞彙、語法，達到確立原始大埔鄉客語的樣貌，以及播遷至臺灣後發生何種轉變，以辯證種種對於大埔腔客語的誤解。

江俊龍此文為中國文學系博士論文，在教育部「教育程度及學科標準分

〔註 117〕相關資訊源自「中央大學客家學院網站／師資介紹」（http://hakka.ncu.edu.tw/hakkadepartment/teacher01）。

〔註 118〕江俊龍，〈臺中東勢客家方言詞彙研究〉（嘉義：國立中正大學中國文學研究所碩士論文，1995 年）。

類」中被歸類為人文學門、中國語文學類,也顯示某種程度而言,此研究是將客語放在中國各語系的脈絡中探討;在學科理論方面,顯而易見的,江俊龍使用的是語言學的理論,其中包含了語音學、詞彙學、語法學、方言學等概念與方法。

縱觀各年度客委會獎助論文,以「語言學」之理論、方法探究「客家語」者不在少數,即便各年度獎助論文之數量有所增減,但此種取徑仍可見於各年度的獎助論文之中,江俊龍此文即是其中之代表。其原因除了前文所述之 1988 年「客家還我母語運動」之肇始,即是將客家語言作為「議題設定」,自然而然刺激了客語的研究之外,腔調的多元亦是研究者長期聚焦在客家語言的原因之一。客家語自大陸原鄉隨著客家移民播遷至臺灣後,經過幾百年的發展,已形成在地化、多元化的多個次語系,地形的隔絕、客家族群的散布更是加強了各地腔調的特殊性,進而提供了研究者許多課題、材料得以發展相關研究而不輟。

(二)陳思萍,〈臺灣日治時期近山茶工廠研究〉,國立臺北藝術大學建築與古蹟保存研究所碩士論文,民國 94 年

第二篇是民國 94 年度受到客委會獎助之客家研究學位論文:陳思萍,〈臺灣日治時期近山茶工場研究〉,為國立臺北藝術大學建築與古蹟保存研究所碩士論文。臺灣製茶葉的發展至今已兩百年,製茶技術於清領時期由中國大陸沿海傳入臺灣,1895 年清廷於中日甲午戰爭中失利,臺灣改隸日本統治,日本當局也帶來了有別於以往的製茶技術,改變了臺灣製茶工業的樣態。有鑑於此,陳思萍研究聚焦於臺灣日治時期近山地區(平原與山區接壤處),包括臺北盆地周邊的石門、深坑、石碇、坪林、三峽,桃園臺地上的龍潭,新竹的北埔、峨嵋,以及南投的埔里、魚池等地的製茶工廠,透過史料文獻分析、田野訪談等研究方法,探究其製茶產業興起背景、茶工廠類型與運作方式,並更進一步分析茶工場中萎凋室、發酵室以及評茶室等最具有代表性之空間的建築特色。

陳思萍基於對文化、產業遺產的重視,而開展了此文的問題意識。其畢業系所——國立臺北藝術大學建築與古蹟保存研究所,為一跨領域、以古蹟保存為核心之研究機構,教學與研究重視聚落、古蹟以及歷史建築的種種藝術形式分析,近年來研究主題擴及社區總體營造、鄉土教材編寫、民俗文化研究等多元化方展,並於民國 100 學年度跟同校「傳統藝術研究所」整併為

「建築與文化資產研究所」。〔註 119〕

於此，陳思萍的論文歸於「建築學門」中的建築學類。探究其研究方法，除了以「歷史學研究法」梳理日治時期茶工場發展狀況以及源流外，尚運用人文地理、建築與都市設計等學科方法，對於茶工場作空間分析，包括各種特殊空間之設計原理與實際應用。

若細細審視本文與「客家」之連結，在於其討論研究對象「茶工場」時，其分布區域的桃園龍潭、新竹北埔、關西等地為客家族群的聚居區，其茶場之建造、從業者多為客家族群。但是，該文中對於其他並非客家族群聚居區域，如臺北盆地周邊的淡水、三芝、石門、深坑、石碇、坪林，南投的埔里、魚池等區也是研究對象。再觀其研究動機以及論文論述架構，更可以發現其是以「近山茶工廠」為研究核心，屬於非以客家為主體出發之研究，較傾向為以「客家」作為研究變項者。

（三）薛雲峰，〈臺灣客家史觀：以義民與 1895 乙未抗日戰爭為例〉，國立臺灣大學國家發展研究所博士論文，民國 98 年

第三篇則為獎助「高峰期」之博士論文，其獎助年度為民國 98 年的薛雲峰〈臺灣客家史觀：以義民與 1895 乙未抗日戰爭為例〉。清廷於中日甲午戰爭失利後簽訂中日馬關條約，臺灣被割讓予日本。隨後，1895 年日本統治當局派遣軍隊於澳底登陸，準備進行接收工作。起初接收工作未有阻礙，直到日軍進入桃竹苗等客家聚居區時受到當地漢人（客家人為主）頑強的抵抗，其規模之大、雙方犧牲之慘烈，使後世史家稱之為「乙未戰爭」。

以往研究對於日軍於桃竹苗受到激烈抵抗之原因，多著重於「民族情結」方面，即漢人不願被異族統治的觀點解釋，對於反抗者多為「客家人」此一特殊性並未詳加解釋，甚至是存而不論。有鑑於此，薛雲峰透過史料梳理，試圖建立以臺灣客家族群本身對於乙未抗日戰爭之觀點。從其研究成果來看，薛雲峰認為客家以保衛鄉梓的「義民」早在康熙年間朱一貴事件後即有相關的組織，一直為清領時期維持地方秩序之力量，為「長時段」存在的一種價值觀，而因此乙未戰爭客家地區強烈抵抗日人也是屬於這樣的價值觀、地方力量的延續。

〔註 119〕整理自「國立臺北藝術大學／文化資源學院／建築與古蹟保存研究所網站」（http://1www.tnua.edu.tw/~TNUA_CCR/members/super_pages.php?ID=members5）。

薛雲峰此文為國立臺灣大學國家發展研究所博士論文，本文將其歸類於「社會及行為科學學門」中的「綜合社會及行為科學學類」。國家發展研究所係一科技整合之研究所，對政治、法律、經濟、社會、中國大陸與兩岸關係等領域進行研究，培育相關社會科學人才。〔註120〕觀薛雲峰文，其主要使用歷史學研究法，包括了先以「文獻分析法」分析相關史料建構歷史事件之全貌，再以法國年鑑學派史家布勞岱爾之「歷史的長、中、短時段」理論作出歷史解釋，建立以客家族群出發的歷史觀點。

薛雲峰此文係以因在乙未戰爭中客家族群的角色並未受到重視而開展其研究，並達到建立客家史觀之研究目的。顯而易見，此研究具有強烈的客家意識包含其內，以前文張維安的說法來說即是具有「強烈的客家關心」以及具有「客家意識」之客家研究，這也是筆者挑選其作個案分析之最大原因。

（四）林明，〈新埔柿餅節的「打手」：節慶與關鍵行動者〉，國立臺灣大學生物產業傳播暨發展學系碩士論文，民國 98 年

第四篇為亦屬於獎助「高峰期」獎助論文——林明〈新埔柿餅節的「打手」：節慶與關鍵行動者〉。此篇論文於民國 99 年度獲得 10 萬元獎助，為當年度碩士論文獎金最高者。此研究以辦理超過 10 年的「（新竹縣新埔鎮）新埔柿餅節」作為研究對象，透過質性之「內容分析」、「文本分析」、「口述訪談」等研究方法，以「節慶研究」、「行動者理論」等視角分析此現代節慶之誕生脈絡、其主辦內部人際網絡以即其未來之展望。

經林明研究發現，「新埔柿餅節」的產生，建基於新竹縣新埔鎮本身的人文、地理條件，包括該地區是客家聚居區，具有獨特的客家文化氣息，另外新埔又有百年以上的柿餅產業，此類優勢在 1990 年代後轉變為觀光產業吸引人潮的資本，加上節慶期間媒體的曝光、報導，更加強了「柿餅」與「新埔」二者之間的連結。

接著，透過訪談辦理柿餅節期間的各個要角，林明梳理出了各個行動者之間的網絡，包含他們的目的性、想法以及其行為導致的影響，發現柿餅節主辦單位試圖強化柿餅視覺意象，並運用各種活動的展演增加熱鬧氣氛，而扮演不同角色之主辦人員也使得整個活動內部趨於複雜。於是，林明也點出了此一地方型的現代節慶缺少一個具有絕對決策權力的領導中心。最後，「新

〔註120〕「國立臺灣大學國家發展研究所網站／本所簡介」（http://www.nd.ntu.edu.tw/zh_tw/about）。

埔柿餅節」被置入全球化脈絡作討論，林明並點出其隱憂，即此類現代節慶偏重商業經濟利益的汲取，在過度「重商」思維下的節慶，有與地方文化脫節的可能。

林明〈新埔柿餅節的「打手」：節慶與關鍵行動者〉作為國立臺灣大學生物資源暨農學院生物產業傳播暨發展系碩士論文，屬於「農業科學學門」中的「農業經濟及推廣學類」（本文第三章第二節「獎助博碩士論文學門分析」中將其歸為其他類），此學類在全年度獎助碩博士論文中僅有 3 篇，為極少數。此研究雖為農業科學學門，但其學科方法係使用「社會學」為主，從「節慶」儀式研究、「行動者」研究出發，對新埔柿餅節的過去、現在以及未來皆有具體的論述，也於獎助民國 92 年度得到最高的獎助金，說明其研究質量頗佳。

誠如本文上節「獎助博碩士論文學門分析」中對於「高峰期」（民國 98 年度～102 年度）之獎助特色論述，受政府自 2000 年來推動文創產業、社區營造的政策影響，此時期獎助論文中許多地方文創產業相關研究，具有跨學門、學類的傾向。若觀附件二的獎助論文總表，則得以發現中央大學、交通大學等客家學院等屬於社會及行為科學學類的獎助論文，亦有如是的研究趨勢。林明的論文屬於農業科學學門，但也以社會學的方法對深入探究結合文創與產業之地方節慶，即可作為此段論述的最佳佐證。

（五）江孄乙，〈日治時期臺灣桃竹苗地區的客家教育（1895～1945）〉，國立臺灣師範大學教育學系博士論文，民國 102 年

第五篇選擇獎助年度民國 103 年度江孄乙〈日治時期臺灣桃竹苗地區的客家教育（1895～1945）〉，此篇畢業自國立臺灣師範大學教育學系的博士論文，若以獎助年度來分，屬於「減少期」（民國 103 年度～107 年度）。

此研究以客家族群聚居區——桃竹苗地區作為研究標的，探討日治時期此區域客家族群的教育情況，包括：對於日本統治後所帶來的新（日）式教育的肆應，以及對書院、詩社等客家傳統教育之傳承與轉變，並探討以上二者與客家人社會地位之關聯。

為達研究目的，江孄乙利用「文獻分析」以及「口述訪談」研究方法，以前者對日治時期官方報告、客家詩社文集等相關歷史文獻進行梳理，以還原日治時期桃竹苗教育狀況；再輔以後者對曾經經歷過日本殖民統治時期且接受過新式、傳統教育之桃竹苗客家長者，力求創造第一手史料以補充官方史料的空缺。

　　研究成果顯示，客家人對於 1895 年後所採的新（日）式教育，如公學校等教育途徑雖有所觀望，但仍有一定數量通過新式教育體系而成為教師、醫師、企業主等日治時期的精英階層。這些社會精英回過頭來對新式教育也多所支持，並期待子女透過新式教育實行階級複製。於此，儘管新（日）式教育機構在桃竹苗地區為數不多，但仍能為少數精英階層維持其家族的優勢地位。

　　對於客家傳統教育部分，其主要的運作場域為客家人私立的「書房」。由於客家對傳統文化的擁護與重視，書房數量於日治時期不降反升，對於中國傳統有一定的傳承作用，惟在面對日本統治者推行新式教育的同時，「書房」的運作方式、學科也有所順應、轉變。

　　整體而言，桃竹苗客家聚居地區的教育於日治時期發生若干轉變，對於傳統的教育方式雖有傳承，但也吸收了新（日）式教育的特色與教學觀念。而新（日）式教育的升學途徑較少，但少數能擠進窄門者則多能藉此晉身精英階層，成為社會階級複製之工具。

　　從本研究的寫作目的來看，種種問題意識的發端是出自研究者對於以往客家教育的關心，並試圖回應大眾對其碩士論文之質疑。

　　江孄乙於研究動機中表示，其碩士論文〈清代臺灣客家子弟教育研究（1684～1895）〉〔註 121〕被讀者質疑並未凸顯歷史情境中閩南人與客家人教育之不同，換言之，論者認為其碩士論文中「客家的教育的獨特性」並未被凸顯出來。〔註 122〕〈日治時期臺灣桃竹苗地區的客家教育（1895～1945）〉承襲了碩士論文的基礎，又想要回應先前的質疑，必會強調客家的特殊性，加上整篇論文以「客家教育」涵蓋了整個桃竹苗地區正規、非正規的教育系統，因此此文從「客家」出發的情形非常明顯，可以說是帶有強烈的客家意識。

　　本研究屬於「教育學門」中的「綜合教育學類」。論其研究方法，主要是歷史學研究方法，並以質性研究取徑為主；綜論其研究領域，應屬於「教育學」下的「教育史」領域。獎助從「成長期」開始，教育學門相關研究多聚焦於客語教學，包括教學設計、教材編寫、實踐研究等不一而足。隨著研究成果的累積，漸有如江孄乙此文試圖統整一個時期的客家教育面貌的研究成果出現。即使在研究人數逐漸下滑的「減少期」，此種研究成果的出現顯示「客

〔註 121〕參見：江淑美，《清代臺灣客家子弟教育研究（1684～1895）》，（臺北：國立臺灣師範大學教育學系碩士論文，2003 年）。
〔註 122〕江孄乙，〈日治時期臺灣桃竹苗地區的客家教育（1895～1945）〉，頁 1。

家研究」呈現深化的現象。

（六）任婕，〈改不改宗？客家人的文化觀與宗教信仰選擇——以客福協會為例〉，國立中央大學客家社會文化研究所碩士論文，民國104年

第六篇獎助論文選擇獎助年度104年的任婕〈改不改宗？客家人的文化觀與宗教信仰選擇——以客福協會為例〉，為「減少期」（民國103年度～107年度）畢業自國立中央大學客家社會文化研究所之碩士論文。

本篇研究旨在分析客家人在面對「基督教」與傳統客家信仰之間的抉擇，並分析其改宗與否關鍵所在，藉此提供給基督教傳道者在面對臺灣客家族群進行傳教工作時有所依歸、借鏡。本研究以創立於1978年（民國67年）「客家福音協會」（簡稱客福協會）及其宣教工作為研究對象，先梳理其創立的背景、創立後的組織、宣教工作等，並透過分析客福協會組織刊物——《客福簡訊》，以理解36年來，客家傳道人員對客家族群、文化之看法，以及客家宣教工作之進展。接著，再以口述訪問的方式，找到若干曾接受過基督教傳教的客家人，將之分為「改宗」、「不改宗」二組，試圖在訪問的過程中找出客家人在面對基督教時，其信仰是否轉變的關鍵。

客家人是重視傳統的族群，宗族的重要大事——祭祖更是每個家庭的頭等要事。若是改信仰基督教，也代表祭祖這個對於祖先的表達崇敬的儀式也必須放棄。因此，一般常認為無法祭祖是客家宣教的重大阻礙，也是基督徒中少有客家人的原因。

本研究提出研究結果顯示，不論改宗與否，接觸過基督教的客家信徒幾乎都面對過不能「祭祖」這件事帶給他們的壓力。而接受傳道之後願意改宗者，幾乎都是面臨人生最困難、張力最大的時刻，在接觸基督教信仰後其生活有所轉變。得到了實質的回饋與報酬後，增強其信仰基督教之動機與信心，最終改宗成為基督徒。於是，任婕認為，使客家族群信徒改宗與否的關鍵並非能否維持祭祖傳統，而是在於其信仰動機以及外在誘因強烈與否。換言之，此研究認為，是否提供的足夠強烈且實質的「酬賞」（包括人生態度轉變、壓力得到紓解等）為客家族群改宗與否之關鍵。

其實不難發現，任婕〈改不改宗？客家人的文化觀與宗教信仰選擇——以客福協會為例〉係將「基督教宣教工作推展」作為研究核心，並以客家作為「對象」之研究，其問題意識可以總歸為一句，即「要怎麼在客家族群聚居

區域中推展基督教宣教工作」。於此，若將此文置於徐正光、張維安之標準觀之，應是稍微偏向帶有「客家變項」之研究。質言之，此文雖帶有「客家關心」、「客家意識」，但其基督教關懷才是全文核心之所在。

本研究屬於「社會及行為科學學門」中的「區域研究學類」，其研究之學科方法運用了「社會學」宗教相關理論，尤其是西方於 1960～70 年代，因新興宗教興起而出現隸屬於「宗教社會學」的「改宗」（conversion）相關概念與理論。〔註 123〕若觀全年度獎助論文屬於「社會及行為科學學門」「區域研究學類」者，得以發現客家宗教一直是研究的焦點之一，惟「成長期」（民國 92 年度～97 年度）相關研究多聚焦於客家傳統信仰，包括鸞堂、民間信仰、祭祀圈等議題上，隨著研究成果的積累，到「高峰期」（民國 98 年度～民國 102 年度）後漸有「客家與基督信仰」相關研究。

此外，對於客家信仰相關研究不限於區域學類的獎助論文，在「社會及行為科學學門」中，「民族學類」、「社會學類」、「地理學類」受獎助論文中也有許多討論客家信仰者，「人文學門」中的人類學類、臺灣語文學類等亦可見到客家宗教相關的論述。於是，我們可以說「客家宗教信仰」作為一研究課題，在獎助論文中呈現跨學門、跨學類，並使用了許多不同學科方法之情勢。

二、綜合分析

將以上六篇獎助碩博士論文並排比較，並與本文第三章第二節「獎助博碩士論文學門分析」所闡述的獎助論文研究趨勢綜合分析。本文第三章第二節提出之研究趨勢包括：徐正光、張維安指出之從帶有「客家變項」到「客家關心」、「客家意識」；蕭新煌所提之在地化、本土化、族群互動等成熟化發展；以及本文指出的研究議題、研究學門多元化。

在帶有「客家變項」與「客家關心」、「客家意識」之間，筆者認為並非有清楚的分域，從前者到後者為一漸進式轉變的過程。於此，若觀本文挑選出六篇個案分析之論文，究其研究動機、問題意識，得以發現其「客家關心」呈現如光譜的分布，如陳思萍〈臺灣日治時期近山茶工場研究〉中「客家」僅屬於其中一個研究變項或因素，其研究關心也並非從「客家」出發，因此，陳思萍文在六篇論文中屬於最偏向徐正光、張維安所言之「客家研究」發展初期

〔註 123〕任婕，〈改不改宗？客家人的文化觀與宗教信仰選擇——以客福協會為例〉，頁 29。

僅帶有「客家變項」的研究。陳思萍此文獎助年度為民國 94 年度，為客委會第三年辦理獎助，當時客家研究碩博士論文方興未艾，在獎助名單中可以見到許多性質類似陳思萍文的研究。

至於其他諸篇論文中，江俊龍〈兩岸大埔客家話比較研究〉試圖釐清常被誤解的臺中大埔腔客語、薛雲峰〈臺灣客家史觀：以義民與 1895 乙未抗日戰爭為例〉嘗試建立以客家人為主體的史觀、林明〈新埔柿餅節〉則以客家元素與意象作為賣點之客家節慶為研究對象、江嬙乙〈日治時期臺灣桃竹苗地區的客家教育（1895～1945）〉則勾勒出日治時期客家人教育的整體樣貌，四者研究開展皆是從「客家」出發，客家族群不但為其研究對象，更為整個研究的核心，於此，此四篇可以說是明顯帶有客家意識的研究。

另外，任婕〈改不改宗？客家人的文化觀與宗教信仰選擇──以客福協會為例〉則是介於以上二者中間，如前文所述，其係以客家族群作為研究對象，但深究其關注核心其實是基督教的宣教的推行上。

縱觀全年度的獎助論文，在較早年獎助年度中，的確較多僅將客家作為一變項、或是只是帶有客家元素的研究受到獎助，隨著研究成果的累積，獎助論文逐漸多以有從「客家」出發、以「客家」為研究議題為主。誠然，「客家研究」朝帶有較強「客家意識」、「客家關懷」轉向係屬於動態的過程，加上研究中客家關懷也與研究者本身背景、研究目的有關係，使得此六篇論文帶有客家關心程度各有不同，並非時間較靠近現代者就有較強的客家意識。

蕭新煌所述客家研究「成熟化」包括在地化、本土化、族群互動以及跨國比較等研究取向。在這六篇個案分析中，較能觀察到客家研究「在地化」、「本土化」現象，以各篇論文研究對象而言，包含了臺中地區大埔腔客語、客家區域的茶工場、臺灣客家歷史事件史觀建構、臺灣客家僅有的「柿餅節」、日治時期客家族群的教育以及現代客家族群的宗教信仰抉擇，不論其客家關懷多寡，全都是以臺灣現存、或曾經存在的人群、建物或是現象為研究主體，其視角也是從臺灣出發，因此明顯具有在地化、本土化之研究取向。於此而言，客家研究的「成熟化」在獎助初期即可觀察到相應的趨勢。

最後，本文指出客委會獎助論文有「研究議題多元化」、「研究學門多元化」二個趨勢。前者是指同個學門產出的研究，其涉獵的領域有增廣的現象；後者則是指對於特定的研究議題，在獎助論文中得以發現跨學門、跨學類的趨勢。

在此六篇論文中，跨學門、跨學類的現象可以說是十分明顯。例如，以「研究議題多元化」來說，任婕的宗教研究是歸類於社會及行為科學學門中，然若觀獎助初期畢業自社會及行為科學學門系所對於客家宗教的研究，多鎖定於客家傳統信仰、民間信仰等，隨著研究成果的累積，基督教等現代宗教作為客家研究之議題才漸次出現，呈現議題多元化特色。

此外，將陳思萍〈臺灣日治時期近山茶工廠研究〉、林明〈新埔柿餅節的「打手」：節慶與關鍵行動者〉二文並列比較，前者來自建築學門、後者來自農業經濟及推廣學門，皆為獎助論文中較少的學門；獎助年度前者屬於「成長期」（民國92年度～97年度）、後者屬於「高峰期」（民國98年度～102年度），但兩者不約而同注意到客家地方產業、經濟等課題並進行研究，卻使用了不同學科的方式，符合本文所述之「學門多元化」發展特色。

綜合上述，將此六篇文章綜合比對後，更能凸顯本章第二節「獎助碩博士論文學門分析」中所述從獎助論文的「客家研究」發展趨勢，包括從帶有「客家變項」轉為帶有「客家意識」、「在地化」、「本土化」、「議題多元化」、「學門多元化」等等。

第四章 「客委會獎助客家研究優良博碩士論文」與「客家知識體系」的建構

第一節 「客家研究」、「客家學」與「客家知識體系」

何謂「客家研究」（Hakka studies）？關於這個問題，隨著時空背景的轉換，「客家研究」的定義、內涵、性質與定位，在學界有著不同的討論。

「客家研究」可以說是一門新興的學問，在臺灣，有關客家的研究比起臺灣其他兩個本土族群原住民、福佬的研究都還晚，一直到 1980 年代後期，即政府解嚴前後，客家研究才成為重要的課題。〔註1〕

這樣的發展與臺灣特殊的時空背景有關。在臺灣，客家人雖為臺灣第二大族群，但仍常被稱為社會的隱形人，原因在於他們不像原住民有明顯的外貌特徵，亦不若閩南、外省等漢人族群握有政治、經濟權力或是人數優勢，於是其族群之存在感不明顯，無法凸顯其主體性。〔註2〕於此，也導致了若干客家問題（Hakka problems），其中最讓客家族群憂慮的，莫過於客家語言的流失。〔註3〕

〔註1〕徐正光、張維安，《臺灣客家研究概論》，頁 4。
〔註2〕曾金玉，〈臺灣客家運動之研究（1987～2000）〉（臺北國立臺灣師範大學公民訓育研究所碩士論文，1999 年）頁 8。
〔註3〕宋學文，〈從治理（governance）探討我國客家政策之制訂：一個 3i 決策模型

　　光復後，政府為有效統治臺灣，將國語作為語言統一的工具，開始推行
「國語運動」，並以不合理的措施打壓其他在地語言（包括客語）的傳承與發
展。〔註4〕於此，客語即在客家族群本身的主體性低落以及政府國語政策推行
下快速消逝。

　　客家族群的處境直到1980年代左右才有所轉機。1980年代的臺灣，政
治、經濟、社會面臨激烈地轉型，國民黨的威權體制開始鬆動，民主化風潮
和民主意識的抬頭，使民間開始有力量對抗、反制國家機器所造成的種種
不平等。〔註5〕於此，1987年，對於保存客家文化有志之士透過發行《客家
風雲》雜誌，刺激了公眾對於客家問題的注意，激起了更多熱心人士投入客
家文化地傳承與保存。〔註6〕隔年（1988年）底，雜誌社成員組織客家「還
我母語大遊行」，以客語流失為主要訴求，反抗政府獨尊國語、打壓本土語
言的政策。〔註7〕此舉成功地引起社會對客家族群的注意，激發了客家意識
以及凝聚了客家族群內部的認同。〔註8〕於是，《客家風雲》雜誌的創辦與
「1228還我母語遊行」可以說是客家意識興起的關鍵，也被視為客家運動
的肇始。〔註9〕

　　學界普遍認為前文所述之1980年代末的客家運動與「客家研究」的發展
有密切的關係。徐正光、張維安指出，還我母語運動為客家相關議題發展的里
程碑，其使得行政院客委會、客家廣播電臺等制度性的建置得以設立，而「客
家研究」與客家社會運動亦互相激盪，直至目前仍密不可分；〔註10〕丘昌泰則

　　　　的觀點〉（合著者：黎寶文），「傳統與現代的客家：兩岸學術研討會」（2004
　　　　年11月19日）（國立中央大學客家學院與客家社會文化研究所主辦，桃園：
　　　　國立中央大學），頁201。

〔註4〕陳宏賓，〈解嚴以來（1987～）臺灣母語政策制定過程之研究〉（臺北市國立
　　　　臺灣師範大學三民主義研究所碩士論文，2002年），頁54。

〔註5〕蕭新煌，《社會力：臺灣向前看》（臺北：自立晚報文化出版部，1989年），頁37。

〔註6〕蕭新煌，《臺灣客家族群史・政治篇（上）》（南投市：臺灣文獻館，2004年），
　　　　頁340。

〔註7〕楊長鎮，〈客家運動與客家人文化身分意識之甦醒〉，徐正光主編，《徘徊於族
　　　　群與現實之間》，（臺北：正中書局），頁193。

〔註8〕丘昌泰，〈客家政治與經濟導論〉，收入江明修主編，《客家政治與經濟》，頁
　　　　12。

〔註9〕邱榮舉、謝欣如，〈臺灣客家運動與客家發展〉，《臺灣客家研究：政治與歷史》
　　　　頁11～12。

〔註10〕徐正光、張維安主編，《臺灣客家研究概論》，頁4。

指出，客家運動成為促進客家議題進入政策議程的重要催生力量；〔註11〕蕭新煌更是明白地指出，1988年客家族群運動導致了客家政策、行政、法律的提升，以及傳播、學術機構化的落實，因此若無客家族群運動，則無「客家研究」的集結與壯大。〔註12〕

綜言之，客家社會運動引起了大眾對於客家問題的關心，吸引了有志之士投入研究之外，亦督促國家將客家議題納入政治決策中，以照顧客家族群的需求，其中以成立全國客家事務主管機關——行政客委會影響最大，客委會透過政府資源的投入，對「客家研究」提供場域、動機，吸引更多研究者投入，壯大了研究的隊伍。

隨著「客家研究」的發展、學術成果的累積，學界對於開始對「客家研究」的定義、內涵有著許多的討論，甚至有了建立「客家學」的呼聲。所謂「客家學」（Hakkaology）這個概念，為羅香林於1930年《客家研究導論》中首次提出。不過，在羅香林之後，因為兩岸分治等特殊時空背景，「客家研究」或是「客家學」皆無穩定的研究成果產出。在中國大陸學界，1980年代改革開放後，由上海華東師範大學歷史學系教授吳澤寫下〈建立客家學芻議〉〔註13〕，對客家學的定義、內涵及外延皆有系統的梳理，此後中國客家研究才轉趨熱門，後繼者有王東、謝劍等學者。

綜合上述，「客家研究」、「客家學」等概念隨時間、空間的不同，其內涵、定義也有所轉變。以下按照時間脈絡，分析學界對於「客家研究」、「客家學」之論辯與內涵，以釐清兩者之間的差異。

一、「客家研究」（Hakka studies）與「客家學」（Hakkaology）

首先，最早提出「客家學」（Hakkaology）一詞者是羅香林。羅香林普遍被認為是「客家學」或是「客家研究」的奠基者。羅香林《客家研究導論》開篇則提到「客家學」一詞出現的源流：

> 三年前我在北平遇著一位辦報的朋友，他便主張將客家研究這門學
> 問逕以客家學名之，但我總以為我們對於凡百學問，都須有一個適
> 當的態度，研究時宜絕對的狂熱，說話時亦宜絕對的冷靜；有一躍

〔註11〕丘昌泰，〈政策篇〉，收入徐正光、張維安，《臺灣客家研究概論》，頁539。
〔註12〕蕭新煌，〈臺灣客家研究的典範轉移〉，頁3。
〔註13〕吳澤，〈建立客家學芻議〉，1990年。

為某問題或某一學問，東拉西扯，張大其詞，到底不是學者應有的
態度，我們應得避牠！〔註14〕

北平辦報的朋友提出以「客家學」指稱「客家研究」，受到羅氏的反對，
關鍵原因即為「張大其詞」四字。換言之，羅氏認為以「客家學」指稱「客家
研究」是太過誇大了當時客家研究的研究成果，還未到如歷史學、考據學等
具有一定傳統與方法之學問（科）。

羅氏對於「客家學」與「客家研究」的看法何以形成？則可從羅氏從事
客家研究之動機找到蛛絲馬跡。究其 1930 至 1950 年代相繼發表的《客家研
究導論》、《客家源流考》研究，係因歷來研究對客家族群的偏頗，包括將客
家人當作非漢族群、或是將之描述為兇猛未開化之形象，對於客家人的界說、
源流皆不清楚，因此身為客家籍學者的羅香林運用人類學、歷史學等學科方
法，透過大量客家族譜以考訂客家民系的源流，得出客家族群為中原漢族，
經過若六次的遷移後形成現在的族群分布。

於此，羅香林的客家著作是在學界研究普遍對客家族群認識不深的狀態
下展開，在羅香林的觀念裡，客家研究方興未艾，還未到能逕以「客家學」稱
之的境地。因此，在羅香林的觀念裡，以「客家研究」來統稱對於客家族群的
學術研究較為合適，而「客家學」與「客家研究」二者之間的關係，應為前者
較後者有系統且自成一格。

羅香林認為「客家研究」尚不到「客家學」程度，對「客家學」的內涵、
定義自然也沒有太多的闡述。1990 年代中國大陸學者王東的論述很明確的指
出這樣的狀況：

限於當時國內外關於客家民系的研究狀況及實際水平，羅先生實際
上只是提出了這一學科名詞，而對這一學科的具體構想及總體設
想，基本上沒有涉及。〔註15〕

然而，羅香林在《客家研究導論》〈自序〉中，明確訂出了「客家研究」
應研究的題目，包括：概述客家問題、測驗客家人的體質、智商並與其他民
系比較、客家語言、文化、社會、習俗、居住環境、遷移經過等。而《客家研
究導論》一書，即是為了「概述客家問題」，至於其他課題，若環境允許，則

〔註14〕羅香林，《客家研究導論》，頁 1。
〔註15〕王東，《客家學導論》，頁 11。

待到未來再將其一一實現。〔註16〕

綜合上述，若深究羅氏「客家研究」的內涵，應是一門以歷史學為基礎，並以客家民系、源流作為研究目標的學術研究，但是未來仍可以朝向多面向，納入客家社會、文化、習俗等研究成果。此外，羅香林亦強調「客家研究」在當時並不具有如歷史學、人類學等學門具有嚴謹的系統與方法，還未到獨立學科的程度。

1980 年代以後，中國「客家學」（客家研究）轉趨熱門，其中規模較大、影響力顯著的是上海華東師範大學的吳澤。首先，他提出創建「客家學」的戰略構想，倡議成立客家學研究中心，並透過召開上海首屆客家研討會、主編《客家學研究》研究刊物來推動「客家研究」。〔註17〕

吳澤〈建立客家學芻議〉對於其建立「客家學」的概念，以及「客家學」的定義、內涵、外延、研究方法與未來發展皆有詳盡的說明。吳澤先回顧了「客家研究」的源流，認為依發展階段分為四個時期：

第一期始於太平天國事件後。由於客家人在太平天國事件中扮有關鍵的角色，此後客家問題引起中外學者興趣，開始有限度、且帶有偏見地研究客家問題；

第二期自 1905 年開始，由於當時公佈之教科書將客家作為非漢族群，引起客家人士的不滿，紛紛組織研究團體探究客家源流；

第三期自 1920 年新文化運動開始，西方人類學、民族學、歷史學等學術理論與方法傳入中國，學界則運用這些理論來調查華南地區的客家民系；

第四期則是 1930 年後，羅香林出版《客家研究導論》與《客家源流考》二書，標誌著客家研究已由草創階段進入發展時期，羅香林也成為了「客家研究」的拓荒者與奠基人。〔註18〕

接著，吳澤點出羅香林之後，中國大陸學界對客家問題的探討多集中於客家民系的形成與遷徙，對客家族群生活方式等實證研究較少；相關研究也未觸及海外客家族群，多流於現象表面而未以深究，深度、廣度皆有所不足，也使客家研究尚未成為一門獨立的學科。於此，吳澤提倡將客家問題研究當

〔註16〕羅香林，《客家研究導論》，頁 1～2。

〔註17〕林修澈，〈客家研究史論客家學研究史論：客家學的成立與發展〉（行政院客家委員會獎助客家學術研究計畫，2004 年），頁 2。

〔註18〕吳澤，〈建立客家學芻議〉，頁 1～2。

作一門獨立學科,即「客家學」(Hakkaology)來研究,以充實本身學術理論基礎。〔註19〕

　　根據吳澤的說法,其所謂「客家學」(Hakkaology)之定義為:

> 運用科學觀點和方法去研究客家民系的歷史、現狀和未來,並揭示其發生、發展規律的學問。〔註20〕

根據此定義,所衍生的「客家學」內涵則是:

> 全面而又系統地研究客家民系的源流、社會經濟、語言、文字、民俗、文化、心理情感、民系意識等發生、發展及其演變過程,揭示這一民系的發展規律並科學地預測其未來趨勢。〔註21〕

其「外延」則是:

> 從歷史學、社會學、人種學、民族學、語言學和民族學等眾多學科的視角出發,全面地、多方位的研究客家民系與漢民族共同體以及中華民族大家庭、大文化的關係……。〔註22〕

　　綜論吳澤「客家學」,應是一門以「客家民系」的作為研究主體,並運用了歷史學、社會學、人種學、民族學、語言學和民族學等學科方法,其「研究議題」包含客家民系的源流、社會經濟、語言、文字、民俗、文化等。

　　茲分析吳澤對於「客家研究」、「客家學」的看法如下。〈建立客家學芻議〉文中在梳理研究史回顧四時期時,吳澤多採用「客家問題研究」或是「客家研究」來指稱民間、學界對於客家的研究成果,所謂客家問題又包含了客家歷史與語言、民系等。質言之,吳澤將自太平天國以降,以客家作為研究對象者稱為「客家研究」,其未達獨立學科的標準,而較傾向研究成果的集合。

　　一言以蔽之,吳澤的「客家學」可以稱作為對於「客家民系」的研究,而其所謂客家民系,即是將客家族群作為中國許多民系中的其中一支。這樣的觀點以及研究取向大致上承襲自羅香林,但兩者不同的是,羅香林利用大量客家族譜來研究客家民系之形成,著重源流,強調客家並不是「非漢民族」,以論述客家族群的文化正統性;吳澤則加入了包含文化、社會等研究主題,但亦強調將客家置於大中國、中華民族的框架內觀之,相較之下具有一定程

〔註19〕吳澤,〈建立客家學芻議〉,頁3。
〔註20〕吳澤,〈建立客家學芻議〉,頁3。
〔註21〕吳澤,〈建立客家學芻議〉,頁3。
〔註22〕吳澤,〈建立客家學芻議〉,頁3。

度的政治目的。

1996 年，同為上海華東師範大學的王東《客家學導論》，對於「客家學」
的學科體系、研究方法、研究回顧等皆有詳盡地闡述。基本上，王東繼承了
吳澤對於客家學的基本預設，包含定義、內涵與外延。不過在學科屬性、研
究方法上，王東有更深入的論述。他指出「客家學」是一門綜合性的學科，某
種程度上與其他人文學科，如歷史學、民族學、文化人類學等有所聯繫與交
叉，但又不能僅僅視作這些學科的簡單組合，因為客家學有自己特殊的研究
對象、範疇，不是其他學科可以完全涵蓋的。〔註23〕

至於客家學的研究方法，王東認為有四大方向：「邏輯與歷史的結合研
究」、「田野調查與文獻材料的綜合分析」、「家族譜牒與正史文獻的相互印
證」以及「比較法在客家研究中的特殊作用」。「邏輯與歷史的結合研究」是
指，以往對客家研究或偏重「歷史方法」，即依照時序研究客家相關議題；
或偏重邏輯方法，以推理、判斷等方式建構相關理論。而客家學應該要兩者
並重、截長補短，才能得出較為公允的研究成果。

「田野調查與文獻材料的綜合分析」則是指客家學「研究材料」，必須兼
用文獻以及田野調查。其原因在於，以往有意識的整理客家相關史料者少之
又少，為了增加研究材料，則必須兼採田野訪談以累積材料，並結合文獻材
料一同解讀。

「家族譜牒與正史文獻的相互印證」則是針對羅香林以來運用「譜牒」
作為研究材料而提出。王東點出了「譜牒」的史料特性，即其真實性尚有待
考證，必須與正史或其他文獻相互辯證，作出的研究成果才會有更高的正確
性。

「比較法在客家研究中的特殊作用」則是善用比較方法，以了解客家與
其他民系之差別，以深化研究成果。此一方法與「客家學」的研究目的有關。
王東自述客家學的研究目的如下：

> 揭示客家民系及其文化的「典型性」與「獨特性」，分析這種「典型
> 性」與「獨特性」之原因，而不是要論證客家民系與漢民族共同體
> 以及這一共同體內部的眾多民系的共同性。〔註24〕

於是，透過將客家與其他民系做嚴謹的、有意義的比較，則可以達到了

〔註23〕王東，《客家學導論》，頁 22～23。
〔註24〕王東，《客家學導論》，頁 31。

解客家民系的「獨特性」與「典型性」。

綜合以上，王東認為「客家學」應是一門綜合性學科，其運用了歷史學、民族學等學科方法，對於客家民系的「獨特性」與「典型性」，以及其成因加以研究。這樣的看法以及對於客家學的基本預設雖與吳澤有明顯的繼承關係，但是在研究方法與研究目的上，王東更進一步強調了客家本身的特殊性，以及與其他民系之差異。如此，與吳澤強調客家民系屬於中華民族共同體之說相較之下更為強調客家的主體性。

另外，值得一提的是，王東在〈後記〉指出：

> 本書雖以客家學名之，但實際上只是就自己目前所能涉及的有關重要問題展開討論，離一門獨立學科所必需的規範性、延整性和系統性尚相差很遠。

由此看出，從吳澤到王東，此時期中國大陸學者認為「客家學」才剛開始發展，若要成為獨立的學科，則尚有賴建構客家學本身的理論以及其他研究成果的累積。

在臺灣，1988 年客家「還我母語運動」引起大眾關心客家語之存續，客家意識隨之凝聚、興起，人文社會科學研究者也注意到作為一特別學術領域之「客家研究」，並相繼投入。隨著研究成果的累積，臺灣客家學界漸有「建立『客家學』」之議。

最早對建構「客家學」有較完整論述者為莊英章，其〈族群互動、文化認同與歷史性客家研究的發展脈絡〉點出了「客家學」一詞出現的三個意義，以及其背後方法論的意涵。〔註25〕

第一個意義，是對以往漢人研究的嚴肅反思。莊英章認為，歷來漢人研究（包括「客家研究」在內）多有「漢族中心觀」的偏誤，忽視了漢化較淺或是處於邊陲的族群的文化水平以及對歷史發展的影響。「客家學」的出現標誌著學界開始反思這種「漢人中心觀」。於此，在研究方法上，「客家學」應以較為平等的「族群互動視角」進行移民社會史研究。

第二個意義，如「客家」之名，「客家學」一詞的使用，表示其內涵為一門承繼了自羅香林以降的移民社會研究。在方法論上，除了承繼移民研究的觀點外，應將客家族群的遷移置於更大的歷史脈絡，如資本主義的發展、全球化的進程之中加以觀察，才能產出更全面、跨越國家邊境的學術成果。

〔註25〕莊英章，〈族群互動、文化認同語歷史性客家研究的發展脈絡〉，頁 39～40。

　　其三個意義，在於凸顯了「人文社會科學」各學科分野的武斷，也因此
研究發法上，「客家學」應綜合其他學科的方法，成為一門從實踐論典範出發，
進行跨學科、跨區域整合的研究。

　　整體而言，莊英章對於客家學之定義、研究對象、具有何種學科理論，
以及與「客家研究」之差異等問題並沒有深究，僅指出「客家學」一詞的出現
的時代脈絡，以及其方法論之啟示。綜述莊英章對「客家學」的看法，其性質
本質應是一門研究移民社會的學科，並綜合了其他人文社會學科的方法；其
視角則是從族群互動出發，並將客家置於全球脈絡中觀察。

　　政治學者施正鋒於 2004 年《臺灣客家族群政治與政策》中亦對客家學
的範疇有所著墨。施正鋒以圖解的方式，來闡述其認為客家學的範疇。如圖
4-1-1 所示，施正鋒審視學界對於客家現象之研究後，指出社會學、人類學
以及歷史學已有一定的研究成果，並且三種學科的研究成果有所交集（圖
中重疊部分）；語言學發展則是僅有初步的成果，但是相較之下，政治學更
為不足。〔註26〕

圖 4-1-1：施正鋒提出「客家學的範疇」示意圖

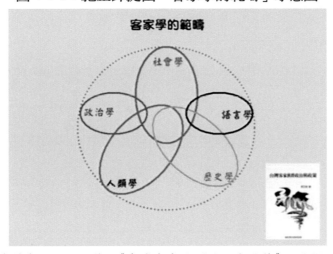

資料來源：施正鋒，《臺灣客家族群政治與政策》，頁 33。

　　施政鋒此圖的提出，顯示其認為「客家學」是屬於綜合性的學科，而且
「客家學」除了人類學、歷史學、社會學以及語言學之外，政治學也是不可
或缺，且尚需要繼續累積研究成果的學門。

〔註26〕施正鋒，《臺灣客家族群政治與政策》（臺中市：新新臺灣文教基金會出版，
　　　　2004 年），頁 33。

　　民族學者林修澈〈客家學研究史論：客家學的成立與發展〉則有系統的梳理前人對「客家學」的論述，並提出「客家學的問題意識」，即「客家學」賴以成立的核心概念為何。關於後者，林修澈認為，從發展歷程來看，「客家學」賴以成立的觀念，即是「客家人的屬性」，並有四個重要的問題意識圍繞著此關心中展開。

　　此四個問題意識由客觀到主觀、由民族到國家排列分別為：「民系」、「民族邊界的指標」、「來源」以及「在國族建構（national-building）裡的位子」。〔註27〕

　　「民系」包含探討客家民系形成、界說以及劃分，以及客家與整體漢民族之間的關係等；「民族邊界的指標」則指透過研究客家的語言、歷史、文化、風俗習慣，以探究「客家」與其他族群的差異；「來源」則是指客家的源流，例如羅香林觀點為主軸的「中原說」，以及與其對立的「土著說」，另還有「流動說」等，這些研究皆是對於客家民族來源的梳理與假設；「在國族建構（national-building）裡的位子」則是關注中國、臺灣（中華民國）以及東南亞有客家人分布的諸國中，客家人在國族構成中分量為何、扮演何種角色。

　　很明顯可以發現，林修澈是從民族學的概念與視角，透過歷來對「客家學」的論述來理解「客家學」的內涵。此外，林修澈此文亦提出一張圖像化的客家學學科體系圖（見圖4-1-2）。

圖4-1-2：林修澈〈客家學研究史論：客家學的成立與發展〉提出的客家學的
　　　　　學科體系

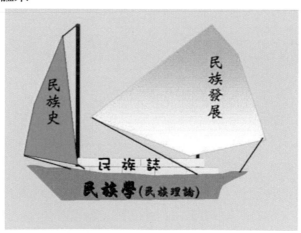

資料來源：林修澈〈客家學研究史論：客家學的成立與發展〉，頁9。

〔註27〕林修澈，〈客家學研究史論：客家學的成立與發展〉（行政院客委會獎助客家
　　　　學術研究計畫，2004年），頁10。

根據林修澈對於此圖的解釋：

> 將科際整合的諸學科集中在民族發展部分，但留下相當空間給民族
> 學領域的民族理論、民族誌與民族史。
> 目前客家學的核心概念在於民族與文化。民族側重在民族史，文
> 化側重在民族誌，可是民族理論（就是客家人的定位）卻是民族
> 史與民族誌的賴以存在的根本依據，應該安置在最核心的位置。
> 〔註28〕

　　於此，林修澈對於「客家學」與「民族學」的理論、觀點、研究方法的連
結更是表露無遺。換言之，林修澈認為歷來（甚至是未來的）「客家學」的種
種研究成果皆是在探討客家民族屬性下展開，建立客家學則必須站在民族學
的基礎之上，與施正鋒、王東、吳澤等人側重人類學、歷史學等學科整合有
顯著的不同。

　　2005年發行的第43卷第2期之《思與言》期刊為「客家研究專號」，所
載論文皆屬客家研究範疇，並由張維安撰寫導論至於首篇。《思與言》「客家
研究專號」的出現也顯示了「客家研究」在當時為學術討論的熱點。

　　當期《思與言》的導論由時任國立中央大學客家學院院長的張維安所撰
寫，除了簡介當期刊載各篇論文之外，張維安提出了一個觸及「客家學」根
本定義的問題：

> 「客家學」是一門「具有個別特質的學科」，還是「僅僅只是跨學
> 科的、綜合的，以客家族群為對象、以客家族群為題材的研究」？
> 〔註29〕

換言之，我們要如何稱呼這門「研究客家的學術」？若是這門學術較類似於
人類學、歷史學等「獨立學科」，則適合以「客家學」稱之；若這門學與紅學、
漢學等「特定研究領域」較為相似，則應稱其為「客家研究」。

　　對於這個問題，張維安認為「客家學」一詞的出現雖已經有一段時間，
但其尚在吸收各學科養分的階段，各學科的觀點對「客家學」而言都很重要。
在吸收了各學科的知識（包括人類學、社會學、歷史學等學科，以及田野考
察、深度訪談、族群想像、族群邊界等研究方法或觀點）後，並誕生一兩個客

〔註28〕林修澈，〈客家學研究史論：客家學的成立與發展〉，頁8。
〔註29〕張維安，〈導論：客家意象、客家研究、客家學〉，頁1～2。

家研究的典範後,「客家學」才算誕生。〔註30〕

同期《思與言》中,楊國鑫〈現階段客家學的定位:從方法論的角度探討〉某種程度也回答了張維安的提問。楊國鑫從方法論角度出發,開篇就拋出「有客家學嗎?」這個問題。楊國鑫的提問,其實應是「有(如現有獨立學科一般的)客家學嗎?」,如果有,那她又有什麼明確的方法論嗎?

關於這個問題,楊國鑫的回答是:有,也沒有。有「客家學」,是指有客家學一詞存在沒錯;沒有「客家學」,則表示由於沒有清晰且獨立的方法論,所以真正成熟的「客家學」尚未出現,而後者也是現在客家研究學界必須努力的方向。〔註31〕

除了客家學的方法論外,楊國鑫就自己對於客家研究發展的觀察,繪製了客家學發展圖(如圖4-1-3所示)。此圖上半部為客家研究的現況,即經過1988年以降的客家運動,刺激了客家研究的發展,並逐漸有建立「客家學」之呼聲,待到建構了清晰且獨立的方法論後,才能達到此圖的下半部,一具有獨立學科意義的「客家學」才翩翩降生。

圖 4-1-3:楊國鑫提出之客家學發展圖

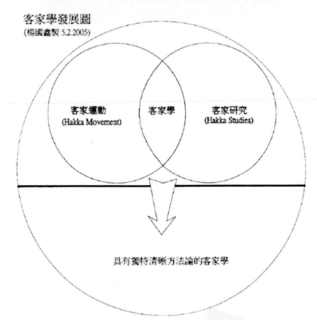

資料來源:楊國鑫,〈現階段客家學的定位:從方法論的角度探討〉,頁33。

〔註30〕張維安,〈導論:客家意象、客家研究、客家學〉,頁3~4。
〔註31〕楊國鑫,〈現階段客家學的定位:從方法論的角度探討〉,頁32~34。

在張維安、楊國鑫的論述經過 10 餘年後，客家研究成果已有一定的累積。2018 年，蕭新煌〈臺灣客家研究的典範移轉〉提出其對近十年來臺灣客家研究的觀察之外，也延續了張維安以及楊國鑫「客家研究」與「客家學」的討論。蕭新煌指出，其同意張維安以「客家研究」來界定以聚焦於客家族群的學術領域。此外，蕭氏更點出 2000 年左右，學者多以「客家學」稱呼「客家研究」，顯示當年對於客家研究之樂觀與野心。但是隨著時間的推移，論者反而多以「客家研究」來稱呼此一學術領域，於此是一種比較趨於務實、嚴謹化之轉向。〔註32〕

綜合以上張維安、楊國鑫以即蕭新煌之論述，三者不約而同皆同認為具有獨立學門特色，包含擁有清晰的方法論與學科疆界的「客家學」尚未建立，即便隨著時間推移、研究成果的累積，所謂「客家學」，論實質內涵則更趨近於綜合其他學門研究方法的一「特定學術領域」，因此以「客家研究」稱之較為合適。這樣的看法，與施正鋒、王東、吳澤相似，甚至可以往上追溯到羅香林對於報社朋友的一番言論。

至於由「客家研究」走向「客家學」的關鍵為何？楊國鑫認為是建立明確且清晰的方法論；張維安認為是吸收、轉化其他社會科學中可以應用至客家研究的知識，直到一兩個客家典範的出現。而建立明確且清晰的方法論以及客家研究典範的出現，皆有賴於「客家知識體系」的建構。

二、客家知識體系

「客家知識體系」一詞最早見於客委會 2003 年的施政目標：

> 保存客家文化資產：調查、研究客家傳統建築、民俗節慶；賡續建
> 置客家文學、音樂資料庫；蒐集客家文獻資料、獎勵補助客家相關
> 研究計畫，促進客家知識體系的發展。〔註33〕

在施政目標中，所謂「促進客家知識體系的發展」，即是指「蒐集客家文獻資料」以及「獎勵補助客家相關研究計畫」二項措施，於此，若探究當時所謂「客家知識體系」之內涵，則應是指「客家相關研究」。隔年制定之《行政院客家委員會客家學術發展委員會設置要點》第二條對於「發展客家知識體

〔註32〕蕭新煌，〈臺灣客家研究的典範移轉〉，頁 9～10。
〔註33〕行政院客委會民國 92 年度施政計畫，資料來源：客委會網站（https://www.hakka.gov.tw/Content/Content?NodeID=57&PageID=20856）。

系」則有較清晰的陳述：

> 本要點所稱客家知識體系發展計畫，係指本會補助大學校院發展客
> 家學術機構計畫、補助購藏客家相關圖書資料計畫、獎助客家學術
> 研究計畫、獎助客家研究博碩士論文計畫及其它經本委員會同意設
> 置之計畫等。〔註34〕

藉此可以得知，「客家知識體系發展計畫」包含了主要四種對於客家研究的獎
助：「補助大學校院發展客家學術機構計畫」、「補助購藏客家相關圖書資料計
畫」、「獎助客家學術研究計畫」以及「獎助客家研究博碩士論文計畫」。論此四
項獎助措施，皆跟大專院校、學術界的客家研究有關，據此我們得以對「客家
知識體系」有個逐漸清晰的概念，其應是指客家學術研究與教學相關的事務。

2011年，客委會委託江明修等進行「建構『客家知識體系』規劃研究」，
其目的在於檢視歷年來客家研究成果，包括對客家學術機構運作現況、課程
設計與研討活動之探究與分析，希望達到定義我國客家研究的完整論述、構
築客家知識體系的發展方向、奠定「客家學」在臺灣人文社會科學中的學術
地位之目的。〔註35〕在研究中，對於客家知識體系即有詳盡的說明。

孫煒、韓保中〈客家知識體系的分析架構〉清楚建構了「客家知識體系」
的學術基礎，其提出「客家行動體系」、「客家經驗體系」以及「客家理論體
系」，此三個體系之互動則構成了「客家知識體系」的全貌。

所謂「客家經驗體系」，即是「大量在民間的客家文史工作者、客語薪傳
人員為了保留，甚至發揚光大在臺灣社會逐漸式微的重要『客家』元素」，這
些元素包括歷史記憶、語言腔調、信仰儀式、社群互動等；「客家理論體系」
則為臺灣學術界近幾十年來以學術方法與途徑，針對各種客家現象進行之客
家研究。換言之，即是學院派的客家研究。

以上「客家經驗體系」與「客家理論體系」皆會受到「客家行動體系」—
—即發軔於1980年代的臺灣客家社會運動所刺激，三者互為表裡、環環相
扣。〔註36〕（見圖4-1-4）

〔註34〕《行政院客家委員會客家學術發展委員會設置要點》（民國93年08月23日
制定），第二條。

〔註35〕江明修主編，《客家研究：社群省思與政策對話》（臺北市：智勝出版社，2013
年），頁3。

〔註36〕孫煒、韓保中，〈客家知識體系的分析架構〉，收入江明修主編《客家研究：
社群省思與政策對話》，頁21～25。

圖 4-1-4：孫煒、韓保中提出之「客家知識體系」架構圖

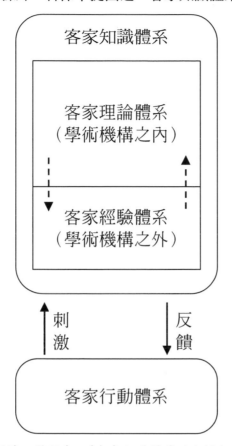

資料來源：孫煒、韓保中，〈客家知識體系的分析架構〉，頁 24。

「客家知識體系」與「客家研究」、「客家學」的關係為何？江明修於此
研究緒論中清楚地說明：

> 建構客家知識體系是以促進「客家研究」發展、深化、昇華至「客
> 家學」的關鍵步驟，以客家知識體系為核心，並輔以客家經驗體系
> 與客家行動體系，三者建構而成。[註37]

換言之，江明修認為客家知識體系的建構與深化，乃是「客家研究」走
向「客家學」之關鍵，本文也採用其觀點，並對「客委會客家知識體系發展計
畫」下的「客委會獎助客家研究優良博碩士論文」加以研究。

綜合上述，具有現代學術意義的「客家研究」始於 1930 年代羅香林開始，
其運用了民族學、歷史學等基礎，透過客家族譜來梳理客家民系的形成與遷

〔註37〕江明修主編，《客家研究：社群省思與政策對話》，頁 3。

移，也點出了「客家研究」未來可以發展的方向。此外，羅氏也提出「客家學」構想，不過他審視當時的客家研究成果後，認為「客家研究」尚未到達「客家學」之階段。

此後，客家學者對於「客家研究」、「客家學」的內涵多有所討論，各家焦點也有所不同。在中國大陸學界，1990 年代吳澤倡議建立「客家學」以充實客家研究的理論。吳澤認為「客家學」本質上為探討民系的學科，客家作為一「民系」，納入國族的框架中，運用現有學科分析其源流、現況並展望未來。

繼吳澤之後，王東繼承了吳澤對「客家學」的基本預設，並詳加深入論述。王東指出「客家學」，是運用其他學科方法，但有自己特殊的研究對象、範疇的學科，也因此「客家學」應強調客家民系的獨特性以及與其他族群的差異性。不過，王東也指出，審視當時的研究成果，具有獨立學科特色之「客家學」仍尚未建立。

在臺灣學界，隨著 1988 年客家還我母語運動，客家研究也相應快速發展，隨著研究成果的累積，學界漸有建立「客家學」或是與「客家研究」分野之討論。莊英章提出「客家學」一詞出現的學術意義，並與方法論連結；施正鋒、林修澈分別提出「客家學」的學科建構圖，前者強調客家學為綜合各學科之研究方法，後者則重視以民族理論、民族誌、民族史等概念建構客家學。

2005 年張維安、楊國鑫分別對於「『客家學』是否為一獨立學科」課題有所探討。張維安認為，「客家學」尚處於借用其他學科方法階段，待研究成果累積、客家研究典範出現後，具有獨立學門意義之「客家學」才得以建立；楊國鑫則是側重學科方法論，指出現有「客家學」並無明確之方法論，於是認為「客家學」仍在建立中；蕭新煌亦同意張維安、楊國鑫之點，並明確指出以「客家研究」稱呼客家學術研究較為恰當。

此外，楊國鑫、張維安皆指出，若要建立名符其實的「客家學」，關鍵在於客家研究成果的累積，以及研究典範的出現，皆有賴於「發展客家知識體系」。

「發展客家知識體系」一詞最早出現於客委會民國 92 年度的施政目標中，其內涵為獎助客家學術研究。為了達到此目的，客委會組成客家學術發展委員會，透過獎助大專院校等進行客家研究，以「促進客家知識體系」的發展。於此，「客家知識體系」即指學術場域內的客家研究。

　　直到 2011 年，客委會委託江明修等進行「建構『客家知識體系』」規劃
研究」。研究計畫中，孫煒、韓保中建構了完整、清楚的客家知識體系的內涵。
所謂「客家知識體系」，即為客家經驗體系、客家理論體系所構成，並受到客
家行動體系所刺激。此外，孫煒、韓保中亦點出，客家知識體系的累積與深
化，為「客家研究」走向「客家學」之關鍵。

　　總言之，客家知識體系除了大專院校內、使用現代學科方法而產出的「客
家研究」外，亦包含了所有民間對於客家材料的累積、保存與研究。透過此
二者的累積，則得以使現處於綜合學科之叢集（cluster）之客家研究，逐步走
向具有獨立方法論、有研究典範並且與其他學科有明確分野之「客家學」。本
文下一節「客委會獎助客家優良博碩士論文與建構客家知識體系」則以此觀
點作為基礎，分析「客委會獎助客家優良博碩士論文」機制以及受獎助之論
文在「建構客家知識體系」中扮演何種角色、做出何種貢獻。

第二節　「客委會獎助客家研究優良博碩士論文」與
　　　　建構「客家知識體系」

　　本節延續上節對於「『客家研究』、『客家學』與『客家知識體系』」三者
之間關係的分析，從第二章第三節「獎助執行與成果」、第三章第二節「獎助
博碩士論文學門分析」、第三節「獎助博碩士論文個案分析」的研究成果出發，
探討受到客委會獎助之「客家研究」博碩士論文表現出何種研究面貌？並追
問「客委會獎助客家研究優良博碩士論文」對於建構「客家知識體系」扮演
何種角色、產生何種作用？

一、獎助論文所呈現的「客家研究」面貌

　　本文第三章第二節「獎助博碩士論文學門分析」顯示，全年度之「客委
會獎助客家研究優良博碩士論文」（民國 92 年度～107 年度）共 823 篇博、碩
士論文，若依教育部「教育程度及學科標準分類第 4 次修正版」（96 年 7 月）
其中的「大學校院學科標準分類」（以下簡稱「教育部大學校院學科標準分類」）
進行分類，受獎助博碩士論文分布於 15 個學門中，其中，畢業自「社會科學
學門」與「人文科學學門」系所者佔最大宗，前者共有 428 篇，佔整體論文
52%；後者則有 256 篇，佔整體論文 31%，兩者合計共佔 83%。（見表 4-2-1）
於是我們可以說，歷年客委會獎助的客家研究博碩士論文，大部份都出自「社

會科學學門」與「人文科學學門」之系所。

表 4-2-1：民國 92 年度～民國 107 年度獎助論文主要學門學類分布

標　號	學門名稱	學　類	學位論文數	總　計
1	社會及行為科學學門	區域學類	181	428
		民族學類	153	
		經濟學類	25	
		綜合社會及行為科學類	24	
		社會學類	14	
		公共行政學類	12	
		地理學類	11	
		政治學類	5	
		心理學類	3	
2	人文學門	語言學類	105	256
		中國語文學類	46	
		臺灣語文學類	44	
		其他人文學類	24	
		歷史學類	18	
		人類學學類	8	
		外國語文學類	5	
		其他語文學類	3	
		宗教學學類	2	
		文獻學學類	1	
3	藝術學門	音樂學類	22	42
		綜合藝術學類	7	
		應用藝術學類	3	
		民俗藝術學類	3	
		視覺藝術學類	3	
		藝術行政學類	2	
		美術學類	1	
		美術工藝學類	1	

4	教育學門	綜合教育學類	5	24
		學前教育學類	5	
		教育行政學類	5	
		普通科目教育學類	3	
		成人教育學類	3	
		專業科目教育學類	3	
5	設計學門	綜合設計學類	7	19
		空間設計學類	7	
		視覺傳達設計學類	2	
		其他設計學類	2	
		產品設計學類	1	
6	建築及都市規劃學門	建築學類	11	13
		景觀設計學類	1	
		其他建築及都市規劃學門	1	
7	民生學門	觀光休閒學類	4	12
		其他民生學類	3	
		生活應用科學學類	1	
		餐旅服務學類	1	
		環境資源學類	1	
		服飾學類	1	
		運動科技學類	1	
8	傳播學門	新聞學類	3	8
		一般大眾傳播學類	2	
		博物館學類	2	
		廣告學類	1	
9	其他類	—	21	21
總計			823	823

資料來源：研究者整理。

　若詳觀「教育部大學校院學科標準分類」中「社會及行為科學學門」與「人文科學學門」之定義：

　　社會及行為科學學門：包含著經濟、政治、社會與行政、文化、心理學、地理等綜合領域。

人文學門：屬於該領域之學類系所訓練學生對所有有關人文或藝術
方面的理論、創作及實踐之學習。

再觀表 4-2-1，歷年獎助論文中屬於「社會科學學門」者，又以「區域學
類」181 篇與「民族學類」153 篇佔最大宗，兩者合佔全年度所有學門獎助論
文之四成。「教育部大學校院學科標準分類」中「區域學類」以及「民族學類」
的定義分別為：

區域學類：探討不同區域的發展特性、社會、歷史背景與文化，包
括東南亞、美洲、俄國等地區，促進文化研究與文化產業之合作與
交流。

民族學類：培育人類學與發展研究和民族研究人才，促進對自己（臺
灣文化、原住民文化、閩南與客家文化）與異己文化和語言的了解
與保存，強調族族與文化的關係，進而拓展多元文化的視野。

在「人文學門中」，又以「語言學類」（105 篇）、「中國語文學類」（46 篇）
與「臺灣語文學類」（44 篇）為最大宗，三者共佔全年度獎助論文數量 23%。
根據「教育部大學校院學科標準分類」，「語言學類」、「中國語文學類」、「臺
灣語文學類」的定義分別為：

語言學類：屬於該學類之系所以臺灣各族群的本土語言為主，培育
語言研究、創作、語文應用及教學人才，協助地方文化特色的發展；
維護臺灣族群文化。

中國語文學類：屬於該學類之系所培育中國語文等之研究、文學、
創作、應用人才，並結資訊科技，使學生具有厚實的文化涵養、提
升文化學術、配合國家人力需求與就業導向，實踐社會關懷。

臺灣語文學類：屬於該學類之系所培育客家語、臺灣語文等之研究、
文學、創作、應用人才，並結合資訊科技，使學生具有厚實的文化
涵養、提升文化學術、配合國家人力需求與就業導向，實踐社會關
懷，發揚臺灣語文文化。

綜合以上客委會獎助客家研究優良博碩士論文歷年最多的學門、學類分
布，以及各學門、學類的分類定義，以探究「客家研究」之內涵，則可以這得
出以下結論：

客委會獎助的「客家研究」學位論文，其關心的「領域」，主要是與客
家相關之政治行政、經濟、社會、文化、地理、語言、文化等；其使用之「學

科理論」，包括了社會學、政治學、文學、語言學、藝術學等；其「研究目的」，則涵蓋了對於「客家」族群文化的創造、保存、延續、應用與實踐等面向。

若要論「客委會獎助客家研究優良博碩士論文」之研究特色，較傾向於「客家研究」（綜合性學科、特定學術領域）還是「客家學」（獨立之學科），由於獎助論文呈現許多不同學門、學類，亦使用了許多不同學科方法。因此，筆者認為，獎助論文呈現出的研究特色，則較傾向於張維安所言之一門「跨學科、綜合性，以客家族群為對象與題材的研究」、〔註38〕楊國鑫指出的「各種學科對客家進行研究的叢集（cluster）」〔註39〕以及王東稱「『客家學』是一門綜合性的學科，並有自己特殊的研究對象、範疇、體系」。〔註40〕

二、「客委會獎助客家研究優良博碩士論文」於「建構『客家知識體系』」之角色

根據本文第二章第三節「獎助執行與成果」之研究成果，「客委會獎助客家研究優良博碩士論文」自民國92年至107年共執行16個年度，累積獎助學位論文達823件，其中博士論文53件、碩士論文770件；累積獎助金額共4576萬元，平均每件碩士論文可得5.15萬元，每件博士論文可得11.38萬元，成果相關可觀。於此，一個政府部門對一特定學術領域長時間地投入如此大量的經費與資源，就算放眼世界也都是極為少見的特例與個案。〔註41〕

根據本文第二章第二節「獎助博碩士論文學門分析」之敘述，經過客委會長時間的投入預算給予獎助後，受獎助之學位論文呈現了以下三種發展：

其一，「由『客家變項』轉向有『客家意識』、以『客家』為主體」；

其二，「成熟化」取向，包括研究成果的累積、「在地化」、「本土化」、「族群互動」視角、「跨國比較」方法的運用等；

其三，「研究議題」以及「研究學門」多元化，二者的相互交織之下，進一步導致了客家研究的「深化」。以上三項都是客委會獎助政策執行後，為「客家研究領域」所帶來轉化。

客家研究博碩士論文，亦是屬於「客家知識體系」之一環，屬於「客家

〔註38〕張維安，〈導論：客家意象、客家研究、客家學〉，頁1～2。
〔註39〕楊國鑫，〈現階段客家學的定位：從方法論的角度探討〉，頁32。
〔註40〕王東，《客家學導論》，頁22～23。
〔註41〕蕭新煌，〈客家研究的典範移轉〉，頁4。

理論體系」。因此，客家研究博碩士論文的累積、研究成果的深化，對於建構
「客家知識體系」有正面的效果，加上許多曾受過此獎助者，如今在客家研
究之第一線大專院校客家學院擔任教職，更是加強了「客家理論體系」的發
展，帶動「客家知識體系」之深化。

如本文圖 4-1-4 所示，客家理論體系的發展與客家經驗體系相互刺激、互
為表裡，在「客委會獎助客家研究優良博碩士論文機制」上亦能觀察到如此
的現象。最明顯的例子是，「高峰期」以降大量出現的客家文創產業研究論文
（屬於「客家理論體系」範疇），與各地客家文創產業（屬於「客家經驗體系」
範疇）相互激盪而蓬勃發展，甚至進而促進了政策的制定與推動。2009 年起，
客委會與各地方政府、鄉鎮市公所、地方社團合作舉辦「客庄 12 大節慶」，
逐年選出具有地方特色的客家代表節慶，除了客庄傳統節慶外，也納入近年
來極富特色的新興客庄節慶，期盼以多元主題的文化產業活動，讓大家認識
豐富完整的在地客家風情。〔註42〕於此，「客家理論體系」跟「客家經驗體系」
之間的有機連帶更是展露無遺。

可以想像的是，若無客委會連續 16 年陸續投入超過 4000 萬臺幣的資源，
作為「客家研究」一環的客家相關學位論文必難以累積如此學術成果，更遑
論使「客家研究」產生以上三種轉向、客家知識體系的深化，以及使研究新
血不斷投入客家研究領域。

於此，我們可以說，客委會「客委會獎助客家研究優良博碩士論文」機
制對建構「客家知識體系」扮演積極的角色，此結果對「客家研究」向「客家
學」的過渡亦有正面影響。

更具體的來說，客委會的「發展客家知識體系計畫」促使關心客家議題
的人士更積極的邁開研究腳步，許多非客家籍人士也注意到客家族群、語言、
文化等種種現象和連帶引發的爭議或問題。有越來越多的知識份子參與其中，
年輕的一輩願意透過嚴謹的知識性、科學性探討，對客家語言文化及其相關
事務有深一層的認識了解，並逐漸發展成為一個自足的研究領域。〔註43〕

以上綜述「客委會獎助優良客家研究博碩士論文」機制對於建構「客家
知識體系」之幫助，特別是其導致了「客家研究」的成熟化。但必須提出的

〔註42〕王遠嘉，〈客家文化與客庄十二大節慶課程計畫〉（行政院客家委員會補助大
學校院發展客家學術機構成果報告書，2011 年 11 月 31 日），頁 2。
〔註43〕彭鳳貞，〈臺灣客家族群政策建構研究──國際視野下之發展策略〉，頁 244。

是,「客委會獎助優良客家研究博碩士論文」與「客家知識體系」的發展並非機械式的因果關係,「客家研究」的深化除了「客委會獎助優良客家研究博碩士論文」機制外,仍有賴其他獎助政策配合(如「客委會獎助補助大學校院發展客家學術機構計畫」等),以及「客家研究」社群的集結與帶動、學術刊物的發行與流通,才能達成本文指出的「客家研究」深化,進一步助於發展、建構「客家知識體系」。

　　舉例而言,由「客家研究」學者除了以國立中央大學、國立交通大學以及國立聯合大學等設有客家相關學院之大學為中心活動之外,另外有跨校院的學者社群──「臺灣客家研究學會」的組織。民國 93 年,「臺灣客家研究學會」由考試院考試委員徐正光委員、中央大學客家學院張維安院長等學術界人士倡議而組成,其目的在於「形成客家研究的社群、面對客家問題意識、發展客家研究議題、建構客家學的體系,並使之發展得更加完整。」〔註 44〕該學會成立後聯絡國內客家研究學者,出版多部論文集與專書,〔註 45〕辦理多場客家研究研討會,有助於國內客家研究學者的集結與交流,進而使學界內、外注意「客家研究」相關議題,明顯有助於建構「客家知識體系」。

　　「客家研究」學術刊物的發行,則以中央大學客家學院之《客家研究》(民國 95 年創刊)以及交通大學客家文化學院出版之《全球客家研究》(民國 102 年創刊)為主。兩者皆為半年期刊物,給予了學者、研究生等研究者相互交流之領域,亦有助於「客家研究」的發展與深化。

　　以上舉出數個例子,說明「客家研究」的發展、「客家知識體系」之建構不僅有賴「客委會獎助客家研究優良博碩士論文」機制,學術社群有意識的推動、學術刊物的創設,甚至學術圈外的客家文化傳承者、政治體制的制定者亦有助於建構「客家知識體系」,惟本文礙於篇幅以及研究主旨而無法將之全部納入討論,特此說明,並用以強調:「客委會獎助優良客家研究博碩士論文」對「客家知識體系」的建構有所助益,但二者之間並非機械式的因果關係,而更傾向於複雜、有機的連帶。

〔註 44〕 「臺灣客家研究學會網站/學會成立沿革」(https://www.hakkastudies.tw/about/)。

〔註 45〕 參見:徐正光主編,《臺灣客家研究概論》;張維安、徐正光、羅烈師主編,《多元族群與客家:台灣客家運動 20 年》;莊英章、羅烈師主編,《客家書寫:方志、展演與認同》(苗栗:桂冠圖書股份有限公司,2011 年 1 月)等著作。

第五章　結　論

第一節　結論與研究成果

　　隨著 1988 年客家「還我母語運動」,「客家」逐漸成為學界研究熱點,越來越多研究者注意到了「客家研究」這門新興的學術領域。隨著相關建置的完成,使更多人相繼投入客家研究的隊伍當中,「客家研究」也因而蓬勃發展。

　　隨著「客家研究」發展,學界逐漸有建立「客家學」之議,其論辯焦點圍繞在現行「客家研究」究竟是一「獨立學門」,抑或是一「特別的學術領域」?目前學界觀點多傾向於後者,即「客家研究」為一運用歷史學、人類學等學科方法之特別研究領域。隨著研究成果的累積,包括方法論的充實、研究典範的出現等,有助於「客家研究」朝向「客家學」過渡,成為一自成體系的獨立學門。而研究成果的累積,則有賴客家知識體系的發展與建構。

　　客委會自民國 92 年起施行「客家知識體系發展計畫」,透過經費挹注客家學術研究,以達到為強化客家學術研究基礎,以及促進「客家知識體系」之目標。其中「客委會獎助客家研究優良博碩士論文計畫」透過給予「客家研究」學位論文 3 至 15 萬元的獎助金,以鼓勵大專院校研究生投入「客家研究」論文寫作。自民國 92 年開始,獎助施行至今共有 16 個年度,累積學位論文達 823 篇(碩士論文 770 篇、博士論文 53 篇),遍及國內外超過 70 所大專院校研究所,總獎助金額超過新台幣 4500 萬元,成果可觀。

　　有鑑於此,本文透過分析「客委會獎助客家研究優良博碩士論文」機制,以及歷年共 823 篇學位論文所呈現的「客家研究」面貌與轉變,以釐清「客

委會獎助客家研究優良博碩士論文」對於建構「客家知識體系」扮演了何種角色、做出了何種貢獻。

在機制探析部分，本文指出「客委會獎助客家研究優良博碩士論文」作為客委會獎補助政策的一環，各年度獎助經費受到前一年計畫執行成果、客委會主委個人傾向、總統政見等因素影響；獎助件數多寡主要受到國內教育大環境影響，隨著國內修讀研究所人數衰退，各年度獎助件數亦隨之衰退，其中與客家學院研究所修讀人數之間的相關性更為明顯。

另外，獎助論文畢業校院以國立大學為大宗，國立大學內又以有客家學院編制者（國立中央大學、國立交通大學以及國立聯合大學）佔最多數，如此情況顯示了同屬「客家知識體系發展計畫」的「客委會獎助客家研究優良博碩士論文」以及「客委會補助大學校院發展客家學術機構」二者之間的具有一定的連帶關係。

接著，本文按照獎助論文件數、金額的變遷趨勢，將民國92至107年度分為三期：「成長期」（民國92～97年度）、「高峰期」（民國98～102年度）以及「減少期」（民國103～107年度），再參考教育部「大學校院學科標準」將所有受獎助之學位論文分為九大學門，然後逐年梳理獎助論文多出自於哪些學門、處理了哪些研究議題與焦點，最後挑選六篇獎助學位論文做個案分析，用以呈現獎助論文之客家研究全貌。

經過梳理與分析，本文指出客委會獎助的「客家研究」學位論文呈現了「從客家變項轉為帶有客家關心」、「成熟化」、「研究議題多元化」以及「研究學門多元化」等趨勢，此幾種趨勢導致了「客家研究」的深化。

於此，客委會連續16年投入4500餘萬的經費投入獎助客家研究優良博碩士論文，讓越來越多的知識份子願意透過嚴謹的知識性、科學性的探討，對客家語言文化及其相關事務有更深一層的認識了解，帶動了「客家研究」更加深化，於「建構客家知識體系」扮演了關鍵的角色，亦幫助了「客家研究」朝向「客家學」的方向過渡。

最後，本文也指出「客委會獎助客家研究優良博碩士論文」有助於「客家知識體系」的發展與建構，惟二者並非機械式的因果關係。「客委會獎助客家研究優良博碩士論文」須透過國內客家學術社群的組織與推廣、客家研究刊物的發行與流通等其他因素配合之下，才能有「客家研究」深化、帶動建構「客家知識體系」之成果。

第二節 政策建議

本文全面盤點了「客委會獎助客家研究優良博碩士論文」之成果,包括獎助案件數與金額,並勾勒出其中「客家研究」之面貌。此外,對於「客委會獎助客家研究優良博碩士論文」之機制變遷也加以梳理。基於本文的研究成果,以下將對「客委會獎助客家研究優良博碩士論文」以及「客家知識體系發展計畫」提出若干政策建議,以供客家委員會作為未來施政參考。

首先,「客委會獎助客家研究優良博碩士論文」之獎助件數,在民國101年度達到顛峰後一路下探,至103年後甚至跌至「成長期」件數平均,使得近年來客委會必須提高單篇論文之獎助金,才能使年度獎助金額高於200萬元。就本文第二章第三節「獎助執行與成果」指出,其主因源自於國內高等教育衰退現象,加上近年來客家學院的畢業人數之衰退幅度更高於高等教育衰退,使得獎助論文件數更是快速減少。

於此,民國108年度開始實施之「客家知識體系發展獎勵補助」中「客家研究博碩士論文之研撰」,必須面對如此的現實,透過加強研究生與未來職業的連結、專業能力的培訓等,以吸引更多人報考客家學院之研究所,才能充實客家研究者的行列;同時,亦宜提供誘因以及輔助,使非客家學院之研究生投入「客家研究」,例如,可以鼓勵各國內大專院校內廣設「客家研究」通識以及方法論課程,前者用以引起大學部學生對於客家議題的關注與興趣,後者使有志於投入「客家研究」學生能夠掌握基礎方法,使其具備能發展後續研究之能力。

從建構「客家知識體系」角度觀之,「客委會獎助客家研究優良博碩士論文」屬於客家知識體系中的「客家理論體系」,為學術機構內所產出的客家研究。同時,「客家理論體系」與「客家經驗體系」(民間對於客家文化的保存、傳承與研究)互為表裡,相互促進。有鑑於此,客委會補助「客家研究」學位論文的同時,應在學術圈與民間搭建橋樑,使民眾能夠掌握最新的「客家研究」成果,並進一步能將其應用在生活中,使「客家理論體系」與「客家經驗體系」能夠充分對話。

除此之外,根據本文之研究,獎助論文內容包羅萬象,建築、藝術、語文、政治等不一而足,形成了龐大的「客家知識庫」,客委會應善加應用其中的研究成果,可作為客家政策制定的參考。如此研究成果與現實的結合,能提供客家研究者更強的內、外在動機,以吸引更多人投入「客家研究」,不但

對於建構「客家知識體系」有所裨益，甚至能夠使國內客家文化的傳承、應用以及再創造能更加蓬勃。

參考文獻

一、史料與法規

1. 〈總統府令宣告臺灣地區自七十六年七月十五日起解嚴〉,《從解嚴到戒嚴》,戰後臺灣民主運動史料彙編(一),(臺北市:國史館,1998 年)頁 497。

2. 〈社會觀察大家談〉,04 版,《聯合報》(臺北市),1988 年 12 月 29 日。

3. 《行政院客家委員會客家學術發展委員會設置要點》(民國 93 年 8 月 23 日公布版本)。

4. 《行政院客家委員會組織條例》(民國 90 年 5 月 16 日公布版本)。

5. 《客家基本法》(民國 99 年 1 月 5 日制定)。

6. 《客家基本法》(民國 107 年 1 月 31 日公布)。

7. 《客家知識體系發展獎勵補助辦法》(民國 107 年 9 月 12 日訂定)。

8. 《行政院客家委員會補助大學校院發展客家學術機構作業要點》(2003 年 3 月 31 日訂定)。

9. 《行政院客家委員會獎助客家研究優良博碩士論文計畫作業要點》(2003 年 2 月 21 日制定)版本。

10. 《行政院客家委員會客家學術發展委員會設置要點》(民國 93 年 8 月 23 日訂定版本)。

11. 《行政院客家委員會獎助客家研究博碩士論文作業要點》(民國 94 年 11 月 28 日修訂)。

12. 《行政院客家委員會獎助客家研究博碩士論文作業要點》(民國95年11
月22日修訂)。

13. 《行政院客家委員會獎助客家研究博碩士論文作業要點》(民國96年8
月7日修訂)。

14. 《行政院客家委員會獎助客家研究博碩士論文作業要點》(民國97年10
月22修訂)。

15. 《行政院客家委員會獎助客家研究博碩士論文作業要點》(民國101年5
月29修訂)。

16. 《行政院客家委員會獎助客家研究博碩士論文作業要點》(民國103年6
月30修訂)。

17. 《客家知識體系發展獎勵補助辦法》(民國107年9月12日訂定)。

18. 《行政院客家委員會九十二年度施政目標與重點》。

19. 《文化創意產業發展法》(民國九十九年二月三日總統華總一義字第
09900022451號令制定公布全文30條)。

二、專書

1. 尹章義,《新莊發展史》,臺北:新莊市公所,1980年。

2. 尹章義,《新莊(臺北)平原拓墾史》(《新莊志》卷首),臺北:新莊市
公所,1981年。

3. 王東,《客家學導論》,臺北市:南天書局,1998年。

4. 江明修主編,《客家政治與經濟》,國立中央大學客家學院客家研究系列
叢書,臺北市:智勝文化事業有限公司,2010年。

5. 江明修主編,《客家研究:社群省思與政策對話》,臺北市:智勝文化事
業有限公司,2013年。

6. 房學嘉、宋德劍等編著,《客家文化導論》,廣州市:花城出版社,2002
年。

7. 徐正光編,《臺灣客家研究導論》,臺北市:客委會,2007年。

8. 高明士主編,《臺灣史》,臺北市:五南圖書出版有限公司,2009年。

9. 張紹勳,《研究方法(精華本二版)》,臺中:滄海書局,2007年。

10. 張維安,《思索臺灣客家研究》,桃園市:中央大學出版社,2015年。

11. 蕭新煌,《臺灣客家族群史‧政治篇（上）》,南投市：臺灣文獻館,2004年。

12. 鍾肇政,《臺灣客家族群史‧總論》,南投市：臺灣文獻館,2004年。

13. 鍾肇政總主編,《臺灣客家族群史（政治篇上）》,南投市：國史館臺灣文獻館,2004年。

14. 鍾肇政總主編,《臺灣客家族群史（政治篇下）》,南投市：國史館臺灣文獻館,2004年。

15. 鍾肇政總主編,《臺灣客家族群史（總論）》,南投市：國史館臺灣文獻館,2004年。

16. 簡茂發、黃光雄,《教育研究法》,臺北市：師大書苑,1991年。

17. 羅香林,《客家研究導論》,臺北：古亭書屋,1975年。

18. 羅香林,《客家源流考》,北京：中國華僑出版公司,1989年。

三、單篇論文

1. 王俐容,〈客家文化政策與文化創意產業的發展〉,收入江明修主編,《客家政治與經濟》,臺北：智勝文化,2010年,頁161～188。

2. 丘昌泰,〈客家政治與經濟導論〉,收入江明修主編,《客家政治與經濟》,頁4～28。

3. 吳澤,〈建立客家學芻議〉,收入吳澤主編《客家學研究》第二輯,上海：上海人民出版社,1990年,頁1～10。

4. 邱榮舉、謝欣如,〈臺灣客家運動與客家發展〉,《臺灣客家研究：政治與歷史》,頁3～48。

5. 施正鋒,〈客家研究的思考〉,收入丘昌泰、蕭新煌主編,《客家族群與在地社會：臺灣的全球經驗》,臺北：智勝文化,2007年,頁3～20。

6. 范振乾,〈臺灣客家社會運動初探——從客家發聲運動面相說起〉,收入《臺灣客家族群史（社會篇）》,頁185～270。

7. 孫煒、韓保中,〈客家知識體系的分析架構〉,收入江明修主編,《客家研究：社群省思與政策對話》,臺北：智勝文化,2013年,頁13～38。

8. 徐正光、張維安,〈導論：建立臺灣客家知識體系〉,收入徐正光主編,《臺灣客家研究概論》,臺北市：行政院客家委員會,2007年,頁1～15。

9. 陳定銘,〈客家桐花祭的政策視窗與政策企業家析探〉,收入江明修、丘昌泰主編,《客家族群與文化再現》,臺北:智勝文化,2009 年,頁 25～48。

10. 陳定銘、吳珮菱,〈行政院客委會獎補助客家學術研究之內容分析——以獎助優良博碩士論文為例〉,收入《2010 客家文化學術研討會論文集》,新北市:臺北縣政府客家事務局、國立臺北大學通識中心,2010 年,頁 163～189。

11. 陳定銘、劉小蘭,〈客家獎補助政策之作業機制〉,收入江明修主編《客家研究:社群省思與政策對話》,臺北市:智勝出版社,2013 年,頁 39～66。

12. 楊國鑫,〈臺灣的客家問題、客家運動與客家學〉,收入張維安、徐正光、羅烈師主編,《多元族群與客家臺灣客家運動 20 年》,臺北:南天書局,2008 年,頁 133～156。

13. 謝劍,〈為有源頭活水來:客家研究的回顧與前瞻〉,收入賴澤涵編,《客家文化學術研討會論文集》,臺北行政院客家委員會,2002 年。

14. 謝劍,〈香港地區的客家研究及其影響〉,收入中央研究院民族學研究所編,《第四屆國際客家學研討會》,臺北:中央研究院民族學研究所,1998 年 11 月。

15. 鍾國允,〈客家基本法之分析〉,收入江明修主編,《客家政治與經濟》,臺北市:智勝文化,2010 年,頁 49～78。

四、期刊論文

1. 吳密察,〈文化創意產業之規劃與推動〉,《研考雙月刊》,臺北:27 卷第 4 期,2003 年,頁 59～65。

2. 官武德,〈客家委員會獎助客家研究計畫書目彙編:2003～2014 年〉,《全球客家研究》,新竹縣:國立交通大學客家文化學院,2016 年 5 月,第 6 期,頁 329～356。

3. 施正鋒,〈原住民族知識體系與客家知識體系〉,《臺灣原住民族研究學報》,第 3 卷第 2 期,2013 年,頁 155～142。

4. 洪馨蘭,〈以區域觀點為運用的客家研究回顧(1960～2010)〉,《高雄師大學報:人文藝術類》,第 33 期,2012 年,頁 131～159。

5. 徐正光,〈臺灣客家族群關係研究的回顧〉,《客家文化研究通訊》,創刊

號，1998 年，頁 30～33。

6. 張珈瑜，〈中英文客家研究相關學位論文書目彙編〉，《全球客家研究》，第 5 期，新竹：國立交通大學客家文化學院，2015 年，頁 253～310。

7. 張維安，〈國立交通大學客家文化學院介紹〉，《全球客家研究》，第 1 期，新竹：國立交通大學客家文化學院，2013 年 11 月，頁 249～254。

8. 張維安，〈導論：客家意象、客家研究、客家學〉，《思與言》，第 43 卷第 2 期，臺北：2015 年 6 月，頁 1～10。

9. 莊英章，〈族群互動、文化認同與「歷史性」：客家研究的發展脈絡〉，《歷史月刊》，201 期，臺北：2004 年 10 月，頁 31～40。

10. 連瑞枝，〈國立交通大學客家社會與文化在職專班十周年碩士論文彙編（2008～2018 年)〉，《全球客家研究》，第 11 期，新竹：國立交通大學客家文化學院，2018 年，頁 257～286。

11. 陳運棟，〈五十年來的臺灣客家研究〉，《臺灣文獻》，第 49 卷第 2 期，1998 年，頁 171～188。

12. 傅朝文，〈我國文化創意產業相關問題研析〉，《國會季刊》，臺北：45 卷第 3 期，2017 年 9 月，頁 100～127。

13. 楊國鑫，〈現階段客家學的定位：從方法論的角度探討〉，《思與言》，第 43 卷第 2 期，臺北：2015 年 6 月，頁 32。

14. 蕭新煌，〈臺灣客家研究的典範移轉〉，《全球客家研究》，第 10 期，新竹：國立交通大學客家文化學院，2018 年 5 月，頁 1～26。

15. 羅肇錦，〈國立中央大學客家學院簡介〉，《全球客家研究》，第二期，新竹：國立交通大學客家文化學院，2014 年 5 月，頁 363～372。

五、專案研究

1. 江明修、張奕華，《建構「客家知識體系」規劃研究》總計畫，客家委員會委託辦理建構客家知識體系規劃研究，2011 年。

2. 林修澈，〈客家研究史論：客家學的成立與發展〉，行政院客家委員會獎助客家學術研究，2004 年。

六、碩博士論文

1. 孔仁芳，〈臺灣當代客家歌曲研究與演唱詮釋〉，臺北：輔仁大學音樂學

系博士論文，2013 年。

2. 王和安，〈日治時期南臺灣的山區開發與人口結構：以甲仙六龜為例〉，
   桃園：國立中央大學歷史研究所碩士論文，2006 年。

3. 王雯君〈閩客族群邊界之流動──通婚對女性族群記憶與認同之影響〉，
   桃園：國立中央大學客家社會文化研究所碩士論文，2004 年。

4. 任婕，〈改不改宗？客家人的文化觀與宗教信仰選擇──以客福協會為
   例〉，桃園：國立中央大學客家社會文化研究所碩士論文，2015 年。

5. 江俊龍，〈臺中東勢客家方言詞彙研究〉，嘉義：國立中正大學中國文學
   系碩士論文，1995 年。

6. 江俊龍，〈兩岸大埔客家話比較研究〉，嘉義：國立中正大學中國文學系
   博士論文，2001 年。

7. 江淑美，《清代臺灣客家子弟教育研究（1684～1895）》，臺北：國立臺灣
   師範大學教育學系碩士論文，2003 年。

8. 江裕春，〈龍潭椪風茶文化研究──在地知識的傳承〉，高雄：國立高雄
   餐旅學院臺灣飲食文化產業研究所碩士論文，2009 年。

9. 江孈乙，〈日治時期臺灣桃竹苗地區的客家教育（1895～1945）〉，臺北：
   國立臺灣師範大學教育學系博士論文，2013 年。

10. 何東錦，〈臺灣客家改良戲唱腔研究──以榮興客家採茶劇團 2003 年演
    出之《錯冇錯》為例〉，東吳大學音樂學系碩士在職專班音樂教育組碩士
    論文，2003 年。

11. 何純惠，〈閩西中片客家話與混合方言音韻研究〉，臺北：國立臺灣師範
    大學國文學系博士論文，2014 年。

12. 吳昭慧，〈美濃龍肚清水宮的福首與堂主〉，新竹：國立交通大學客家社
    會與文化碩士在職專班論文，2008 年。

13. 吳煬和〈文教、信仰與文化建構──臺灣六堆敬字風俗研究〉，花蓮：國
    立東華大學民間文學研究所博士論文，2010 年。

14. 吳憶雯，〈新竹峨眉地區的拓墾與社會發展（1834～1911）〉，臺中：逢甲
    大學歷史與文物管理研究所碩士論文，2008 年。

15. 呂展曄，〈清領時期芎林、橫山地區客家地域形塑之探討〉，臺北：國立
    臺灣師範大學地理學系碩士論文，2013 年。

16. 李淑琴，〈客家流行樂團之研究——以「山狗大」為例〉，新竹：國立新竹教育大學音樂教學碩士班論文，2010 年。

17. 李嘉敏，〈客家男性的性別角色形象與生命經驗〉，苗栗：國立聯合大學經濟與社會研究所，2013 年。

18. 周怡然，〈終戰前苗栗客家地區鸞堂之研究〉，桃園：國立中央大學客家文化研究所碩士論文，2008 年。

19. 房子欽，〈臺灣客家語動後體標記語法化研究〉，新竹：國立新竹教育大學臺灣語言與語文教育研究所，2015 年。

20. 林秀昭，〈北客南遷高雄地區的開發與義民爺信仰之研究〉，臺南：國立臺南大學臺灣文化研究所碩士論文，2006 年。

21. 林秀權，〈南臺灣客家族群人文圖像——專題創作〉，高雄：樹德科技大學應用設計研究所碩士論文，2002 年。

22. 林宜欣，〈創作型搖滾樂團結合傳統音樂素材之研究——以好客樂隊為例〉，臺北：國立臺灣師範大學民族音樂研究所碩士論文，2006 年。

23. 林怡安，〈從極簡主義看漢語名詞組結構（The Sinitic Nominal Phrase Structure: A Minimalist Perspective）〉，英國：劍橋大學語言學系博士論文，2010 年。

24. 林明，〈新埔柿餅節的「打手」：節慶與關鍵行動者〉，臺北：國立臺灣大學生物產業傳播暨發展學系碩士論文，2009 年。

25. 林信丞，〈從客家雜誌分析臺灣客家形象之變遷〉，新竹：國立交通大學傳播與科技學系碩士論文，2008 年。

26. 林桂玲，〈客家地域社會組織的變遷——以北臺灣「嘗會」為中心的討論〉，新竹：國立清華大學歷史研究所博士論文，2013 年。

27. 林瑜蔚，〈新加坡當鋪業與客家〉，桃園：國立中央大學客家政治經濟研究所碩士論文，2008 年。

28. 林瑞珍〈遠嫁似曾相識的他鄉——廣東梅州客家女子於臺灣南部客家庄的生活〉，花蓮：國立東華大學族群關係與文化研究所碩士論文，2004 年。

29. 林聖蓉，〈從番界政策看臺中東勢的拓墾與族群互動（1761～1901）〉，臺北：國立臺灣大學歷史學系碩士論文，2007 年。

30. 邱春美，〈六堆客家古典文學研究〉，臺北：輔仁大學中文研究所博士論

文，2004 年。

31. 邱啟展，〈我國客家族群政策之研究——當代自由主義正義論觀點〉，桃園：國防大學政治學系博士論文，2012 年。

32. 邱惠鈴，〈1950 年代白色恐怖受難者家屬的生命歷程探討——以苗栗縣南庄鄉黃昌祥家庭為例〉，臺北：國立臺北教育大學臺灣文化研究所碩士論文，2015 年。

33. 邱湘雲，〈海陸客家話和閩南語構詞對比研究〉，高雄：國立高雄師範大學國文學系博士論文，2005 年。

34. 邱曉燕，〈西湖溪下游地域社會之形成與變遷〉，新竹：國立交通大學客家社會與文化碩士在職專班論文，2013 年。

35. 姜閔仁，〈新竹沿山地區家族之發展——以北埔新姜家族為例（1856～1945）〉，臺中：逢甲大學歷史與文物研究所，2010 年。

36. 施添福，〈清代在臺漢人的祖籍分布和原鄉生活方式〉，臺北市：國立臺灣師範大學地理學系，1987 年。

37. 施縈潔，〈清代彰化永靖、埔心、員林地區閩客族群空間分佈及其特色〉，臺北：國立臺灣師範大學地理學系碩士論文，2014 年。

38. 星純子，〈現代臺灣社區運動的地方社會學——高雄縣美濃鎮社會運動、民主化與社區總體營造〉，日本：東京大學綜合文化專攻博士論文，2011 年。

39. 胡紫雲，《舞臺上的文化、記憶與空間：臺灣客家女性現代劇（Culture, Memory, and Space on Stage: The Construction of Female Hakka Contemporary Theatre in Taiwan）》，英國：艾斯特大學戲劇系博士論文，2012 年。

40. 范姜灯欽，〈臺灣客家生活故事研究〉，花蓮：國立東華大學中國語文學系博士論文，2014 年。

41. 范智盈，〈日本殖民對客家話的影響：以客語中的日語借詞為例〉，苗栗：國立聯合大學客家語言與傳播研究所碩士論文，2011 年。

42. 徐郁雯，〈客家社區產業之社會經濟分析——以桃園縣高原樂活有機村為例〉，桃園：國立中央大學客家政治經濟研究所碩士論文，2014 年。

43. 賴美芳，〈客家伴手禮創意包裝設計之研究：以苗栗縣傳統食品業者為

例〉，新竹：國立交通大學客家社會與文化碩士在職專班論文，2014 年。

44. 徐國寶，〈苗栗縣國小舞龍運動的傳承、轉化與創新推廣〉，苗栗：國立聯合大學經濟與社會研究所碩士論文，2010 年。

45. 徐惠君，〈新竹縣北埔鄉客家民族植物使用知識之研究〉，屏東：國立屏東科技大學森林系研究所碩士論文，2006 年。

46. 徐貴榮，〈臺灣饒平客話音韻的源與變〉，新竹：國立新竹教育大學臺灣語言與語文教育研究所博士論文，2007 年。

47. 徐貴榮〈臺灣桃園饒平客話研究〉，新竹：國立新竹師範學院臺灣語言與語文教育研究所碩士論文，2002 年。

48. 徐毓宏，〈西湖溪流域客家嘗會之研究〉，臺北：國立政治大學民族學系博士論文，2016 年。

49. 徐煥昇，〈臺灣苗栗通宵客語研究〉，新竹：國立新竹教育大學臺灣語言與語文教育研究所碩士論文，2007 年。

50. 徐賢德，〈高樹客家話語言接觸研究〉，臺北：臺北市立大學中國語文研究所博士論文，2014 年。

51. 徐賢德〈國小客家語教材結構化設計研究以一年級為例〉，臺北：國立臺北師範學院社會科教育研究所碩士論文，2003 年。

52. 張二文，〈臺灣六堆客家地區鸞堂與民間文化闡揚之研究〉，花蓮：國立東華大學中國語文系博士論文，2014 年。

53. 張宏欣，〈造橋鄉的開發與社會經濟發展（1763～1945）〉，臺中：逢甲大學歷史與文物研究所，2010 年。

54. 張素惠，〈客家花布的符號消費與族群認同〉，桃園：國立中央大學客家研究碩士在職專班論文，2010 年。

55. 張瓊月，〈地方特色食物的構築與維繫：以關西仙草為例〉，臺北：國立臺灣大學生物產業傳播暨發展學系碩士論文，2015 年。

56. 強舒媺，〈客語潛能補語構式之事件概念與論元體現：認知模型與構式理論之整合〉，臺北：國立政治大學語言學研究所博士論文，2009 年。

57. 莊蘭英，〈六堆地區客家特色產業消費心理向度及行銷策略之研究——以屏東內埔地區為例〉，屏東：國立屏東科技大學客家文化產業研究所碩士論文，2008 年。

58. 郭珍妦〈美濃地區幼兒在家客語使用現況調查暨其語言能力與智力之相關探討〉，臺南：國立臺南師範學院教師在職進修幼教碩士學位班碩士論文，2004 年。

59. 陳右欣，〈「客家花布」？「臺灣花」？的設計文化現象研究〉，雲林：國立雲林科技大學創意生活設計系碩士論文，2010 年。

60. 陳玉樺，〈國民小學客語教科書性別之內容分析〉，臺北：國立臺北教育大學多元文化教育教學碩士班論文，2010 年。

61. 陳宏賓，〈解嚴以來（1987～）臺灣母語政策制定過程之研究〉，臺北：國立臺灣師範大學三民主義研究所碩士論文，2002 年。

62. 陳秀琪，〈臺灣漳州客家話的研究——以詔安話為代表〉，新竹：國立新竹師範學院臺灣語言與語文教育研究所碩士論文，2001 年。

63. 陳秀琪，〈閩南客家話音韻研究〉，彰化：國立彰化師範大學國文研究所博士論文，2006 年。

64. 陳玫如，〈美濃地區不同世代的客家族群對客家飲食文化的認知及飲食行為之相關研究〉，臺南：臺南科技大學生活應用科學研究所碩士論文，2009 年。

65. 陳俊安，〈日治時期臺灣總督府新竹地區的客家社會統治：以《警友》雜誌為例〉，桃園：國立中央大學客家社會文化研究所碩士論文，2012 年。

66. 陳品穎，〈農業食物品質的在地化：以公館紅棗為例〉，臺北：國立臺灣大學生物產業傳播暨發展學系碩士論文，2016 年。

67. 陳建傑，〈戰後臺灣客家政治案件之研究——胡海基案之個案分析〉，臺中：東海大學政治學研究所碩士論文，2011 年。

68. 陳琇君，〈農村經濟與社區營造——大湖草莓園區與薑麻園產業發展的比較研究〉，新竹：國立交通大學客家社會與文化碩士在職專班碩士論文，2010 年。

69. 陳雪娟〈中壢十三庄輪祀網絡之研究（1826～1945）〉，桃園：國立中央大學歷史研究所碩士論文，2008 年。

70. 陳筱琪，〈閩南西片方言音韻研究〉，臺北：國立臺灣大學中國文學系博士論文，2013 年。

71. 陳瑞霞，〈從書院到鸞堂：以苗栗西湖劉家的地方精英角色扮演為例

（1752～1945）〉，新竹：國立交通大學客家社會與文化碩士在職專班論文，2008 年。

72. 陳緯華，〈靈力經濟與社區再生產：漢人民間信仰與臺灣地方社會之建構〉，新竹：國立清華大學人類學研究所博士論文，2004 年。

73. 傅彩惠，〈日治時期苗栗街聚落發展與變遷（1895～1945）〉，新竹：國立新竹教育大學社會學習領域教學碩士班論文，2012 年。

74. 彭心怡〈江西客贛語的特殊音韻現象與結構變遷〉，臺中：國立中興大學中國文學系博士論文，2010 年。

75. 彭芊琪，〈外省客家人的本土化：以廣東陸豐莊氏宗親會為例〉，桃園：國立中央大學客家社會文化研究所碩士論文，2005 年。

76. 彭素枝，〈臺灣六堆客家民間故事研究〉，臺北：國立臺灣師範大學國文學系博士論文，2015 年。

77. 彭淑鈴，〈上杭古田客家話研究〉，桃園：國立中央大學客家語文研究所碩士論文，2013 年。

78. 彭鳳貞，〈臺灣客家族群政策建構研究——國際視野下之發展策略博士〉，臺北：中國文化大學中山與中國大陸研究所博士論文，2012 年。

79. 彭馨平，〈日治時期臺灣的客語教材研究——以《廣東語集成》為例〉，臺北：國立臺灣師範大學臺灣文化及語言文學研究所，2011 年。

80. 曾昭儒〈地方文化行銷策略研究——以新竹縣新埔鎮客家古蹟文化為例〉，新北市：國立臺北大學公共行政暨政策學系碩士在職專班論文，2010 年。

81. 曾瑞媛，〈客家山歌之節奏研究〉，臺中：國立臺中教育大學教育學系博士論文，2012 年。

82. 曾瓊儀，〈臺灣桃竹苗地區客家民間故事研究〉，臺北：中國文化大學中國文學研究所博士論文，2014 年。

83. 雅衛依・撒韻，〈賽夏五福宮——一個合成文化的研究〉，新北市：天主教輔仁大學宗教研究所碩士論文，2008 年。

84. 黃于真，〈設計策略下客家文化元素之探討〉，新北市：國立臺灣藝術大學工藝設計學系碩士論文，2009 年。

85. 黃怡雯，〈客籍國中小校長的領導風格、教師組織承諾與學校效能關係之

研究〉，高雄：國立高雄師範大學教育學系碩士，2006 年。

86. 黃怡慧，〈臺灣南部四海話的研究〉，高雄：國立高雄師範大學臺灣語言與教學研究所碩士論文，2003 年。

87. 黃美珍，〈聚落、信仰與地方精英：以美濃二月戲為例〉，新竹：國立交通大學客家社會與文化碩士在職專班論文，2008 年。

88. 黃美鴻，〈臺灣客家語句型教學：教材句型結構分析及教學架構之建立〉，新竹：國立新竹教育大學臺灣語言與語文教育研究所博士論文，2012 年。

89. 黃素珍，〈印尼坤甸客家話研究〉，桃園：國立中央大學客家語文研究所碩士論文，2013 年。

90. 黃啟仁，〈恆春地區客家二次移民之研究——以保力村為例〉，臺南：國立臺南大學臺灣文化研究所碩士論文，2006 年。

91. 黃智群，〈體驗行銷導入鐵道文化遺產營運之研究——以舊山線復駛為例〉，苗栗：國立聯合大學經濟與社會研究所碩士論文，2010 年。

92. 黃裕修，〈預算籌編影響因素之研究〉，臺北：世新大學行政管理學系碩士論文，2011 年。

93. 黃靖嵐，〈客家文學在臺灣的出現與發展（1945～2010）〉，臺南：國立成功大學臺灣文學系博士論文，2014 年。

94. 黃靖雯〈東南亞的「客家」意涵：英殖民馬來亞的華人分類過程〉，桃園：國立中央大學客家社會文化研究所，2010 年。

95. 黃鴻松，〈全球化衝擊下鄉土教育深化之研究——一位美濃社區教師的詮釋〉，高雄：樹德科技大學建築與古蹟維護研究所碩士論文，2005 年。

96. 楊惠玲，〈客語、華語及閩南語的語法化：以否定字為例，兼論模態、時貌及疑問標記〉，美國：Arizona State University, Department of English，2012 年。

97. 楊舜云，〈從傳統到創新：臺灣客家服飾文化在當代社會的過渡與重建〉，臺北：輔仁大學織品服裝研究所碩士論文，2008 年。

98. 溫志維，〈渡海客家文化的研究——以臺灣南部美濃鎮的土地伯公為例〉，日本：大阪藝術大學藝術研究所博士論文，2008 年。

99. 葉志清，〈族群與知識正義：臺灣客家與原住民族學科建制發展之比較〉，臺北：國立臺灣大學國家發展研究所博士論文，2016 年。

100. 葉秋杏,〈認知情態義與主觀化之浮現：臺灣客語評注性情態副詞的認知語用觀點研究〉,臺北：國立政治大學語言學研究所博士論文,2016 年。

101. 廖倫光,〈臺灣客家納骨葬法與墳墓體系〉,桃園：中原大學設計學研究所博士論文,2009 年。

102. 廖珮筠,〈從動詞意義和結構的整合分析客語移除類動詞〉,臺北：國立政治大學語言學研究所碩士論文,2007 年。

103. 熊姿婷,〈臺灣客家節氣諺語及其文化意涵研究〉,雲林：國立雲林科技大學漢學資料整理研究所碩士論文,2006 年。

104. 劉如意,〈社區如何展現能動性：在地與空間的研究,以臺灣竹北六家地區為例〉,南投：國立暨南國際大學人類學研究所碩士論文,2010 年。

105. 劉勝權,〈粵北始興客家音韻及其周邊方言之關係〉,臺北：臺北市立教育大學中國語文學系博士論文,2013 年。

106. 劉憶萱,〈客家聚落之產業、地景與記憶變遷：以大湖草莓為例〉,桃園：國立中央大學客家社會文化研究所碩士論文,2008 年。

107. 劉澤玲〈客家米食文化在銅鑼傳統飲食中的傳承〉,高雄：國立高雄餐旅學院臺灣飲食文化產業研究所碩士論文,2009 年。

108. 劉鴻德,〈在醫療與醫學專業之間：邱仕榮及其同時代臺大醫院與臺灣醫學〉,臺北：國立政治大學歷史學系碩士論文,2007 年。

109. 潘秋伶,〈系譜‧屋家‧女兒：一個粵東宗族組織重建與蛻變的探討〉,新竹：國立清華大學人類學研究所碩士論文,2009 年。

110. 鄧盛有,〈客家話的古漢語和非漢語成分分析研究〉,嘉義：國立中正大學中國文學系博士論文,2007 年。

111. 鄭玉華,〈四川簡陽客家話研究——以踏水鎮為例〉,桃園：國立中央大學客家語文研究所碩士論文,2013 年。

112. 鄭秀貴,〈「永不放棄」：李瑞麟教練領導棒球隊歷程之個案研究〉,臺北：臺北市立體育學院運動科學研究所碩士論文,2006 年。

113. 鄭寶珍,〈日治時期客家地區鸞堂發展：以新竹九芎林飛鳳山代勸堂為例〉,桃園：國立中央大學客家文化研究所碩士論文,2008 年。

114. 蕭敏君,〈不只是價格——建構生產端農產價值的可能性〉,雲林：國立雲林科技大學文化資產維護研究所碩士論文,2009 年。

115. 賴文英，〈區域方言的語言變體研究：以桃園新屋客語小稱詞為例〉，新竹：國立新竹教育大學臺灣語言與語文教育研究所博士論文，2008 年。

116. 賴文英〈新屋鄉呂屋豐順腔客話研究〉，高雄：國立高雄師範大學臺灣語言與教學研究所碩士論文，2003 年。

117. 賴淑芬，〈屏東佳冬客話研究〉，高雄：國立高雄師範大學臺灣語言與教學研究所碩士論文，2003 年。

118. 賴淑芬，〈臺灣南部客語的接觸演變〉，新竹：國立新竹教育大學臺灣語言與語文教育研究所博士論文，2012 年。

119. 賴惠真，〈《羅芳伯傳奇》中的認同與流離〉，新竹：國立交通大學客家社會與文化碩士在職專班論文，2009 年。

120. 戴秋怡，〈屏東客家印尼華僑離散之個案研究〉，屏東：國立屏東教育大學客家文化研究所，2010 年。

121. 薛雲峰，〈臺灣客家史觀：以義民與 1895 乙未抗日戰爭為例〉，臺北：國立臺灣大學國家發展研究所博士論文，2009 年。

122. 謝宜文，〈美濃地區客家「還神」祭典與客家八音運用之研究〉，臺南：國立臺南大學臺灣文化研究所碩士論文，2006 年。

123. 謝易珉，〈「六堆鬧熱季」——六堆客家文化創意設計〉高雄：國立高雄師範大學視覺設計學系碩士論文，2009 年。

124. 謝杰雄，〈語料庫的建置與臺灣客家語 VP 研究〉，新竹：國立新竹教育大學臺灣語言與語文教育研究所碩士，2006 年。

125. 謝惠如，〈日據時期北客再次移民之發展歷程研究：以雲林縣林內鄉、莿桐鄉為例〉，高雄：國立高雄師範大學客家文化研究所碩士論文，2012 年。

126. 鍾兆生，〈美濃地區菸樓空間營造之研究〉，高雄：樹德科技大學建築與古蹟維護系碩士論文，2006 年。

127. 鍾怡彥，〈美濃作家的在地書寫研究〉，桃園：國立中央大學中國文學系博士論文，2014 年。

128. 鍾皓如，〈論電視新聞中客家「義民」之建構〉，臺南：國立臺南藝術學院音像藝術管理研究所碩士論文，2004 年。

129. 鍾肇騰，〈花東地區客家高齡學習者生活品質、學習需求、學習態度與自

我發展關係之研究〉，高雄：國立高雄師範大學成人教育研究所博士論文，2010 年。

130. 藍清水，〈臺灣客家形成之研究〉，中國：廣州中山大學歷史系博士論文，2013 年。

131. 羅苡榛，〈臺灣苗栗地域社群之構成：「以芎中七石隆興」為例〉新竹：國立交通大學客家社會與文化碩士在職專班碩士論文，2010 年。

132. 羅婉君，〈客語「放」及其同類動詞：框架語義與構式之互動〉，臺北：國立政治大學語言學研究所碩士論文，2007 年。

133. 顧朋，〈客家與近代中國革命之關係——以太平天國與辛亥革命〉，臺北：國立臺灣大學國家發展研究所博士論文，2015 年。

七、網路資料

1. 中央大學客家學院網站，http://hakka.ncu.edu.tw/hakkadepartment/。

2. 全國法規資料庫，https://law.moj.gov.tw/LawClass/LawAll.aspx?pcode=H0170075。

3. 客委會網站／政府資訊公開／研究報告／學術研究／博碩士論文，https://www.hakka.gov.tw/Block/Block?NodeID=627&LanguageType=CH&SubSite=0&SubSiteName=Main。

4. 屏東大學客家研究中心網站，http://www.hakka.nptu.edu.tw/files/11-1024-8.php?Lang=zh-tw。

5. 科技部人文及社會科學研究發展司網站／學門領域，https://www.most.gov.tw/hum/ch/list?menu_id=96c12199-c4e0-46a6-9fb6-7b00dba2b600&view_mode=listView。

6. 國立交通大學客家社會與文化碩士在職專班網站，http://chk.nctu.edu.tw/?page_id=317。

7. 國立臺北藝術大學／文化資源學院／建築與古蹟保存研究所網站，http://1www.tnua.edu.tw/~TNUA_CCR/members/super_pages.php?ID=members5。

8. 國立臺灣大學國家發展研究所網站，http://www.nd.ntu.edu.tw/zh_tw/about。

9. 國立聯合大學網站，https://www.nuu.edu.tw/p/412-1000-414.php?Lang=zh-tw。

10. 教育部統計處網站：首頁／統計標準分類／教育程度及學科標準分類第 4 次修正，https://depart.moe.edu.tw/ed4500/cp.aspx?n=2C13413C7370AB85。

11. 臺灣客家資料開放平臺，http://cloud.hakka.gov.tw/Details?p=842。

12. 臺灣博碩士論文知識加值系統，https://ndltd.ncl.edu.tw/cgi-bin/gs32/gsweb.cgi?o=d。

附件一：客委會獎助客家研究優良博碩士論文（民國 92～107年度）列表

資料來源：本附錄整理自「客委會網站／政府資訊公開／研究報告／學術研究／博碩士論文」（https://www.hakka.gov.tw/Block/Block?NodeID=627&LanguageType=CH&SubSite=0&SubSiteName=Main）、臺灣客家資料開放平台（http://cloud.hakka.gov.tw/details?p=%206467）以及由客委獎助計畫的承辦人廖晨佐先生提供之資料。

客委會網站上載有 819 篇論文，其中並不包含放棄獎助資格者；臺灣客家資料開放平台上共有 781 篇論文，缺少 105 年度的獎助論文；廖晨佐先生的版本則有包含有獎助資格但放棄領取獎助之論文，但僅有 97～107 年度的論文。

筆者將三者交叉比對，若資料有缺漏則輔以「臺灣博碩士論文知識加值系統」整理如下表，得出自 92 年自 107 年獎助客家研究優良博碩士論文共824 篇，其中包含入選但放棄領取獎助金者，惟計算每年獎助金額時將之排除，以客委會實際支付予研究者的數量為準。

民國 92 年度【共 12 案】 總計 80 萬元					
編號	作者	學位	論文題目	畢業學校	畢業系所	獎助金（萬元）
1	戴政新	碩士	一個農村聚落人地關係轉化之研究——以新竹縣六家地區為例	國立臺北大學	地政學系	6
2	江俊龍	博士	兩岸大埔客家話比較研究	國立中正大學	中國文學系	15
3	林彥亨	碩士	客家意象之形塑：臺灣客家廣播的文化再現	國立清華大學	人類學研究所	8
4	強舒嬡	碩士	客語打類、忍類及促類動詞中動力學之體現	國立政治大學	語言研究所	5
5	劉薇玲	碩士	屏東客家婚俗變遷之研究——以六堆中區為例	國立臺南師範學院	鄉土文化研究所	6
6	鍾怡婷	碩士	美濃反水庫運動與公共政策互動之研究	國立中山大學	公共事務管理研究所	5
7	溫秀雯	碩士	桃園高家豐順客話音韻研究	國立新竹教育大學	臺灣語言與語文教育研究所	5
8	黃秋香	碩士	國小教師實施客語教學之個案研究	國立新竹教育大學	臺灣語言與語文教育研究所	6
9	詹蕙真	碩士	從社會運動到社區運動——美濃十年運動之路（1992～2002）	樹德科技大學	建築與古蹟維護研究所	6
10	日婉琦	碩士	族群接觸與族群認同——以賽夏族 tanohila：氏族為例	國立政治大學	民族研究所	7
11	黃佳文	碩士	臺灣東勢客語表性狀詞的語義分析	國立新竹教育大學	臺灣語言與語文教育研究所	6
12	姜如珮	碩士	臺灣電視中之客家意象：公視「客家新聞雜誌」之個案研究	中國文化大學	新聞研究所	5

			民國 93 年度【共 18 案】			
			總計 95 萬元			
編號	作者	學位	論文題目	畢業學校	系所	獎助金（萬元）
1	葉惠凱	碩士	一個客家文化景觀——新屋鄉大溪漘地區的公廳、祖塔	國立臺灣師範大學	地理研究所	4
2	蕭盛和	碩士	一個客家聚落的形成及其發展：以高雄縣美濃鎮為例	國立臺灣師範大學	歷史研究所	5
3	施諭靜	碩士	此客非彼客？——從詔安客家的認同行動談起	國立雲林科技大學	文化資產維護系	6
4	謝美玲	碩士	宜蘭地區客家與三山國王信仰之變遷	佛光大學	社會學研究所	5
5	林秀權	碩士	南臺灣客家族群人文圖像——專題創作	樹德科技大學	應用設計研究所	6
6	葉國杏	碩士	客家喪祭三獻禮及其教育意涵之研究	國立臺灣師範大學	教育研究所	5
7	徐金基	碩士	客家鄉鎮市發展與臺灣公路交通之關係——以臺灣北部桃竹苗地區為例	國立臺灣大學	國家發展研究所	6
8	賴淑芬	碩士	屏東佳冬客話研究	國立高雄師範大學	臺灣語言與教學研究所	5
9	郭珍妦	碩士	美濃地區幼兒在家客語使用現況調查暨其語言能力與智力之相關探討	國立臺南師範學院	教師在職進修幼教碩士學位班	4
10	鍾兆生	碩士	美濃地區菸樓保存實踐之研究	樹德科技大學	建築與古蹟維護研究所	10
11	宋美盈	碩士	徐傍興與臺灣六堆客家發展	國立臺灣大學	國家發展研究所	6
12	徐賢德	碩士	國小客家語教材結構化設計研究以一年級為例	國立臺北師範學院	社會科教育研究所	3
13	葉怡文	碩士	從女性主義看臺灣客家婦女的社會地位	佛光大學	社會學研究所	5

14	賴文英	碩士	新屋鄉呂屋豐順腔客話研究	國立高雄師範大學	臺灣語言及教學研究所	5
15	黃怡慧	碩士	臺灣南部四海話的研究	國立高雄師範大學	臺灣語言與教學研究所	5
16	何東錦	碩士	臺灣客家改良戲唱腔研究——以榮興客家採茶劇團2003年演出之《錯有錯》為例	東吳大學	音樂學系碩士在職專班音樂教育組	5
17	邱連枝	碩士	影響客家女性公民社會參與因素之探討——以苗栗縣志願服務團體為案例	國立中正大學	社會福利系	5
18	鍾皓如	碩士	論電視新聞中客家「義民」之建構	國立臺南藝術學院	音像藝術管理研究所	5

民國94年度【共22案】總計121萬元						
編號	作者	學位	論文題目	畢業學校	系所	獎助金（萬元）
1	劉敬明	碩士	大木司傅葉金萬、徐清及其派下之研究	國立臺北藝術大學	傳統藝術研究所	5
2	彭芊琪	碩士	外省客家人的本土化：以廣東陸豐莊氏宗親會為例	國立中央大學	客家社會文化研究所	8
3	葉桂玉	碩士	我與我客家家庭——真實與理想	東吳大學	心理學系	5
4	林佳蓁	碩士	客家文化創意產業之回應性評估：以苗栗大湖草莓園區為例	國立臺北大學	公共行政暨政策學系	5
5	殷可馨	碩士	臺灣漢人竹圍形制之研究	國立臺北藝術大學	建築與古蹟保存研究所	5
6	鍾麗美	碩士	屏東內埔客語的共時變異	國立高雄師範大學	臺灣語言及教學研究所	5

7	黃憶苓	碩士	屏東縣內埔地區客家民居類型平面格局之編碼研究	國立雲林科技大學	空間設計研究所	7
8	徐瑞珠	碩士	苗栗卓蘭客家話研究	國立高雄師範大學	臺灣語言及教學研究所	5
9	管聖洲	碩士	桃園縣客家庄與福佬庄國小實施客語教學之研究	國立臺北師範學院	教育政策與管理研究所	3
10	曾鈺琪	碩士	逃不開的人情關係網絡？——從客家婦女的志願性服務工作探討社區參與和溝通中的社會資本與人情關係網絡	國立清華大學	社會學研究所	6
11	林櫻蕙	碩士	現代客語詩的寫作技巧	國立臺北師範學院	臺灣文學研究所	7
12	張又千	碩士	都會區客語生活學校之個案研究	臺北市立師範學院	課程與教學研究所	3
13	黎錦昌	碩士	新竹地區客家八音之研究——以葉金河為例	國立新竹教育大學	進修部音樂教學碩士班	7
14	楊名龍	碩士	新屋水流軍話與海陸客語雙方言現象研究	臺北市立教育大學	應用語言文學研究所	5
15	林瑞珍	碩士	遠嫁似曾相識的他鄉——廣東梅州客家女子於台灣南部客家庄的生活	國立東華大學	族群關係與文化研究所	7
16	胡紫雲	碩士	臺灣客家現代劇團及其劇本研究——以加里山劇團與歡喜扮戲團為例	國立成功大學	中國文學系	6
17	劉奕利	碩士	臺灣客籍作家長篇小說中女性角色研究	國立高雄師範大學	國文學系	6
18	邱仲森	碩士	臺灣苗栗與廣東興寧客家話比較研究	國立新竹教育大學	臺灣語言與語文教育研究所	5
19	陳思萍	碩士	臺灣日治時期近山茶工場研究	國立臺北藝術大學	建築與古蹟保存研究所	3

20	王雯君	碩士	閩客族群邊界之流動——通婚對女性族群記憶與認同之影響	國立中央大學	客家社會文化研究所	8
21	張素玲	碩士	關西客家話混同關係研究	國立新竹教育大學	臺灣語言與語文教育研究所	5
22	陳緯華	博士	靈力經濟與社區再生產：漢人民間信仰與臺灣地方社會之建構	國立清華大學	人類學研究所	5

民國 95 年度【共 19 案】 總計 125 萬元						
編號	作者	學位	論文題目	畢業學校	系所	獎助金（萬元）
1	蔡淑真	碩士	中堆客家聚落文化景觀的圖式與重構	東海大學	景觀研究所	5
2	邱春美	博士	六堆客家古典文學研究	輔仁大學	中文研究所	15
3	黃鴻松	碩士	全球化衝擊下鄉土教育深化之研究——一位美濃社區教師的詮釋	樹德科技大學	建築與古蹟維護研究所	5
4	李佳穎	碩士	西螺地區「張廖」宗族特色與在地歷史發展	國立臺南大學	臺灣文化研究所	7
5	盧翁美珍	碩士	李喬《寒夜三部曲》人物研究	國立彰化師範大學	國文研究所	7
6	葉日嘉	碩士	兩岸客家研究與客家社團之政治分析——以「世界客屬懇親大會」為中心	中國文化大學	中國大陸研究所	3
7	邱秀英	碩士	花蓮地區客群信仰的轉變——以吉安鄉五穀宮為例	國立花蓮教育大學	鄉土文化學系研究所	7
8	林盟凱	碩士	客家聚落三坑子水空間文化地景的地域性	國立臺北科技大學	建築與都市設計研究所	3
9	黃怡雯	碩士	客籍國中小校長的領導風格、教師組織承諾與學校效能關係之研究	國立高雄師範大學	教育研究所	5

10	彭尉榕	碩士	原客通婚的族群邊界與位階：地域、世代的比較分析	國立東華大學	族群關係與文化研究所	5
11	邱湘雲	博士	海陸客家話和閩南語構詞對比研究	國立高雄師範大學	國文研究所	15
12	莊文曲	碩士	透過閩南人與客家人文化之比較考察臺灣社會——清朝閩客「分類械鬥」起	日本國麗澤大學	言語教育研究所	5
13	林宜欣	碩士	創作型搖滾樂團結合傳統音樂素材之研究——以好客樂隊為例	國立臺灣師範大學	民族音樂研究所	7
14	黃建德	碩士	萬巒鄉客家聚落嘗會之研究	國立臺南大學	臺灣文化研究所	7
15	莊美玲	碩士	臺灣客家三腳採茶戲「棚頭」之研究——以《張三郎賣茶故事》「十大齣」為例	國立花蓮教育大學	民間文學研究所	5
16	周雅雯	碩士	臺灣客語政策評估之研究——以桃園縣客語生活學校為例	國立中央大學	客家社會文化研究所	5
17	徐碧霞	碩士	臺灣戰後客語詩研究	國立成功大學	臺灣文學研究所	7
18	戴正倫	碩士	儀式中身份的轉化——以客家拜新丁為例	國立中央大學	客家社會文化研究所	7
19	徐進堯	碩士	龍鳳園戲劇團研究——兼論臺灣客家採茶戲的發展與演變	國立臺北大學	民俗藝術研究所	5

民國96年度【共26案】 總計130萬元						
編號	作者	學位	論文題目	畢業學校	系所	獎助金（萬元）
1	楊毓雯	碩士	「平埔客」之歷史探究：以道卡斯竹塹社廖姓為對象	國立中央大學	客家社會文化研究所	7

2	鄭秀貴	碩士	「永不放棄」：李瑞麟教練領導棒球隊歷程之個案研究	臺北市立體育學院	運動科學研究所	3
3	林秀昭	碩士	北客南遷高雄地區的開發與義民爺信仰之研究	國立臺南大學	臺灣文化研究所	3
4	張亭婷	碩士	外籍配偶與客家文化傳承	國立中央大學	客家社會文化研究所	7
5	劉季蓉	碩士	客家話大埔音聲調之聲學研究	國立臺灣大學	語言學研究所	5
6	羅婉君	碩士	客語「放」及其同類動詞：框架語義與構式之互動	國立政治大學	語言學研究所	5
7	利天龍	碩士	屏東縣前堆地域的社會空間結構與變遷	國立臺灣師範大學	地理研究所	7
8	黃啟仁	碩士	恆春地區客家二次移民之研究──以保力村為例	國立臺南大學	臺灣文化研究所	3
9	謝宜文	碩士	美濃地區客家「還神」祭典與客家八音運用之研究	國立臺南大學	臺灣文化研究所	3
10	廖經庭	碩士	家族記憶與族群邊界：以臺灣彭姓祭祖儀式為例	國立中央大學	客家社會文化研究所	5
11	鄭嘉明	碩士	海陸客語語氣詞研究	國立中央大學	客家語文研究所	5
12	廖珮筠	碩士	從動詞意義和結構的整合分析客語移除類動詞	國立政治大學	語言學研究所	5
13	林吉洋	碩士	敘事與行動：臺灣客家認同的形成	國立清華大學	社會學研究所	7
14	林育建	碩士	族群、產業與社會資本：以屏東檳榔業「行口」為例	國立中央大學	客家政治經濟研究所	5
15	鍾佳玲	碩士	族群通婚中的性別文化與權力配置	國立中央大學	客家社會文化研究所	3
16	陳妍容	碩士	想像與實踐──吉安鄉客家文化之再現	國立東華大學	族群關係與文化研究所	5

編號	作者	學位	論文題目	畢業學校	系所	獎助金（萬元）
17	朱心怡	碩士	新竹「饒平」與「海陸」客語音韻比較研究	國立中央大學	客家社會文化研究所	3
18	徐惠君	碩士	新竹縣北埔鄉客家民族植物使用知識之研究	國立屏東科技大學	森林系研究所	3
19	戴秋雯	碩士	臺北縣立國民小學客語教學現況與成效之研究	國立臺北教育大學	教育政策與管理研究所	3
20	謝佳佳	碩士	臺灣北管亂彈戲提弦伴奏研究——從謝顯魁所奏【二凡】曲腔看「托」的伴奏意涵	國立臺灣師範大學	民族音樂研究所研究與保存組	7
21	羅烈師	博士	臺灣客家之形成：以竹塹地區為核心的觀察	國立清華大學	人類學研究所	15
22	熊姿婷	碩士	臺灣客家節氣諺語及其文化意涵研究	國立雲林科技大學	漢學資料整理研究所	5
23	黃莉萍	碩士	臺灣美濃地區客語親屬稱謂詞之研究	國立屏東教育大學	中國語文學系研究所	5
24	徐煥昇	碩士	臺灣苗栗通霄客語研究	國立新竹教育大學	臺灣語言與語文教育研究所	3
25	謝杰雄	碩士	語料庫的建置與臺灣客家語 VP 研究	國立新竹教育大學	臺灣語言與語文教育研究所	5
26	余欣芳	碩士	龍潭地區茶產業的行動者網路分析	國立臺灣師範大學	地理研究所	3

民國 97 年度【共 44 案】 總計 250 萬元						
編號	作者	學位	論文題目	畢業學校	系所	獎助金（萬元）
1	陳欣慧	碩士	「詩」的權力網絡：日治時期桃園吟社、以文吟社的文學／文化／社會考察	國立中央大學	客家社會文化研究所	5

2	陳雪娟	碩士	中壢十三庄輪祀網絡之研究（1826～1945）	國立中央大學	歷史研究所	5
3	范佐勤	碩士	中壢客家的福佬化現象與客家認同之研究	國立中央大學	客家政治經濟研究所	5
4	葉秋杏	碩士	中譯：客語「打」字構式群：論元體現與及物性之檢測	國立政治大學	語言學研究所	5
5	王和安	碩士	日治時期南臺灣的山區開發與人口結構：以甲仙六龜為例	國立中央大學	歷史研究所	5
6	鄭寶珍	碩士	日治時期客家地區鸞堂發展：以新竹九芎林飛鳳山代勸堂為例	國立中央大學	客家社會文化研究所	5
7	張秀琪	碩士	日治時期新屋范姜家族社會領導階層之探究	國立中央大學	客家社會文化研究所	5
8	周璟慧	碩士	外省客家人的認同與文化：以廣東省五華縣籍為例	國立高雄師範大學	客家文化研究所	5
9	劉于綺	碩士	幼稚園客語教學實施情形與其困境之研究	國立嘉義大學	幼兒教育研究所	5
10	黃惠珍	碩士	印尼山口洋客家話研究	國立中央大學	客家語文研究所	5
11	梁心俞	碩士	印尼西加地區海陸客語接觸研究	輔仁大學	語言學研究所	5
12	劉鴻德	碩士	在醫療與醫學專業之間：邱仕榮及其同時代臺大醫院與臺灣醫學	國立政治大學	歷史研究所	5
13	彭靖純	碩士	竹東地區客家山歌研究	臺北市立教育大學	應用語言文學研究所	5
14	鍾佩林	碩士	住屋空間營造中的身體與生活空間互動之研究	中原大學	室內設計學系研究所	7
15	黃靖嵐	碩士	東部客家？花蓮玉里二個客家社區的族群關係和族群認同之研究	國立中央大學	客家社會文化研究所	7

16	何純惠	碩士	花蓮玉里四海客家話研究	國立中興大學	中國文學研究所	5
17	劉憶萱	碩士	客家聚落之產業、地景與記憶變遷：以大湖草莓為例	國立中央大學	客家社會文化研究所	5
18	翁貴美	碩士	客家數位學習推動成效之研究——以哈客網路學院與客語能力認證網為例	國立中央大學	客家政治經濟與政策研究所碩士在職專班	5
19	呂茗芬	碩士	屏東地區閩客雙方言接觸現象——以保力、武洛及大埔為例	國立高雄師範大學	臺灣語言及教學研究所	5
20	莊青祥	碩士	屏東高樹大路關地區之拓墾與聚落發展之研究	國立高雄師範大學	客家文化研究所	5
21	賴維凱	碩士	屏東高樹大路關與內埔客家話比較研究	國立中央大學	客家語文研究所	5
22	吳素萍	碩士	屏東縣新埤鄉糞箕湖地區的拓墾與聚落發展之研究	國立高雄師範大學	客家文化研究所	7
23	彭志明	碩士	苗栗地方政治與族群關係之研究——以 2008 年單一選區兩票制立委選舉為例	國立中央大學	客家政治經濟與政策研究所碩士在職專班	5
24	柯佩怡	碩士	原文為法文。（中譯：從二月戲之儀式與音樂論美濃客家族群身分之建構）	法國國立巴黎第八大學	音樂學研究所	5
25	蘇宜馨	碩士	涂敏恆客家創作歌謠研究（1981～2000）	國立臺北教育大學	音樂系	5
26	林信丞	碩士	從客家雜誌分析臺灣客家形象之變遷	國立交通大學	傳播研究所	5
27	林聖蓉	碩士	從番界政策看臺中東勢的拓墾與族群互動（1761～1901）	國立臺灣大學	歷史學研究所	7
28	楊舜云	碩士	從傳統到創新：臺灣客家服飾文化在當代社會的過渡與重建	輔仁大學	織品服裝研究所	5

29	陳倚幼	碩士	探討宗教社群的組織活動與信仰特色：以中壢慈惠堂為例	國立中央大學	客家社會文化研究所	5
30	黃桂蓉	碩士	移民與永興村的形成與發展——從日本移民到客家移民	國立花蓮教育大學	鄉土文化研究所	5
31	周怡然	碩士	終戰前苗栗客家地區鸞堂之研究	國立中央大學	客家社會文化研究所	5
32	廖晨佐	碩士	都市客家的族群性——以臺北市通化街為例	國立中央大學	客家社會文化研究所	5
33	吳詩怡	碩士	博物館展示與客家記憶	國立中央大學	客家社會文化研究所	5
34	溫志維	博士	渡海客家文化的研究——以臺灣南部美濃鎮的土地伯公為例	大阪藝術大學	藝術研究所	10
35	張容嘉	碩士	閑聊（Gossip）中客家常民的歷史意識	國立中央大學	客家社會文化研究所	5
36	許瑛玳	碩士	雲林詔安客家文化圈的歷史形成——以崙背、二崙兩鄉鎮為例	國立中央大學	客家社會文化研究所	5
37	林瑜蔚	碩士	新加坡當鋪業與客家	國立中央大學	客家政治經濟研究所	5
38	吳憶雯	碩士	新竹峨眉地區的拓墾與社會發展（1834～19	逢甲大學	歷史與文物研究所	7
39	左春香	碩士	葉日松客語現代詩研究	臺北市立教育大學	應用語言文學研究所	5
40	詹閔旭	碩士	跨界地方認同政治：李永平小說（1968～1998）與臺灣鄉土文學脈絡	國立清華大學	臺灣文學研究所	5
41	張為閔	碩士	臺海兩岸海豐客語之變異及其研究	國立新竹教育大學	臺灣語言與語文教育研究所	5

42	詹俐俐	碩士	臺灣客家創作歌曲在客語教學上的運用：以陳永淘為例	國立交通大學	客家社會與文化在職專班研究所	5
43	徐貴榮	博士	臺灣饒平客話音韻的源與變	國立新竹教育大學	臺灣語言與語文教育研究所	10
44	陳秀琪	博士	閩南客家話音韻研究	國立彰化師範大學	國文研究所	15

民國 98 年度【共 75 案】 總計 495 萬元						
編號	作者	學位	論文題目	畢業學校	系所	獎助金（萬元）
1	鍾振斌	碩士	（放棄）運轉手作家——黃火廷客語鄉土小說中个客家文化探究（六堆四縣腔）	國立高雄師範大學	客家文化研究所	6
2	賴惠真	碩士	《羅芳伯傳奇》中的認同與流離	國立交通大學	客家社會與文化碩士在職專班	6
3	林銘嬈	碩士	「藍衫樂舞團」展演客家樂舞之形式及文化意涵	國立屏東教育大學	客家文化研究所	3
4	李雅婷	碩士	1987～2008 年臺灣客家議題發展之研究：以客家雜誌為例	國立中央大學	客家政治經濟研究所	6
5	王雅筑	碩士	九二一重建地區文化產業政策對居民認同之影響——以新社客家社區為例	國立中央大學	客家研究碩士在職專班	6
6	鍾文誌	碩士	內埔地區北客移民及文化之探討	國立高雄師範大學	客家文化研究所	6
7	白雅蘋	碩士	內埔鄉客家地區媽祖信仰之研究	國立高雄師範大學	客家文化研究所	6
8	劉相宜	碩士	六堆地名與客家發展	國立中央大學	客家社會文化研究所	6

9	鍾啟光	碩士	六堆客家特色商品網路行銷策略之研究	國立屏東科技大學	客家文化產業研究所	7
10	彭映淳	碩士	文化創意產業感性行銷之研究——以苗栗三義木雕為例	國立中央大學	客家政治經濟研究所	6
11	張嘉盈	碩士	以客語為母語的兒童習得被動式之實證研究	國立臺灣師範大學	英語所	7
12	王鈺涵	碩士	功德與長生：新埔廟宇祿位研究	國立交通大學	客家社會與文化碩士在職專班	6
13	吳意芳	碩士	幼稚園實施客家文化教學之行動研究	國立臺東大學	幼兒教育所	5
14	徐巧昀	碩士	民眾觀賞客家電視臺節目觀感之實證研究	國立中央大學	客家政治經濟研究所	6
15	洪志彥	碩士	地方派系政治與社團網絡關係之研究——以苗栗縣頭份鎮長選舉為例	國立中央大學	客家研究碩士在職專班	6
16	易星萍	碩士	我不住在「竹籬笆」：一個外省女性的客家村落生命史（1950～1980）	國立交通大學	客家社會與文化碩士在職專班	5
17	徐業華	碩士	社區主義觀點探討閒置空間再利用——以新屋鄉農會穀倉為例	國立中央大學	客家政治經濟研究所	6
18	張瑟玉	碩士	社區政策對地域發展之影響：以新竹縣橫山鄉為例	國立中央大學	客家政治經濟研究所	6
19	廖致苡	碩士	花蓮地區客語阿美語接觸研究	國立中央大學	客家語文研究所	6
20	彭瑞麟	碩士	金廣福文教基金會參與客家地區社區營造之研究	國立中央大學	客家研究碩士在職專班	6
21	葉瓊枝	碩士	客家山歌歌詞研究——以數字為句首的山歌為例	國立中央大學	客家研究碩士在職專班	6

22	李瑞珍	碩士	客家地區新移民政策理論之社會網絡分析：以苗栗縣外籍配偶家庭服務中心通譯員方案為例	國立中央大學	客家研究碩士在職專班	6
23	李怡萱	碩士	客家花布產業發展之研究：以資源基礎的觀點	國立中央大學	客家政治經濟研究所	7
24	吳信慧	碩士	客家桐花祭政策網絡關係之研究：以苗栗縣為例	國立中央大學	客家研究碩士在職專班	7
25	萬智宇	碩士	客家族群社區參與之研究——以南桃園地區社區發展協會為例	國立中央大學	客家政治經濟研究所	6
26	林均屏	碩士	客家創意米食產業經營策略之研究——以平衡計分卡觀點	國立中央大學	客家政治經濟研究所	6
27	鄧盛有	博士	客家話的古漢語和非漢語成分分析研究	國立中正大學	中國文學系	10
28	鄭中信	碩士	客家話趨向詞「轉」語法探析——以臺灣東勢大埔腔為例	國立屏東教育大學	中國語文學系碩士班	5
29	宋菁玲	碩士	客家電視新聞處理型態與影響之研究	國立中央大學	客家研究碩士在職專班	5
30	劉曉蒨	碩士	客語小稱詞之研究	國立新竹教育大學	臺灣語言與語文教育研究所	7
31	賴玉英	碩士	客語方位詞「上」、「下」的語法功能與語義分析	國立聯合大學	客家語言與傳播研究所	6
32	徐肇謙	碩士	客語四縣腔失語症患者語言評估測驗之初步發展	國立新竹教育大學	臺灣語言與語文教育研究所	6
33	鍾芳廉	碩士	客語生活學校實施現況與成效分析——以屏東縣內埔國小為例	國立屏東教育大學	客家文化研究所	5
34	強舒媺	博士	客語潛能補語構式之事件概念與論元體現：認知模型與構式理論之整合	國立政治大學	語言學研究所	15

35	宋慶財	碩士	屏東縣六堆地區觀光休閒產業競爭優勢與發展策略之研究——資源基礎理論的觀點	國立屏東科技大學	客家文化產業研究所	6
36	邱坤玉	碩士	屏東縣萬巒鄉佳佐地區漢人開墾之研究：以陳超家族為例	國立高雄師範大學	客家文化研究所	7
37	李雪香	碩士	屏東縣萬巒鄉客家伙房民宿可行性評估與發展策略之研究	國立屏東科技大學	客家文化產業研究所	8
38	邱秀宇	碩士	政府政策行銷策略成效之研究——以客家桐花祭活動為例	國立中央大學	客家政治經濟研究所	6
39	李銘偉	碩士	科技媒材於包裝應用之研究——以行動條碼導入美濃地區醬菜包裝為例	樹德科技大學	應用設計研究所	6
40	吳昭慧	碩士	美濃龍肚清水宮的福首與堂主	國立交通大學	客家社會與文化碩士在職專班	5
41	張莉涓	碩士	苗栗客家山歌研究——以頭份鎮、造橋鄉、頭屋鄉、公館鄉為例	國立中興大學	中國文學系	7
42	黃筠軒	碩士	苗栗造橋客家八音樂師蘇添富之研究	國立臺北藝術大學	音樂學系碩士在職專班	8
43	劉道明	碩士	苗栗縣企業經營者對縣府推動地方經濟發展政策認知與施政滿意度之研究	國立聯合大學	經濟與社會研究所	8
44	江寶琴	碩士	苗栗縣國民小學客語生活學校客語教學實施現況之研究	國立聯合大學	客家語言與傳播研究所	5
45	古永智	碩士	桃園縣國民中學學生對客語教學效能之研究	國立中央大學	客家研究碩士在職專班	5
46	張家誠	碩士	桐花意象對產品加值影響之研究	大葉大學	設計暨藝術學院碩士班	6

47	徐瑜瀅	碩士	高高屏地區實施「客語生活學校」學生對客家歌謠態度調查研究	國立屏東教育大學	音樂學系碩士班	7
48	賴文英	博士	區域方言的語言變體研究：以桃園新屋客語小稱詞為例	國立新竹教育大學	臺灣語言與語文教育研究所	15
49	陳瑞霞	碩士	從書院到鸞堂：以苗栗西湖劉家的地方精英角色扮演為例（1752～1945）	國立交通大學	客家社會與文化碩士在職專班	6
50	羅永正	碩士	從臺灣客家飲食文化資產初探簡易創造思考技法之研究	長庚大學	企業管理研究所	6
51	范夢婷	碩士	從還我客家母語運動論母語受教權之憲法保障	國立臺灣大學	國家發展研究所	7
52	呂佩如	碩士	清代竹塹東部內山地區的拓墾：以合興庄為主軸的探討（1820～1895）	國立交通大學	客家社會與文化碩士在職專班	7
53	冉明珠	碩士	通霄地區的客家族群在語言使用上的隱形行為初探	國立聯合大學	客家語言與傳播研究所	6
54	陳怡妃	碩士	新瓦屋客家花鼓之研究	國立新竹教育大學	音樂教學碩士班	7
55	呂亭慧	碩士	新竹縣新埔鎮的客語轉移現象：三代家庭的個案研究	中原大學	應用外國語文學系	7
56	賴奇廷	碩士	新屋鄉埤圳空間、水利社群與祭祀圈變遷之研究	東海大學	建築所	6
57	蔡宏杰	碩士	楊梅客家話語音變化和語言轉移研究	國立臺灣師範大學	國文學系	6
58	楊蕙嘉	碩士	當代客家流行音樂的族群再現與文化認同	元智大學	資訊社會學研究所	6
59	李郁屏	碩士	萬巒鄉客家婦女「俾間角」的敘事分析	國立高雄師範大學	客家文化研究所	7
60	吳聲淼	碩士	隘墾區伯公研究：以新竹縣北埔地區為例	國立中央大學	客家社會文化研究所	7

61	黃美珍	碩士	聚落、信仰與地方精英：以美濃二月戲為例	國立交通大學	客家社會與文化碩士在職專班	6
62	葉韋岑	碩士	臺北市客家餐廳整合行銷傳播之研究	國立中央大學	客家政治經濟研究所	6
63	鍾駿楠	碩士	臺灣客家大戲發展研究	逢甲大學	中國文學系	7
64	薛雲峰	博士	臺灣客家史觀：以義民與1895乙未抗日戰爭為例	國立臺灣大學	國家發展研究所	15
65	黃彥菁	碩士	臺灣客家童謠以〈月光光〉起興作品研究	國立中央大學	客家語文研究所	6
66	鄭怡方	碩士	臺灣客家傳仔《陳白筆》之研究	國立屏東科技大學	客家文化產業研究所	6
67	楊惠如	碩士	臺灣客家獅之研究	國立中央大學	客家社會文化研究所	7
68	邱美穎	碩士	臺灣客家話時間副詞研究	國立中央大學	客家語文研究所	6
69	湯琬君	碩士	臺灣客家話語用測驗及其腦事件相關電位研究	國立新竹教育大學	臺灣語言與語文教育研究所	7
70	黃硯鋼	碩士	臺灣客家諺語之教化功能研究	臺北市立教育大學	中國語文學系碩士班	5
71	謝育真	碩士	閩客族群選舉動員之比較——以苗栗縣為例	東海大學	政治學研究所	6
72	宋炫志	碩士	數位典藏網站之建置應用於中堆與後堆客家文化景點之保存	國立屏東科技大學	客家文化產業研究所	7
73	雅衛依·撒韻	碩士	賽夏五福宮——一個合成文化的研究	輔仁大學	宗教學系	8
74	何淑華	碩士	鍾理和地誌書寫與認同形構歷程研究	國立東華大學	中國語文學系	6

| 75 | 高菊珠 | 碩士 | 藍染與六堆地區文化創意產業發展之研究 | 國立屏東科技大學 | 客家文化產業研究所 | 6 |

| 民國 99 年度【共 83 案】 |||||||
| 總計 534 萬元 |||||||
編號	作者	學位	論文題目	畢業學校	畢業系所	獎助金（萬元）
1	徐建芳	碩士	（放棄）新屋海陸客家話詞彙研究	國立新竹教育大學	臺灣語言與語文教育研究所	6
2	鍾君勵	碩士	「大苗栗客語新聞」客家族群相關報導之內容分析	國立聯合大學	客家語言與傳播研究所	5
3	徐億君	碩士	「文化治理」中的不對等權力關係——以桃園縣客家文化館為例	國立中央大學	客家社會文化研究所	5
4	吳思瑤	碩士	「竹東鎮客家山歌比賽」對於臺灣客家山歌發展之影響	國立臺北藝術大學	音樂學研究所	10
5	張瑞蘭	碩士	一個客家庄新移民子女語文能力與生活適應之研究	國立聯合大學	客家語言與傳播研究所	7
6	楊東翰	碩士	人物類數位典藏加值應用之研究——以桃園縣客家文化館之鄧雨賢文化加值產品設計為例	國立雲林科技大學	設計運算研究所	5
7	蘇軒正	碩士	大埔、豐順客家話的比較研究	國立中央大學	客家研究碩士在職專班	6
8	蕭敏君	碩士	不只是價格——建構生產端農產價值的可能性	國立雲林科技大學	文化資產維護研究所	5
9	莊蘭英	碩士	六堆地區客家特色產業消費心理向度及行銷策略之研究——以屏東內埔地區為例	國立屏東科技大學	客家文化產業研究所	6

10	劉美芝	碩士	六堆地區客家掛紙文化之研究	國立屏東科技大學	客家文化產業研究所	7
11	林慧婷	碩士	六堆客家祖牌紋飾的分析與應用	國立屏東科技大學	客家文化產業研究所	5
12	許祐菖	碩士	六堆傳統民居匠師研究	國立高雄師範大學	客家文化研究所	8
13	吳煬和	博士	文教、信仰與文化建構──臺灣六堆敬字風俗研究	國立東華大學	民間文學研究所	12
14	黃秋菊	碩士	以客家之名：後堆客籍新移民女性自我形塑之探討	國立屏東科技大學	客家文化產業研究所	8
15	羅晧寧	碩士	以食物為信仰之鍊：靈巖山寺苗栗分會女性信徒為例	國立聯合大學	經濟與社會研究所	5
16	歐淑芬	碩士	以整合性科技接受模式探究哈客網路學院數位學習之研究	國立聯合大學	資訊與社會研究所	5
17	謝職全	碩士	四海話小稱詞的功能及其使用：以新竹縣新豐鄉為例	國立新竹教育大學	臺灣語言與語文教育研究所	7
18	王彩霞	碩士	民間信仰與族群關係：以竹南頭份造橋五穀宮為例	國立交通大學	客家社會與文化碩士在職專班	6
19	徐雨薇	碩士	永定新舊移民之客家話比較──以楊梅鎮秀才窩與蘆竹鄉羊稠村為例	國立中央大學	客家語文研究所	7
20	楊舒涵	碩士	年輕客家女性的族群認同與性別角色經驗	國立交通大學	客家社會與文化碩士在職專班	5
21	彭心怡	博士	江西客贛語的特殊音韻現象與結構變遷	國立中興大學	中國文學系博士班	15
22	潘秋伶	碩士	系譜·屋家·女兒：一個粵東宗族組織重建與蛻變的探討	國立清華大學	人類學研究所	6

23	黃靖雯	碩士	東南亞的「客家」意涵：英殖民馬來亞的華人分類過程	國立中央大學	客家社會文化研究所	10
24	李泉祿	碩士	武平中山鎮客家話研究	國立中央大學	客家研究碩士在職專班	5
25	劉如意	碩士	社區如何展現能動性：在地與空間的研究，以臺灣竹北六家地區為例	國立暨南國際大學	人類學研究所	7
26	戴惠婷	碩士	客家元素在現代舞蹈的應用——以光環舞集為例	國立中央大學	客家研究碩士在職專班	6
27	張顯薰	碩士	客家文化元素在吉祥物之造形設計研究	國立臺北教育大學	文化產業學系暨藝文產業設計與經營碩士班	6
28	趙志豪	碩士	客家文化傳遞中學校與社區的角色探究——以南投縣國姓鄉為例	國立暨南大學	公共行政與政策學系碩士在職專班	6
29	林惠珊	碩士	客家文學中的女性形象與主體敘事	國立高雄師範大學	客家文化研究所	6
30	徐海倫	碩士	客家民謠的族群意識分析——以《臺灣客家民謠薪傳》為例	輔仁大學	大眾傳播學研究所	6
31	劉澤玲	碩士	客家米食文化在銅鑼傳統飲食中的傳承	國立高雄餐旅學院	臺灣飲食文化產業研究所	5
32	劉建宏	碩士	客家社團成員參與行為意向之研究——以解構式計畫行為理論觀點	國立中央大學	客家政治經濟研究所	6
33	李淑琴	碩士	客家流行樂團之研究——以「山狗大」為例	國立新竹教育大學	音樂學系音樂教學碩士班	6
34	辛玉如	碩士	客家區域生產制度之研究——以東勢鎮換工制度為例	國立高雄師範大學	客家文化研究所	6

35	張慧君	碩士	客家採茶婦女的勞動意識——以新竹縣峨眉鄉為例	國立中央大學	客家社會文化研究所	7
36	賴郁如	碩士	客家族群的再次遷移與內在關係：以屏東縣長治鄉為例	國立高雄師範大學	客家文化研究所	5
37	溫麗榮	碩士	客家意象融入舞蹈教學之行動研究：以苗栗縣建功國小三年級舞蹈班為例	國立中央大學	客家研究碩士在職專班	5
38	王秀雲	碩士	客家節慶活動的網絡治理途徑分析——以南投縣國姓鄉「搶成功系列活動」發展歷程為例	國立暨南國際大學	公共行政與政策學系碩士在職專班	5
39	潘成旺	碩士	客家電視臺對客家產業發展之影響	國立屏東科技大學	客家文化產業研究所	6
40	黃如鎂	碩士	客家電影《一八九五》在不同族群青少年閱聽人下的解讀研究	國立交通大學	客家社會與文化碩士在職專班	7
41	李依鎧	碩士	客家與非客家特色學校跨部門合作之研究	國立中央大學	客家政治經濟研究所	5
42	張國志	碩士	客語兒向言語的字調聲學研究	國立聯合大學	客家語言與傳播研究所	7
43	黃倖慧	碩士	客語能力認證政策對話之研究——利害關係人觀點	國立中央大學	客家政治經濟研究所	6
44	戴秋怡	碩士	屏東客家印尼華僑離散之個案研究	國立屏東教育大學	客家文化研究所	7
45	宋兆裕	碩士	屏東高樹鄉大路關廣福村客家話研究	國立高雄師範大學	臺灣文化及語言研究所	7
46	陳玫如	碩士	美濃地區不同世代的客家族群對客家飲食文化的認知及飲食行為之相關研究	臺南科技大學	生活應用科學研究所	5
47	吳連昌	碩士	美濃客家民間信仰與聚落關係之研究	國立屏東教育大學	客家文化研究所	7

48	賴惠敏	碩士	苗栗客家地區的媽祖信仰——以苗栗銅鑼天后宮為例	國立交通大學	客家社會與文化碩士在職專班	6
49	張文姜	碩士	哥倆好，一對寶？客家地區之社區營造困境分析——以新竹縣關西鎮金錦社區為例	國立交通大學	客家社會與文化碩士在職專班	6
50	黃淑貞	碩士	桃園地區三官大帝廟宇楹聯研究	臺北市立教育大學	中國語文學系語文教學碩士班	6
51	劉淑惠	碩士	國小客語教科書的性別角色內容分析	國立聯合大學	客家語言與傳播研究所	7
52	陳玉樺	碩士	國民小學客語教科書性別之內容分析	國立臺北教育大學	多元文化教育教學碩士班	6
53	張光誠	碩士	從土地移轉、貸款數量之差異探討客家人的理財觀——以日治時期六堆竹田閩客聚落為例	國立屏東科技大學	客家文化產業研究所	7
54	徐主驊	碩士	從地景觀點探討萬巒居民的地方認同	國立中央大學	客家社會文化研究所	6
55	陳碧妍	碩士	從家族連結到公益網絡之社區治理：以平鎮義民社區發展為例	國立中央大學	客家研究碩士在職專班	5
56	涂惠枝	碩士	從符號觀點論六堆地區長衫形制之意涵	國立屏東科技大學	客家文化產業研究所	6
57	陳美蓉	碩士	從傳統到現代：客家電視臺新聞華客語詞彙對應與轉換之探析	國立聯合大學	客家語言與傳播研究所	6
58	黃于真	碩士	設計策略下客家文化元素之探討	國立臺灣藝術大學	工藝設計學系碩士班	6
59	張宏欣	碩士	造橋鄉的開發與社會經濟發展（1763～1945）	逢甲大學	歷史與文物研究所	5

60	黃琬喬	碩士	尋找客家影像：臺灣電影中客家族群表現與形象分析研究（1973〜2008）	國立高雄師範大學	客家文化研究所	7
61	黃秀媛	碩士	揭西五雲鎮客家話的音韻研究	國立中央大學	客家研究碩士在職專班	6
62	吳靜宜	碩士	越南華人遷移史與客家話的使用──以胡志明市為例	國立中央大學	客家語文研究所	7
63	蕭宇佳	碩士	鄉村社區永續發展──以新竹北埔聚落為例	國立中央大學	客家政治經濟研究所	6
64	黃明泰	碩士	傳統聚落以文化景觀為保存方式之研究──以雲林縣「七欠」地區為例	國立雲林科技大學	空間設計系碩士班	6
65	姜閔仁	碩士	新竹沿山地區家族之發展──以北埔新姜家族為例（1856〜1945）	逢甲大學	歷史與文物研究所	5
66	林育瑩	碩士	新竹縣社區照顧關懷據點服務的供需差異與滿意度之研究	實踐大學	社會工作學系碩士班	6
67	林明	碩士	新埔柿餅節的「打手」：節慶與關鍵行動者	國立臺灣大學	生物產業傳播暨發展學系碩士班	10
68	徐國庭	碩士	粵籍畫師邱鎮邦彩繪之研究	國立臺灣藝術大學	造形藝術研究所──古蹟組	10
69	陳琇君	碩士	農村經濟與社區營造──大湖草莓園區與薑麻園產業發展的比較研究	國立交通大學	客家社會與文化碩士在職專班	7
70	劉兆書	碩士	臺南楠西地區江姓宗族發展歷程研究	國立高雄師範大學	客家文化研究所	5
71	林玉珍	碩士	臺灣四縣客語飲食烹調動詞語義及其文化意涵	國立聯合大學	客家語言與傳播研究所	6
72	賴文慧	碩士	臺灣汀州客二次移民研究：以苗栗縣造橋鄉平興村謝姓家族為例	國立交通大學	客家社會與文化碩士在職專班	5

73	黃雪珠	碩士	臺灣灶神信仰研究——以五指山灶君堂為例	國立臺灣師範大學	臺灣文化及語言文學研究所	6
74	謝淑援	碩士	臺灣客家俗諺中的數詞研究	國立屏東教育大學	客家文化研究所	7
75	李佩芝	碩士	臺灣客家電影之敘事與文化意涵研究	國立屏東科技大學	客家文化產業研究所	7
76	巫嘉翔	碩士	臺灣苗栗四縣客語述結式詞彙化研究	國立新竹教育大學	臺灣語言與語文教育研究所	7
77	羅苡榛	碩士	臺灣苗栗地域社群之構成：「以芎中七石隆興」為例	國立交通大學	客家社會與文化碩士在職專班	7
78	林上能	碩士	認識你的第二十四年：一個兒子的敘說探究	國立臺北教育大學	心理與諮商學系碩士班	5
79	莊雪安	碩士	閩客通婚家庭成員對客家族群認同之研究	佛光大學	社會學系碩士班	7
80	徐汎平	碩士	廣東五華客家話比較研究	國立中央大學	客家語文研究所	6
81	吳俊毅	碩士	線上客語語音合成系統中產生韻律訊息之研究	國立中興大學	資訊科學與工程學系碩士班	7
82	江裕春	碩士	龍潭椪風茶文化研究——在地知識的傳承	國立高雄餐旅學院	臺灣飲食文化產業研究所	5
83	張孟涵	碩士	關西饒平客家話調查研究——以鄭屋、許屋為例	國立中央大學	客家語文研究所	7

民國 100 年度【共 105 案】 總計 528 萬元						
編號	作者	學位	論文題目	畢業學校	系所	獎助金（萬元）
1	謝錦綉	碩士	（放棄）義民信仰與族群互動——以嘉義褒忠義民廟為例	南華大學	建築與景觀學系環境藝術碩士班	X

2	謝易珉	碩士	「六堆鬧熱季」——六堆客家文化創意設計	國立高雄師範大學	視覺設計學系	4
3	林月貞	碩士	「客家日」鄉土教學課程設計之研究——以高雄市美濃區廣興國小為例探討	國立屏東教育大學	文化創意產業學系	4
4	徐鳳敏	碩士	「客語 e 學堂」應用在特殊兒童客語詞彙學習之研究	國立聯合大學	客家語言與傳播研究所	4
5	廖慧娟	碩士	「莫忘祖宗言！」：「後客運世代」面臨的「客家性」要求	國立政治大學	社會學系	5
6	陳右欣	碩士	「客家花布」？「臺灣花布」？的設計文化現象研究	國立雲林科技大學	創意生活設計系	5
7	連卜慧	碩士	2002～2010 年臺灣主要報紙對客家桐花報導之研究	國立中央大學	客家政治經濟研究所	5
8	吳昭英	碩士	乙未戰役中桃竹苗客家人抗日運動之研究	國立政治大學	日本語文學系碩士班	4
9	吳沅芷	碩士	三首客家揚琴作品之分析與詮釋	國立臺灣藝術大學	中國音樂學系	4
10	張正揚	碩士	小農的地方知識與變遷適應：旗美社區大學「有機」實踐之敘事分析	國立高雄師範大學	客家文化研究所	6
11	林珍慧	碩士	中寮鄉客家話的語言接觸現象	國立中央大學	客家語文研究所	4
12	邱怡亭	碩士	公私協力輔助客家傳統聚落保存之研究——以屏東縣五溝水聚落為例	國立屏東教育大學	文化創意產業學系	4
13	曾秋梅	碩士	六堆客語手腳動作詞探討	國立屏東教育大學	文化創意產業學系	4
14	劉銀丹	碩士	以公私協力推動客家文化發展之研究——平鎮客家書院之經驗	國立中央大學	客家研究碩士在職專班	4
15	賴書琦	碩士	以情感理論的觀點探討社區參與和角色互動歷程——以頭屋鄉獅潭社區為例	國立聯合大學	經濟與社會研究所	4

16	羅丞邑	碩士	以資料探勘之技術解決線上客語語音合成系統中多音字發音歧義之研究	國立中興大學	資訊網路與多媒體研究所	5
17	陳正浩	碩士	以劇場理論研究地方文化館——以苗栗臉譜文化生活館為例	國立聯合大學	經濟與社會研究所	5
18	童啟美	碩士	以優選理論分析美濃客語陰平變調	國立政治大學	語言學研究所	4
19	黃詩涵	碩士	由古書契論北淡地區客家移墾——以汀州客江、潘二氏為例	淡江大學	漢語文化暨文獻資源研究所	6
20	劉宏釗	碩士	石岡客家婦女九二一災後生命歷程的民族誌	國立交通大學	客家社會與文化在職專班研究所	6
21	曾昭儒	碩士	地方文化行銷策略研究——以新竹縣新埔鎮客家古蹟文化為例	國立臺北大學	公共行政暨政策學系碩士在職專班	5
22	黃宏至	碩士	地方產業通路建構之網絡治理探討：公館鄉紅棗產業為例	國立聯合大學	經濟與社會研究所	4
23	黃信洋	博士	多重認同困境與臺灣文學——以吳濁流與王幼華為例	國立政治大學	社會學系	8
24	賴怡瑾	碩士	西湖賴家與苗栗沿山地區之拓墾	國立中興大學	歷史學系	4
25	鍾明光	碩士	利用行動者網絡理論檢視公眾參與地理資訊系統——以美濃黃蝶翠谷為案例	國立臺灣大學	地理環境資源學系碩士班	4
26	楊素萍	碩士	李喬「寒夜三部曲」之客家女性形象研究——以葉燈妹為核心	國立中興大學	臺灣文學與跨國文化研究所	4
27	黃慎智	碩士	金漢柿餅文化產業園區經營策略研究	國立臺北大學	民俗藝術研究所	5
28	陳祉霓	碩士	南部客家八音曲牌【五大調】的傳統與移植——以陳能濟《客家八音複協奏曲》及陳樹熙《八音協奏曲》為例	國立臺北藝術大學	音樂學研究所	5

29	鄭鈺靜	碩士	客家高齡婦女之成功老化感知探討	國立成功大學	老年學研究所	4
30	魏瑞伸	碩士	客家民俗節慶的蛻變：以臺中東勢新丁粄節為例	國立中央大學	客家研究碩士在職專班	4
31	林錫霞	碩士	客家文化意象的想像與建構：以勝興國際桐花村為例	國立聯合大學	經濟與社會研究所	5
32	張素惠	碩士	客家花布的符號消費與族群認同	國立中央大學	客家研究碩士在職專班	4
33	田姝榛	碩士	客家非營利組織與地方互動關係之研究——以東勢義渡社會福利基金會為例	國立中央大學	客家研究碩士在職專班	4
34	傅世杰	碩士	客家流行音樂之研究——以陳永淘為例	國立新竹教育大學	音樂學系	4
35	劉興偉	碩士	客家流行音樂的創作與實踐：解析金曲獎入圍客語專輯	國立聯合大學	客家語言與傳播研究所	5
36	黃詩瑜	碩士	客家特色產業與地方發展：以銅鑼杭菊為例	國立中央大學	客家社會文化研究所	5
37	游靖宇	碩士	客家產業政策成效評估之研究	國立中央大學	客家政治經濟研究所	5
38	孫連成	碩士	客家義民形象及義民爺信仰的建構——文獻與影視的交融互證	國立臺灣師範大學	歷史學系	6
39	張葳箴	碩士	客家語文融入國中國文教學研究	國立臺灣師範大學	國文學系	5
40	陳美智	碩士	客家語教學支援工作人員工作滿意與組織承諾之研究——以桃園縣為例	國立中央大學	客家研究碩士在職專班	4
41	羅原廷	碩士	客家廣告中的俗民生活再現與操作——以客家文化節慶廣告為例	國立聯合大學	客家語言與傳播研究所	6
42	徐美容	碩士	客家諺語在國民小學教學上之應用研究	國立新竹教育大學	臺灣語言與語文教育研究所	4

43	曾淑珠	碩士	客家雜誌如何建構族群意識——以 Toulmin 論辯理論為分析架構	國立聯合大學	客家語言與傳播研究所	4
44	彭成億	碩士	客語生活學校與社區組織協力治理之研究——以桃園縣中平國小布馬陣活動為例	國立中央大學	客家研究碩士在職專班	4
45	林瑞菊	碩士	客語兒童早期習得否定句研究	國立聯合大學	客家語言與傳播研究所	4
46	陳嘉惠	碩士	後龍溪上游地域社會之形成：以獅潭鄉竹木村南衡宮為核心之研究	國立交通大學	客家社會與文化在職專班研究所	4
47	徐于舜	碩士	流域與區域：鳳山溪流域交通發展史	國立中央大學	客家研究碩士在職專班	4
48	陳嬿羽	碩士	苗栗公館泥坡子陳立富家族在臺的拓墾與發展	國立中興大學	歷史學系	6
49	賴怡瑾	碩士	苗栗樟腦產業的鑲嵌與轉型：以東華樟腦廠為例	國立聯合大學	經濟與社會研究所	5
50	徐國寶	碩士	苗栗縣國小舞龍運動的傳承、轉化與創新推廣	國立聯合大學	經濟與社會研究所	5
51	邱嬿誼	碩士	香茅產業的興衰與發展——以苗栗縣大湖鄉為例	國立聯合大學	客家語言與傳播研究所	6
52	黃郁舒	碩士	家族、茶廠與地方派系：以苗栗縣獅潭鄉北四村為例之探討	國立交通大學	客家社會與文化在職專班研究所	4
53	江怡臻	碩士	徐松榮及其客家風格音樂作品之研究	國立新竹教育大學	音樂教學碩士班	6
54	陳憲炎	碩士	桃園縣客家文化館組織定位與治理模式之研究	國立中央大學	客家研究碩士在職專班	4
55	羅一貴	碩士	桃園縣國小推動客語生活學校計畫之成效——政策行銷的角度	國立中央大學	客家研究碩士在職專班	4

56	湯九懿	碩士	浮羅山背的豆蔻產業與客家族群	國立中央大學	客家社會文化研究所	6
57	嚴苹菁	碩士	紙糊大士爺及其儀式的探討：以新埔枋寮義民廟2009年中元為例	國立交通大學	客家社會與文化在職專班研究所	5
58	古芸禎	碩士	國民小學推展客家八音教學之研究——以苗栗地區三所學校為例	國立新竹教育大學	音樂學系	4
59	祝養廉	碩士	從地方治理觀點析探土城桐花節	國立中央大學	客家研究碩士在職專班	5
60	張正田	博士	從族群關係看清代臺灣桃竹苗地區義民信仰區域差異——以清代苗栗堡為觀察中心	國立政治大學	歷史學系	12
61	林怡安	博士	從極簡主義看漢語名詞組結構	英國劍橋大學	語言學系博士班	8
62	連梓鈞	碩士	從語言接觸之觀點探討客家聚落的族群互動關係——以新屋鄉笨港村為例	國立中央大學	客家政治經濟研究所	4
63	洪珮瑜	碩士	族群產業與網路：以印尼商店為例	國立中央大學	客家社會文化研究所	4
64	星純子	博士	現代臺灣社區運動的地方社會學——高雄縣美濃鎮社會運動、民主化與社區總體營造	日本東京大學	綜合文化研究所博士班	8
65	曾齡祺	碩士	祭祀社群、儀式與祭品——平鎮東勢建安宮個案分析	國立交通大學	客家社會與文化在職專班研究所	4
66	高婉如	碩士	移動的家園：南投縣神木村遷村的民族誌研究	國立暨南國際大學	人類學研究所	6
67	藍清水	碩士	被遺忘的外省客家移民——戰後河婆客的集體記憶與認同之分析	國立中央大學	客家文化研究所	5

68	江覲文	碩士	發展客庄聚落文化與生態觀光策略之研擬以——「屏東縣萬巒鄉五溝水社區為例」	國立中央大學	客家政治經濟研究所	4
69	洪馨蘭	博士	敬外祖與彌濃地方社會之型塑：圍繞一個臺灣六堆客家方言社群之姻親關係所展開的民族誌	國立清華大學	人類學研究所	12
70	陳樺潔	碩士	新北市客家社團公民社會化之研究：CIVICUS 公民社會指標的初探	國立中央大學	客家政治經濟研究所	4
71	游明潔	碩士	新竹金山面聚落產業變遷之研究	國立中央大學	客家政治經濟研究所	5
72	張美娟	碩士	新竹饒平客語詞彙研究	國立中央大學	客家語文研究所	4
73	蔡芳霞	碩士	葉日松山水田園詩修辭之研究	國立東華大學	中國語文學系	5
74	溫曼伶	碩士	資訊科技融入客語教學之研究——以五年級製作客語電子繪本為例	國立聯合大學	客家語言與傳播研究所	4
75	王欣瑜	碩士	跟我們的土地羅歌：林生祥與鍾永豐的音樂文本與社會實踐	國立清華大學	臺灣文學研究所	5
76	謝淑芳	碩士	跨文化溝通與客家文化之再生產：以苗栗客家地區新住民女性配偶為例	國立聯合大學	客家語言與傳播研究所	5
77	林貴珠	碩士	聚落、祭祀與禮生——以杉林區莿仔寮祭祀活動為觀察中心	國立屏東科技大學	客家文化產業研究所	4
78	廖俊龍	碩士	臺閩兩地詔安客語語音比較研究	國立新竹教育大學	臺灣語言與語文教育研究所	4
79	徐姿華	碩士	臺灣大埔客語時間名詞研究	國立新竹教育大學	臺灣語言與語文教育研究所	4
80	廖聖雲	碩士	臺灣六堆客家地區三獻禮儀式之研究	國立屏東教育大學	中國語文學系	5

81	劉敏貞	碩士	臺灣客家女性諺語中的文化意涵研究	臺北教育大學	臺灣文化研究所	4
82	吳川鈴	碩士	臺灣客家山歌的運用分析研究	國立屏東教育大學	文化創意產業學系	4
83	馮詠書	碩士	臺灣客家令子的內涵及其在教育上之應用	國立屏東教育大學	文化創意產業學系	5
84	李雪莉	碩士	臺灣客家俗諺語在國小鄉土語言教學之研究	國立屏東教育大學	文化創意產業學系	4
85	林宥涵	碩士	臺灣客家美濃油紙傘文化及其圖像視覺之研究	臺南應用科技大學	視覺傳達設計系碩士班	4
86	廖倫光	博士	臺灣客家納骨葬法與墳墓體系	中原大學	設計學研究所	12
87	楊瑞美	碩士	臺灣客家鬼神相關諺語的文化解析	國立中央大學	客家研究碩士在職專班	4
88	蘇秀婷	博士	臺灣客家採茶戲之發展及其文本形成研究	國立政治大學	中國文學系博士班	12
89	陳瑞珠	碩士	臺灣客家族群的跨國認同與文化建構：以泰國臺灣客家同鄉會為例	國立中央大學	客家社會文化研究所	4
90	王保鍵	博士	臺灣客家運動與《客家基本法》	國立臺灣大學	國家發展研究所	8
91	彭曉貞	碩士	臺灣客語分類詞諺語：隱喻與轉喻之應用	國立政治大學	語言學研究所	4
92	吳育仲	碩士	臺灣客語現代詩田園主題作品研究	國立屏東教育大學	文化創意產業學系	4
93	謝瑞珍	碩士	臺灣客語廣播節目播放客家勸善歌之研究	國立聯合大學	客家語言與傳播研究所	5
94	楊寶蓮	博士	臺灣客語勸世文之研究——以〈娘親渡子〉為例	臺北市立教育大學	中國語文學系博士班	10
95	劉映暄	碩士	臺灣現代客家流行音樂女性創作者生命史之研究——以羅思容為例	國立臺灣大學	國家發展研究所	5

96	謝進興	碩士	與蔬菜有關之臺灣客家俗諺語研究	國立新竹教育大學	臺灣語言與語文教育研究所	4
97	黃智絹	碩士	遠渡重洋的美食——臺灣客家擂茶的流變	國立中央大學	客家社會文化研究所	5
98	廖志軒	碩士	熟番客家化之研究：以竹塹社錢皆只派下為中心	國立中央大學	客家社會文化研究所	6
99	劉榮昌	碩士	戰後客家流行音樂的發展與形構	國立中央大學	客家社會文化研究所	4
100	徐幸君	碩士	戰後臺灣北部客家茶產業經營性格	國立中央大學	客家社會文化研究所	4
101	陳建傑	碩士	戰後臺灣客家政治案件之研究——胡海基案之個案分析	東海大學	政治學研究所	5
102	陳康宏	碩士	戰後臺灣客家運動之研究——以《客家風雲雜誌》與《客家雜誌》為中心	國立臺灣大學	國家發展研究所	4
103	何翎綵	碩士	鍾理和所輯客家山歌研究	國立中興大學	中國文學系	4
104	李文玫	博士	離散、回鄉與重新誕生：三位客家女性的相遇與構連	輔仁大學	心理所	12
105	黃智群	碩士	體驗行銷導入鐵道文化遺產營運之研究——以舊山線復駛為例	國立聯合大學	經濟與社會研究所	4

| 民國 101 年度【共 135 案】 | | | | | | |
總計 636 萬元						
編號	作者	學位	論文題目	畢業學校	系所	獎助金（萬元）
1	黃筱婷	碩士	〈姜紹祖抗日歌〉研究	國立新竹教育大學	中國語文學系碩士班	4

2	劉書瑀	碩士	《寒夜三部曲》中客家女性與男性角色之研究	國立聯合大學	客家語言與傳播研究所	4
3	胡紫雲	博士	《舞臺上的文化、記憶與空間：臺灣客家女性現代劇》（Culture, Memory, and Spaceon Stage: The Construction of Female Hakka Contemporary Theatre in Taiwan）	英國艾斯特大學	戲劇系	8
4	謝媄婷	碩士	「客家文化館運作之政策網絡分析：六堆客家文化園區與桃園縣客家文化館之比較」	國立中正大學	政治學系碩士班	5
5	黃怡雯	碩士	三義客家飲食文化真實性之研究	靜宜大學	觀光事業學系碩士班	4
6	何志男	碩士	六堆地區四縣腔客語聲調比較研究	國立屏東教育大學	文化產業學系碩士班	4
7	李芃蓁	碩士	六堆客家人與臺灣本土黑豬之文化建構	國立屏東科技大學	客家文化產業研究所	4
8	劉信呈	碩士	六堆客家文化園區體驗行銷之研究	國立臺北大學	公共行政暨政策學系碩士班	4
9	劉于銓	碩士	六堆嘗會與地域社會：以瀰濃舊聚落為例（1736～1905）	國立臺灣師範大學	臺灣史研究所	5
10	涂美芳	碩士	文化保存與文化治理：以新瓦屋客家文化保存區為例（2005～2010）	國立中央大學	客家社會文化研究所	5
11	羅宜青	碩士	文字／電子時代的口傳技藝展演——以客家婚禮場域的四句聯為例	國立聯合大學	客家語言與傳播研究所	4
12	范智盈	碩士	日本殖民對客家話的影響：以客語中的日語借詞為例	國立聯合大學	客家語言與傳播研究所	5

13	柯光任	碩士	日治以來彰南地區客家移民與竹塘醒靈宮之研究	逢甲大學	歷史與文物研究所	6
14	傅彩惠	碩士	日治時期苗栗街聚落發展與變遷（1895～1945）	國立新竹教育大學	社會學習領域教學碩士班	4
15	彭馨平	碩士	日治時期臺灣的客語教材研究——以《廣東語集成》為例	國立臺灣師範大學	臺灣文化及語言文學研究所	5
16	陳俊安	碩士	日治時期臺灣總督府新竹地區的客家社會統治：以《警友》雜誌為例	國立中央大學	客家社會文化研究所	6
17	謝惠如	碩士	日據時期北客再次移民之發展歷程研究：以雲林縣林內鄉、莿桐鄉為例	國立高雄師範大學	客家文化研究所	5
18	楊秋賢	碩士	水利開發與地區發展互動之研究：以頭前溪北岸九芎林為例（1775～1945）	國立交通大學	客家社會與文化學程碩士班	5
19	許惠捷	碩士	北埔在地客家認同的浮現與轉化	國立清華大學	社會學研究所	4
20	姜明雄	碩士	巧聖仙師廟與清代東勢地方社會（1761～1895）	國立臺中教育大學	區域與社會發展學系碩士班	4
21	宋文琳	碩士	幼兒園運用客語沉浸式教學之探討——以屏東縣內埔鄉一所全客語幼兒園為例	國立屏東科技大學	客家文化產業研究所	4
22	劉佳琪	碩士	幼稚園實施客家文化之鄉土教學研究	國立臺北教育大學	幼兒與家庭教育學系碩士班	4
23	鍾宛旋	碩士	母語與第二語間的音韻互動干擾——以桃竹苗閩客接觸為例	國立新竹教育大學	臺灣語言與語文教育研究所	5
24	黃雅欣	碩士	地方有線電視客語新聞之閱聽人收視行為研究：以大苗栗客家話新聞為例	國立交通大學	客家社會與文化學程碩士班	4
25	王千道	碩士	地方社會的衝突調解——以苗栗縣獅潭鄉調解委員會為例	國立聯合大學	經濟與社會研究所	4

26	黃郁鈞	碩士	地方產業的創新與行銷──獅潭鄉兩個案的分析	國立聯合大學	客家語言與傳播研究所	4
27	黃蓓馨	碩士	地方節慶活動行銷之策略研究──以苗栗桐花祭為例	銘傳大學	公共事務學系碩士班	4
28	羅金卿	碩士	竹南中港慈裕宮祭江洗港儀式的聖俗場域實踐	國立聯合大學	經濟與社會研究所	4
29	唐鶯妮	碩士	竹南龍鳳宮建大神像對宗教場域的影響	國立聯合大學	經濟與社會研究所	4
30	楊朝傑	碩士	西螺溪下游地區宗教活動與人群關係──以西螺街媽祖信仰為中心	國立政治大學	民族學系碩士班	5
31	張添群	碩士	宗教型非營利組織經營管理與社會資本之關係──以新埔義民廟為例	國立暨南國際大學	公共行政與政策學系碩士班	4
32	羅瑞枝	碩士	東勢地區三山國王信仰之淵源與流變	國立交通大學	客家社會與文化學程碩士班	5
33	林柔辰	碩士	枋寮義民廟義民爺信仰之擴張與演變	國立中央大學	客家社會文化研究所	5
34	李美儀	碩士	物、家族與時間觀：以臺中縣土牛客家文化館展示為例	國立臺北藝術大學	博物館研究所	4
35	鍾肇騰	博士	花東地區客家高齡學習者生活品質、學習需求、學習態度與自我發展關係之研究	國立高雄師範大學	成人教育研究所	10
36	姜禮誠	碩士	花蓮地區客家義民信仰的發展與在地化	國立東華大學	臺灣文化學系碩士班	4
37	何瑞珍	碩士	非營利組織傳揚客家文化之研究──以新竹縣客家文化發展協會客語童詩創作為例	國立中央大學	客家研究碩士在職專班	5
38	林功尉	碩士	非營利組織與推廣地方文化活動之探討──以屏東縣五個客家社團為例	國立屏東科技大學	客家文化產業研究所	4

39	徐仁清	碩士	客庄全景導覽與虛擬博物館整合應用——以新竹縣地方展館為例	國立聯合大學	資訊與社會研究所	4
40	曾瑞媛	博士	客家山歌之節奏研究	在中教育大學	教育學系博士班	10
41	黃俊榜	碩士	客家文化內涵形塑空間形式之探討	國立臺灣師範大學	設計研究所設計創作班	5
42	林年進	碩士	客家文化的推廣與傳承：以高雄市四大庄頭客家社會團體為例	國立高雄師範大學	客家文化研究所	4
43	范莉萍	碩士	客家文化影視教學研究——以電視劇《寒夜》為例	國立交通大學	客家社會與文化學程碩士班	5
44	徐千惠	碩士	客家地區醫療院所企業社會責任——以天晟醫院推動社區健康營造為例	國立中央大學	客家政治與經濟研究所	4
45	蔚乙亘	碩士	客家庄婚姻圈的流動——以日治時期萬巒鄉成德村為例	國立屏東科技大學	客家文化產業研究所	4
46	何瑞玲	碩士	客家宗族與在地社會變遷——以新竹新豐鳳山崎何氏宗族為例	國立中央大學	客家研究碩士在職專班	5
47	羅美香	碩士	客家社團社會資本與組織發展關聯之研究——以新北市板橋客屬會為例	國立中央大學	客家研究碩士在職專班	4
48	林素珍	碩士	客家俗諺中性語言之研究	國立屏東教育大學	文化產業學系碩士班	4
49	廖中秋	碩士	客家政策效益之實證研究——以桃園縣為例	國立中央大學	客家研究碩士在職專班	4
50	吳岱穎	碩士	客家流行歌曲的產製與宣傳方式之初探	國立聯合大學	客家語言與傳播研究所	4
51	賴彥澄	碩士	客家族群都會隱形化與公民參與——以臺北市為例	國立中央大學	客家政治與經濟研究所	5

52	劉家良	碩士	客家符號建構之研究——以桐花為例	國立中央大學	客家研究碩士在職專班	4
53	邱玫瑩	碩士	客家飲食文化之建立與延續——以苗栗公館福菜為例	國立聯合大學	經濟與社會研究所	4
54	黃鈫玲	碩士	客家飲食傳承與族群認同	國立中央大學	客家社會文化研究所	4
55	鍾來金	碩士	客家傳統豆豉產業的發展與未來：以屏東縣內埔鄉為例	國立屏東科技大學	客家文化產業研究所	4
56	謝乾桶	碩士	客家敬字亭文化與運作——以新竹縣新豐扶雲社為例	國立中央大學	客家研究碩士在職專班	4
57	嚴珮瑜	碩士	客家新聞獎中記者的實踐感	國立聯合大學	客家語言與傳播研究所	5
58	張倩斐	碩士	客家節慶活動旅遊效益之研究——以新埔義民節為例	國立中央大學	客家政治與經濟研究所	4
59	曾燕春	碩士	客家話詈罵語研究	國立中央大學	客家研究碩士在職專班	5
60	張雅婷	碩士	客家電視臺年度電視劇之客家形象分析	國防大學	新聞學系碩士班	4
61	林慧欣	碩士	客家電視臺旅遊節目滿意度指標之研究	國立高雄師範大學	客家文化研究所	4
62	涂淑芬	碩士	客家影像紀錄與族群傳播：以社區大學學員作品為例	國立聯合大學	客家語言與傳播研究所	4
63	徐瑞琴	碩士	客家親屬相關俗諺之研究	國立中央大學	客家研究碩士在職專班	4
64	余惠媛	碩士	客家釋教喪葬儀式及其音樂之研究——以苗栗縣「廣福壇」之午夜公德儀式為例	國立新竹教育大學	音樂學系音樂教學碩士班	4

65	邱蕙芳	碩士	客語及華語「起來」的研究	國立新竹教育大學	臺灣語言與語文教育研究所	4
66	陳乃華	碩士	客語生活學校實施海陸腔客家語教學個案研究——以快樂國小為例	國立嘉義大學	幼兒教育學系碩士班	4
67	傅麗萍	碩士	客語兒向語塞音之研究	國立聯合大學	客家語言與傳播研究所	4
68	古秀上	碩士	客語薪傳師團隊協同教學之建構與實踐——以客語魔法學院為例	國立臺灣師範大學	臺灣語言學系碩士班	4
69	黃秀枝	碩士	客籍人士與高雄市政治發展關係——以高雄市議會為中心（1946～2010）	國立高雄師範大學	客家文化研究所	5
70	林麗菁	碩士	客籍女性支援教師在鄉土語言教育中之教學實踐經驗	國立屏東科技大學	客家文化產業研究所	4
71	劉秀俐	碩士	屏東六堆地區的稻米文化	國立屏東科技大學	客家文化產業研究所	5
72	李瑞光	碩士	屏東市林仔內河婆話之聲韻研究	國立高雄師範大學	客家文化研究所	5
73	彭怡珍	碩士	建構服務淨值指標於客家傳統節慶活動之研究	國立聯合大學	資訊與社會研究所	4
74	李雪菱	碩士	後(后)堆福泉堂關公民間信仰之研究	國立屏東教育大學	文化創意產業學系碩士班	4
75	劉竹娟	碩士	苗栗市四縣腔客家話中性問句研究	國立新竹教育大學	臺灣語言與語文教育研究所	4
76	劉正懋	碩士	苗栗陳家班北管八音團吹場音樂之研究	國立新竹教育大學	音樂學系碩士班	4
77	羅霓	碩十	食物、日常經驗與族群互動：東河的客家與賽夏	國立交通大學	客家社會與文化學程碩士班	5
78	胡凱怡	碩士	家庭教育資本與學生英語學習成就之相關性探討：以苗栗一般地區與偏遠地區學校作比較	國立聯合大學	經濟與社會研究所	4

79	林雅婷	碩士	桃園閩客交界地帶的族群空間分布特色與族群互動關係	國立臺灣師範大學	地理學系碩士班	6
80	李晉瑋	碩士	海陸腔客語母音的聲學研究	國立政治大學	語言學研究所	5
81	郭旭芳	碩士	高雄市夜合客家文化藝術季之文化治理與權力脈絡	國立高雄應用科技大學	觀光與餐旅管理研究所	4
82	許舒雅	碩士	區域保存之實踐：以桃園縣客家生活體驗園區為例	國立臺北藝術大學	建築與文化資產研究所	4
83	鍾政凱	碩士	國民小學社會學習領域教科書客家文化教材之內容分析研究	國立屏東教育大學	文化產業學系碩士班	4
84	許淑梅	碩士	國民小學客家語教材內容特性之分析研究——以康軒版為例	國立屏東教育大學	文化產業學系碩士班	4
85	徐碧珠	碩士	國民小學客家語教科書學習內容之比較分析	國立聯合大學	客家語言與傳播研究所	5
86	范姜淑雲	碩士	常民文化與隱喻：臺灣客家山歌的植物意象之研究	國立臺灣師範大學	臺灣語文學系碩士班	5
87	黎育叡	碩士	從小美園到雲華園（1922～2011）：女伶視角下的客家戲班	國立交通大學	客家社會與文化學程碩士班	6
88	黃貴財	碩士	從文化景觀脈絡因子剖析聚落紋理保存價值與管理：以大茅埔客家聚落為例	中州科技大學	工程技術研究所	4
89	古雪雲	碩士	從技術創新與文化鑲嵌看苗栗地區梨作轉型	國立聯合大學	經濟與社會研究所	5
90	沈曉瑩	碩士	從客語聖經翻譯看臺灣教會客家運動	國立臺灣師範大學	臺灣語文學系碩士班	5
91	郭士國	碩士	族群型代表性行政機關課責之研究——以我國中央與地方客家行政機關為例	國立中央大學	法律與政府研究所	4

92	張毓真	碩士	清代枋寮義民廟廟產之擴增與經理人制度：《義民總嘗簿》之解讀與分析（1835～1894）	國立交通大學	客家社會與文化學程	5
93	黃圓惠	碩士	移動在兩個家庭之間：北臺灣印尼客家女性的認同與情感民族誌	國立交通大學	客家社會與文化學程碩士班	5
94	吳蘊蓁	碩士	都市客家隱形化現象之析探——以中壢市為例	國立中央大學	客家研究碩士在職專班	4
95	蘇嬿祺	碩士	陸河客家話研究	國立中央大學	客家研究碩士在職專班	4
96	陳奕良	碩士	博物館展示中的地方知識：三義木雕的詮釋	國立臺北藝術大學	博物館研究所	4
97	郭謙民	碩士	曾文忠繪畫藝術之研究	中華大學	企業管理學系碩士班	4
98	郭婉宜	碩士	湖南平江客家話位移動詞「落」的多義性研究	國立中央大學	客家語文研究所	5
99	戴伶伊	碩士	湖南平江縣、攸縣、新田縣客家話音韻研究	國立中央大學	客家語文研究所	5
100	謝丰蓁	碩士	傳承的堅持與適應——以新竹地區客家八音藝人彭宏男及「關西祖傳隴西八音團」為例	國立臺南藝術大學	民族音樂學研究所	6
101	麥桂齡	碩士	新竹縣「客家聚落」的歷史變遷——以竹東鎮軟橋里為例	國立中央大學	客家研究碩士在職專班	4
102	鍾蕎憶	碩士	新移民女性在客家庄創業之研究	國立東華大學	族群關係與文化學系	4
103	邱美玲	碩士	當代平埔族竹塹社的族群認同：以「祭祀公業竹塹社七姓公」成員為核心的探索	國立交通大學	客家社會與文化學程碩士班	6
104	林恩銘	碩士	當前客家宣教之分析：以中壢地區客家教會與信徒為對象	國立中央大學	客家社會文化研究所	5

105	林秋香	碩士	資訊科技融入客語教學之行動研究——以高樹國小二年級學生為例	國立屏東教育大學	文化產業學系碩士班	4
106	劉貞鈺	碩士	農村體驗節慶推廣活動如何建構遊客地方依附：以2010年新埔鎮「新埔心‧照門情」節慶活動為例	國立交通大學	客家社會與文化學程碩士班	4
107	張筱君	碩士	農業體驗遊程之遊客滿意度及消費行為：以新埔鎮金漢柿餅教育園區為例	國立交通大學	客家社會與文化學程碩士班	4
108	許占文	碩士	遊走在族群邊緣：一個客家聚落的經社變遷	國立聯合大學	經濟與社會研究所	5
109	朱國志	碩士	電視媒體與公共領域的互動：以客家電視臺《村民大會》為例	國立聯合大學	客家語言與傳播研究所	4
110	蔡宗儒	碩士	電影中客家青少年意象及其心理分析：以童年往事、青春無悔、美麗時光三部電影為例	國立聯合大學	客家語言與傳播研究所	4
111	王淑慧	碩士	嘉義地區客語教學與推展研究——以中埔鄉為例	國立中正大學	臺灣文學研究所	4
112	邱郁芬	碩士	臺北市客家文化治理策略之研究——以客家文化主題公園為例	國立中央大學	客家研究碩士在職專班	4
113	覃培清	碩士	臺泰跨國婚姻文化適應現象：以南桃園客家庄泰籍妻子為例	國立中央大學	客家社會與文化研究所	5
114	賴建宇	碩士	臺灣中部東勢地區客家山歌之研究	國立臺中教育大學	音樂學系碩士班	5
115	賴淑芬	博士	臺灣南部客語的接觸演變	國立新竹教育大學	臺灣語言與語文教育研究所	10
116	彭鳳貞	博士	臺灣客家族群政策建構研究——國際視野下之發展策略	文化大學	中山與中國大陸研究所博士班	10
117	羅玉芝	碩士	臺灣客家話的閩南語借詞及其共同詞研究	國立中央大學	客家語文研究所	5

118	葉德聖	碩士	臺灣客家運動之未來方程式：形成與發展（1987～2012）	國立臺灣大學	國家發展研究所	6
119	鍾秀金	碩士	臺灣客家與原住民民間故事之動物變形比較研究	國立中央大學	客家研究碩士在職專班	6
120	黃美鴻	博士	臺灣客家語句型教學：教材句型結構分析及教學架構之建立	國立新竹教育大學	臺灣語言與語文教育研究所	12
121	李賢明	碩士	臺灣華客語口譯現狀及未來發展	國立中央大學	客家研究碩士在職專班	5
122	彭琇筠	碩士	舞臺展演者之女性主體性研究——以桃竹苗地區客家婦女為例	國立聯合大學	客家語言與傳播研究所	4
123	吳美枝	碩士	語言使用與客家認同關係之研究——以三義鯉魚潭村為例	國立聯合大學	客家語言與傳播研究所	5
124	陳慶英	碩士	鄭煥小說死亡書寫研究	國立屏東教育大學	中國語文學系語文教學碩士班	4
125	傅珍紹	碩士	學校與社區協力發展客家本位特色課程之研究——以桃園縣中平國小為例	國立中央大學	客家研究碩士在職專班	4
126	蔡宜娟	碩士	親密與衝突的母女關係：以客家女性論述傳承為例	國立中央大學	客家社會文化研究所	5
127	陳治瑋	碩士	龍潭鄉客家生態旅遊策略之分析	國立中央大學	客家政治與經濟研究所	4
128	廖政期	碩士	應用 ZMET 技術探討客家電視臺員工對於組織發展願景之研究	世新大學	傳播管理學系碩士班	4
129	黃雅蕙	碩士	應用手持式行動導覽裝置之遊客體驗設計評估研究：以新社商圈為例	國立交通大學	客家社會與文化學程碩士班	4

編號	作者	學位	論文題目	畢業學校	系所	獎助金（萬元）
130	吳俐臻	碩士	賽夏族客家話使用現況研究——以南庄鄉東河村為例	國立聯合大學	客家語言與傳播研究所	5
131	鍾靜怡	碩士	鍾理和文學作品中的客家女性研究	國立東華大學	中國語文學系碩士班	5
132	陳霖	碩士	關西地區客家婚俗變遷之研究（1935～2010）	國立新竹教育大學	社會學習領域教學碩士班	4
133	劉美玲	碩士	釋教打血盆儀式的意涵、流變與傳承：以新竹縣橫山鄉春盛壇為例	國立交通大學	客家社會與文化學程碩士班	6
134	莊郡綉	碩士	體驗行銷、體驗價值與行為意向研究：以苗栗公館地方特色餐廳「紅棗食府」為例	國立聯合大學	經濟與社會研究所	4
135	徐碧霞	碩士	鸞堂型村廟的儀典與組織：以苗栗頭屋雲洞宮為例	國立交通大學	客家社會與文化學程碩士班	5

民國 102 年度【共 80 案】 總計 411 萬元						
編號	作者	學位	論文題目	畢業學校	系所	獎助金（萬元）
1	徐素珍	碩士	「全國客家日」的地方治理與文化傳播——以苗栗市為例	國立聯合大學	客家語言與傳播研究所碩士班	4
2	謝志煜	碩士	三義木雕博物館經濟效益分析	國立聯合大學	經濟與社會研究所碩士班	4
3	黃芳雲	碩士	內灣線之研究（1946～2011）	國立交通大學	客家社會與文化碩士在職專班	4
4	吳珮菱	碩士	公私協力參與客家文化生活環境營造之研究——以桃園縣龍潭鄉水田老屋客庄研究調查計畫為例	國立中央大學	客家政治經濟研究所碩士班	4

5	張苑宜	碩士	六堆客家傳統民宅書卷裝飾藝術之研究	國立屏東科技大學	客家文化產業研究所碩士班	5
6	徐瑩婷	碩士	文本與再現：客家特色商品文創元素分析	中國文化大學	新聞學系碩士班	4
7	陳煒翰	碩士	以優選理論分析兩個客語方言之連續變調	國立政治大學	語言學研究所	5
8	林玟佑	碩士	地方文化產業發展與網絡治理策略——以苗栗舊山線鐵道為例	國立臺北大學	公共行政暨政策學系碩士班	4
9	吳藍功	碩士	寺廟與地方社會之研究：以中壢市仁海宮為例（1945～2013）	元智大學	社會暨政策科學學系碩士班	6
10	陳巍元	碩士	江西客家方言音韻研究	臺北市立教育大學	中國語文學系碩士班	6
11	許家綺	碩士	竹東地區客家婦女改宗之生命歷程研究——以改革宗長老教會及中華基督教信義會厚賜堂為例	國立交通大學	客家社會與文化碩士在職專班	5
12	莊翔宇	碩士	西螺街市發展與新街廣福宮之建立	國立臺北藝術大學	建築與文化資產研究所碩士班	4
13	涂瑞儀	碩士	吳濁流的漢詩研究	國立彰化師範大學	臺灣文學研究所碩士班	5
14	潘蓉慧	碩士	我國地方客家事務行政機關文官角色認知與行為之研究：代表性文官理論的觀點	國立中央大學	客家政治經濟研究所碩士班	5
15	邱啟展	博士	我國客家族群政策之研究——當代自由主義正義論觀點	國防大學	政治學系政治博士班	8
16	林璟瑜	碩士	杜潘芳格、利玉芳、張芳慈客語詞彙風格比較研究	國立彰化師範大學	臺灣文學研究所碩士班	5
17	王純玉	碩士	系列電視宣導節目再現客家族群形象之研究：《感動石客》個案	國立政治大學	廣告學系	5

18	姜禮海	碩士	宗族形成與變遷：以新竹縣新豐鄉姜朝鳳宗族第三房為例	國立交通大學	客家社會與文化碩士在職專班	5
19	鄭家韻	碩士	居民對觀光衝擊的認知與態度——以臺灣客家鄉鎮東勢鎮為例	University of Exeter	Tourism Development and Policy	5
20	謝瑜鴻	碩士	放藥包——尋找鄉民的醫藥百寶袋	國立聯合大學	經濟與社會研究所碩士班	4
21	邱金惠	碩士	邱連輝與屏東客家族群政治發展之探究（1959～1995）	國立屏東科技大學	客家文化產業研究所碩士班	4
22	林瑞梅	碩士	青春作伴好還鄉：美濃後生社區實踐經驗	國立高雄師範大學	客家文化研究所	4
23	劉怡君	碩士	非客籍地區「客家兒童歌謠」教學之行動研究	國立屏東教育大學	文化創意產業學系碩士班	4
24	彭竹筠	碩士	客庄女性創業歷程探究：以新竹北埔哈克愛、竹東阿金姐、新埔柿染坊為例	國立交通大學	客家社會與文化碩士在職專班	5
25	江細珠	碩士	客庄天主教耶穌會的發展與變遷——以老湖口天主堂為例	國立交通大學	客家社會與文化碩士在職專班	5
26	許芳容	碩士	客家文化元素應用於創意服飾商品開發之研究	國立臺北教育大學	文化創意產業經營學系碩士學位 EMBA 在職進修專班	5
27	林依瑾	碩士	客家文化創意產業工作者之工作動機、組織激勵與工作滿足感	世新大學	行政管理學院行政管理學系碩士班	4
28	官武德	碩士	客家地區農村年輕力量之研究——以新竹縣北埔鄉南埔村為例	國立交通大學	客家社會與文化碩士在職專班	4

29	林桂玲	博士	客家地域社會組織的變遷——以北臺灣「嘗會」為中心的討論	國立清華大學	歷史研究所博士班	15
30	黃春芳	碩士	客家安徒生——張捷明童話研究	玄奘大學	中國語文學系碩士班	5
31	李嘉敏	碩士	客家男性的性別角色形象與生命經驗	國立聯合大學	經濟與社會研究所碩士班	4
32	譚文杏	碩士	客家新意象的想像與形塑：以客委會形象廣告為例	國立交通大學	客家社會與文化碩士在職專班	4
33	范華香	碩士	客家擂茶文化產業競爭優勢之探討	國立中央大學	客家研究碩士在職專班	5
34	絲一婷	碩士	客家藝師徐木珍研究	國立臺灣師範大學	民族音樂研究所碩士班	6
35	楊惠玲	博士	客語、華語及閩南語的語法化：以否定字為例，兼論模態、時貌及疑問標記	Arizina State University	Department of English, Linguistcs	8
36	黃奕學	碩士	客語及韓國漢字詞同形詞彙之古漢語成分比較研究	國立臺灣師範大學	東亞學系碩士班	4
37	郭淑珠	碩士	客語兒向語的擦音聲學分析：以東勢大埔腔為例	國立聯合大學	客家語言與傳播研究所	4
38	李美德	碩士	客語兒向語語音發展的個案研究	國立聯合大學	客家語言與傳播研究所碩士班	4
39	楊修泯	碩士	客語教學多媒體維基百科建置與使用性評估之研究	國立聯合大學	資訊與社會研究所碩士班	4
40	魏俊瑋	碩士	客語無聲調拼音輸入法之研究與實作	國立中興大學	資訊科學與工程學系	5

41	邱羽翎	碩士	屏東縣六堆地區客語學校國小高年級學生族群認同與客語學習態度之研究	國立屏東教育大學	教育行政研究所教育行政碩士在職專班	4
42	張靖委	碩士	恆春地區東片山客無到聚落研究	國立臺北藝術大學	建築與文化資產研究所	6
43	劉紹豐	碩士	美濃地區家塚形制及其文化意涵研究	國立屏東科技大學	客家文化產業研究所碩士班	5
44	林永恩	碩士	苗栗三山國王信仰及其地方社會意涵	國立交通大學	客家社會與文化碩士在職專班	4
45	劉曉薇	碩士	苗栗地區油茶產業鏈及其建構鑲嵌	國立聯合大學	經濟與社會研究所	5
46	王碧雲	碩士	苗栗客家女性飲食文化的實踐	國立聯合大學	經濟與社會研究所碩士班	4
47	宋華敏	碩士	苦難、勞動、關係的建構：北臺灣客庄婦女的生命敘事分析	國立交通大學	客家社會與文化碩士在職專班	4
48	袁文華	碩士	桃園縣客語薪傳師協會與政府協力推動客家文化之研究	國立中央大學	客家研究碩士在職專班	4
49	江欣潔	碩士	馬來西亞沙巴龍川客家話研究	國立中央大學	客家語文研究所碩士班	5
50	謝智旭	碩士	健康城市建構下——客庄地區失能老人居家服務滿意度調查研究：以苗栗縣為例	國立聯合大學	經濟與社會研究所	4
51	黃秀嫻	碩士	國小學童客語混腔及其因應策略研究：以桃園縣三個國小為例	國立中央大學	客家社會文化研究所	4
52	黃美珠	碩士	國姓鄉1948年來臺之陸豐客話研究	國立中央大學	客家語文研究所	4

53	林賢奇	碩士	從 2008、2012 年政黨投票看客家族群政黨傾向——以客家文化重點發展區為例	國立中央大學	客家研究碩士在職專班	5
54	莊瑞蘭	碩士	從市場變遷觀點——論戰後北埔茶產業史（1946～2011）	國立交通大學	客家社會與文化碩士在職專班	5
55	李科旻	碩士	清代新竹鳳山溪流域閩客族群空間分布之探討	國立臺灣師範大學	地理學研究所	6
56	徐靜蘭	碩士	清代臺灣北部霄裡地區客家七姓移墾之研究	國立中央大學	客家研究碩士在職專班	5
57	呂欣芸	碩士	清代臺灣客家人文的人際網絡——以吳子光為中心	國立中央大學	客家社會文化研究所碩士班	5
58	陳家旻	碩士	清末北埔族群、家族分布之空間意涵	國立臺灣師範大學	地理教學碩士班	5
59	鍾春枝	碩士	現階段客家文化資產傳承之研究——以桃園縣觀音鄉為例	國立中央大學	客家社會文化研究所碩士班	4
60	黃玉嬌	碩士	都市客家隱形化之族群認同經驗	國立中央大學	客家研究碩士在職專班	4
61	陳沿佐	碩士	湖南客家話詞彙研究	國立中央大學	客家語文研究所碩士班	5
62	劉勝權	博士	粵北始興客家音韻及其周邊方言之關係	臺北市立教育大學	中國語文學系博士班	10
63	古綺靚	碩士	臺北市客家歌謠班推動客家文化成效之研究——以臺灣客家山歌團為例	國立中央大學	客家政治經濟研究所碩士班	4
64	彭瑞珠	碩士	臺灣、大陸、馬來西亞三地梅縣客家話比較研究	國立中央大學	客家語文研究所碩士班	4
65	王南雁	碩士	臺灣以第三部門主導之社區型藝術活動運作探討——以美濃黃蝶祭為例	東海大學	美術學系碩士班	5

66	潘錦忠	碩士	臺灣客家文學之研究──以新文化史的角度為中心	國立中央大學	客家研究碩士在職專班	5
67	張智凱	碩士	臺灣客家地區傳統建築裝飾藝術之研究	國立臺灣藝術大學	古蹟藝術修護學系碩士班	5
68	藍清水	博士	臺灣客家形成之研究	廣州中山大學	歷史系博士班	10
69	古儀瑩	碩士	臺灣客家宣教：以臺灣基督長老教會「客家宣教中會」為中心	國立中央大學	客家社會文化研究所碩士班	4
70	雷耀龍	碩士	臺灣客家族群權利之制度與實踐	國立臺灣大學	政治學系碩士班	6
71	王子芳	碩士	臺灣客家創作歌謠在客語教學上的應用與成效：以高雄市兩所國小為例	國立高雄師範大學	客家文化研究所	4
72	廖純瑜	碩士	臺灣客家飲食文學的研究	國立中央大學	客家語文研究所碩士班	5
73	孔仁芳	博士	臺灣當代客家歌曲研究與演唱詮釋	輔仁大學	音樂學系博士班	15
74	陳筱琪	博士	閩南西片方言音韻研究	國立臺灣大學	中國文學系博士班	8
75	張書維	碩士	稻作耕作區的變遷：以新竹芎林為例	國立臺灣師範大學	地理學系碩士班	5
76	賴保妃	碩士	賴碧霞勸世文學之研究	逢甲大學	中國文學系碩士班	5
77	王靜若	碩士	頭份街庄客家家庭閩南媳婦的結群與日常	國立交通大學	客家社會與文化碩士在職專班	4
78	徐艾鈴	碩士	濟世與問事：苗栗雲洞宮當代扶鸞活動之研究	國立交通大學	客家社會與文化碩士在職專班	5
79	吳鳳琳	碩士	鍾肇政中、短篇小說女性形象析論	國立屏東教育大學	文化創意產業學系碩士班	6

| 80 | 邱文莉 | 碩士 | 藝術家曾文忠之客家文化美學理念研究 | 國立屏東教育大學 | 文化創意產業學系碩士班 | 4 |

| 民國 103 年度【共 58 案】 | | | | | | |
| 總計 332 萬元 | | | | | | |
編號	作者	學位	論文題目	畢業學校	畢業系所	獎助金（萬元）
1	滑盈如	碩士	（放棄）六堆地區傳統建築彩繪之研究	國立雲林科技大學	建築與室內設計系碩士班	X
2	陳敏萱	碩士	「新生」的 17 哩：砂拉越客家華人新村的地方感與集體記憶	國立交通大學	客家文化學院人文社會學系族群與文化碩士班	5
3	李洛鈴	碩士	「觀」美濃什麼事？——一個客家鄉鎮在不同旅遊階段下的解說策略	國立高雄師範大學	客家文化研究所	5
4	廖錦梅	碩士	1930 年代梅州客家人移民海外歷史印記——以印尼客屬華僑華人際遇為例	國立中央大學	客家語文暨社會科學學系客家研究碩士在職專班	5
5	蕭坤松	碩士	一個客家擴散性聚落之形成及其區域性特色：以南投縣國姓鄉南港村為例	國立暨南國際大學	人類學研究所	5
6	彭淑鈴	碩士	上杭古田客家話研究	國立中央大學	客家語文暨社會科學學系客家語文碩士班	5
7	李中二	碩士	大溪豆干禮俗與飲食研究	國立臺北大學	古典文獻與民俗藝術研究所民俗藝術組	4

8	傅尾蘭	碩士	公館的天神良福與地域社會	國立聯合大學	經濟與社會研究所	4
9	歐美杏	碩士	六堆客家剪紙及其應用之探究──以邱玉雲的作品為例	國立屏東科技大學	客家文化產業研究所	4
10	江嬿乙	博士	日治時期臺灣桃竹苗地區的客家教育（1895～1945）	國立臺灣師範大學	教育學系	12
11	李平周	碩士	以優選理論分析梅縣與曼谷客語變調	國立政治大學	語言學研究所	5
12	鄭玉華	碩士	四川簡陽客家話研究──以踏水鎮為例	國立中央大學	客家語文暨社會科學學系客家語文碩士班	5
13	廖書儀	碩士	四縣客語音位排列與字音韻學：優選理論分析	國立臺灣師範大學	英語系	5
14	黃素珍	碩士	印尼坤甸客家話研究	國立中央大學	客家語文暨社會科學學系客家語文碩士班	5
15	吳季昕	碩士	地方的文化資產保存戰役：以苗栗護窯運動為例	國立聯合大學	客家語言與傳播研究所	5
16	邱曉燕	碩士	西湖溪下游地域社會之形成與變遷	國立交通大學	客家社會與文化研究所	5
17	范瑞嬋	碩士	客庄農村生態社區協力網絡之建構以新竹縣鹿寮坑為例	國立中央大學	客家語文暨社會科學學系客家研究碩士在職專班	5
18	謝佩格	碩士	客家文化園區協力網絡之研究以苗栗縣三園區為例	國立中央大學	客家語文暨社會科學學系客家政治經濟碩士班	5

19	陳芃羽	碩士	客家文物應用於休閒餐飲產業之探究——以美濃地區為例	國立屏東科技大學	客家文化產業研究所	4
20	黃靖嵐	博士	客家文學在臺灣的出現與發展（1945～2010）	國立成功大學	臺灣文學系	15
21	蔡晏榕	碩士	客家外臺戲「活戲」表演及其鑼鼓運用	國立臺北藝術大學	傳統藝術研究所	8
22	黃鈺婷	碩士	客家布袋戲之研究——以山宛然劇團為例	國立新竹教育大學	音樂碩士班	5
23	陳智涵	碩士	客家再移民在地化研究——以草屯張家為例	國立中央大學	客家語文暨社會科學學系客家社會文化碩士班	5
24	賴美芳	碩士	客家伴手禮創意包裝設計之研究：以苗栗縣傳統食品業者為例	國立交通大學	客家社會與文化學程	4
25	徐郁雯	碩士	客家社區產業之社會經濟分析——以桃園縣高原樂活有機村為例	國立中央大學	客家語文暨社會科學學系客家政治經濟研究所	5
26	梁淑霞	碩士	客家度孤儀式的展演及其文化闡釋	國立屏東科技大學	客家文化產業研究所	5
27	劉芯縈	碩士	客家特色產業政策網絡之研究	國立中央大學	客家語文暨社會科學學系客家政治經濟碩士班	5
28	戴國焜	碩士	客家祖塔之形成與發展：以湖口地區宗族為例	國立中央大學	客家語文暨社會科學學系客家社會文化碩士班	5
29	曾莉美	碩士	客語多媒體繪本教學聽說能力學習成效之研究——以國小輕度智能障礙學生為例	國立聯合大學	客家語言與傳播研究所	5

30	謝瑞珍	碩士	客語動物固定語式的譬喻形象色彩與文化意涵	國立新竹教育大學	臺灣語言與語文教育研究所	5
31	鍾怡彥	博士	美濃作家的在地書寫研究	國立中央大學	中國文學系博士班	10
32	林盈如	碩士	苗栗銅鑼客家文化園區跨文化傳播之接收分析	國立聯合大學	客家語言與傳播研究所	4
33	邱容	碩士	桃園官路缺袁姓饒平客家話研究	國立中央大學	客家語文暨社會科學學系客家研究碩士在職專班	5
34	盧佳宜	碩士	桐花圖像做為客家意象最具代表性圖像之適切性研究	國立臺中科技大學	商業設計系碩士班	4
35	徐敏菁	碩士	消費者對臺灣花布色彩偏好之應用研究	嶺東科技大學	視覺傳達設計研究所	5
36	徐賢德	博士	高樹客家話語言接觸研究	臺北市立大學	中國語文研究所	10
37	施縈潔	碩士	清代彰化永靖、埔心、員林地區閩客族群空間分佈及其特色	國立臺灣師範大學	地理學系	8
38	呂展暉	碩士	清領時期芎林、橫山地區客家地域形塑之探討	國立臺灣師範大學	地理學系研究所	5
39	吳姿瑩	碩士	透過網路資訊對客家文化旅遊之目的地意象的探討：以自然語言處理及內容分析法為應用	國立東華大學	國際企業所	5
40	徐碧美	碩士	陳永淘創作歌謠研究	國立中央大學	客家語文暨社會科學學系客家語文碩士班	5
41	江明慧	碩士	新社九庄媽信仰初探——一個從世界觀出發的比較觀點	玄奘大學	宗教學系	5

42	蘇琴	碩士	新埔市街宗祠家廟群文化資產保存核心價值研究	中原大學	設計學系碩士班文化資產組	5
43	許宏勛	碩士	新歷史主義視角下的客家大河小說	國立中央大學	客家語文暨社會科學學系客家語文碩士班	8
44	曾滿堂	碩士	當代客家詩人作品中的花卉意象研究	國立屏東教育大學	文化創意產業學系研究所客家文化組	5
45	袁巧珊	碩士	粵籍畫師劉沛彩繪之研究	國立臺灣藝術大學	古蹟藝術修護學系碩士	5
46	李肇魁	碩士	運用 ADDIE 模式發展多媒體教材以提升中學生學習成效之研究——以初級客語能力認證教材為例	國立聯合大學	資訊與社會研究所	5
47	彭月琴	碩士	福建省永定縣湖坑鎮客家話研究	國立中央大學	客家語文暨社會科學學系客家研究碩士在職專班	5
48	賴佳珍	碩士	臺東福佬客家通婚的家庭語言政策與語言保存	國立臺東大學	華語文學系	5
49	張二文	博士	臺灣六堆客家地區鸞堂與民間文化闡揚之研究	國立東華大學	中國語文系民間文學博士班	15
50	黃珮瑜	碩士	臺灣客家十二生肖俗諺之研究	國立中央大學	客家語文暨社會科學學系客家語文碩士班	5
51	劉素雲	碩士	臺灣客家三腳採茶戲劇本之研究——以〈張三郎賣茶〉「十大齣」為例	國立中央大學	客家語文暨社會科學學系客家研究碩士在職專班	5

52	范姜虹欽	博士	臺灣客家生活故事研究	國立東華大學	中國語文學系民間文學博士班	10
53	楊巽彰	碩士	臺灣詔安客語進行體與持續體研究	國立新竹教育大學	臺灣語言與語文教育研究所	5
54	何純惠	博士	閩西中片客家話與混合方言音韻研究	國立臺灣師範大學	國文學系	10
55	李美珠	碩士	應用 TRIZ 創新方法於客家文化園區服務品質改善	育達科技大學	企業管理研究所	4
56	李惠玉	碩士	鍾鐵民農民小說作品研究	國立屏東教育大學	文化創意產業學系	5
57	柯琬柔	碩士	舊建築再利用的風格創新：以客庄文創產業為例	國立交通大學	客家社會與文化碩士在職專班	4
58	林雨蓉	碩士	觀光化下南庄老街客家文化之變遷	日本立教大學	觀光學研究科	5

民國 104 年度【共 59 案】總計 218 萬元						
編號	作者	學位	論文題目	畢業學校	畢業系所	獎助金（萬元）
1	徐韻如	碩士	大專院校客家學生社團組織運作之研究：以輔大哈客青年社為例	國立聯合大學	客家語言與傳播研究所	3
2	黃雅鈴	碩士	女性在客家喪禮的性別階序與文化意涵：以苗栗地區為例	國立中央大學	客家語文暨社會科學學系客家社會文化碩士班	3
3	林昕緯	碩士	中文轉客文語音合成系統中的文句分析模組之研究	國立中興大學	資訊科學與工程學系	3
4	賴慧珠	碩士	公私協力推動客庄傳統節慶研究：以新竹縣新埔鎮迎花燈活動為例	國立交通大學	客家文化學院客家社會與文化學程	3

5	曾國峰	碩士	六堆客家聚落變遷與新埤意涵之研究——以中堆西勢庄為例	國立屏東科技大學	客家文化產業研究所	3
6	羅紫菱	碩士	六堆客家盤花文化之探究——以內埔、麟洛地區為例	國立屏東科技大學	客家文化產學研究所	3
7	葉正洋	碩士	文化觀光資源運用於遊程設計之研究——以佳冬鄉為例	國立屏東科技大學	客家文化產業研究所	3
8	王宣雅	碩士	日本六級產業理論應用於臺灣地方產業發展之策略——以苗栗公館紅棗產業為例	國立中央大學	客家語文暨社會科學學系客家政治經濟碩士班	3
9	陳芳蘭	碩士	以消費者觀點評估2014客家義民嘉年華活動之贊助效益	致理技術學院	企業管理系服務業經營管理在職專班	5
10	張亞純	碩士	以設計思考模式回應青年族群觀賞客家電視臺的需求分析	國立中央大學	客家語文暨社會科學學系客家政治經濟碩士班	3
11	吳璧君	碩士	以劇場理論探討客家餐廳的創意經營策略與文化體驗設計	國立交通大學	客家文化學院客家社會與文化學程	3
12	楊欣宜	碩士	由農地變遷論六堆客庄地區發展第六級產業評估指標之研究	國立屏東科技大學	客家文化產業研究所	3
13	李萍	碩士	地理資訊系統應用於內埔伯公與聚落變遷之研究	國立屏東科技大學	客家文化產業研究所	3
14	任婕	碩士	改不改宗？客家人的文化觀與宗教信仰選擇——以客福協會為例	國立中央大學	客家語文暨社會科學學系客家社會文化碩士班	5

15	劉錫弘	碩士	宜蘭彰化三山國王信仰之比較研究	國立臺南大學	臺灣文化研究所	3
16	劉懷仁	碩士	東勢地區客家伙房空間構成之研究	國立臺北藝術大學	建築與文化資產研究所	5
17	張永明	碩士	南臺灣無祀信仰的衍化與變異：以內埔客庄無主骨骸奉祀風俗為例	國立屏東科技大學	客家文化產業研究所	3
18	范庭華	碩士	客庄地區土地徵收與區域規劃之研究──客庄地區土地徵收與區域規劃之研究	國立中央大學	客家語文暨社會科學學系客家政治經濟碩士班	3
19	徐世芸	碩士	客庄裡的客人寄居岳家女婿心理調適機制與歷程之研究	國立聯合大學	客家語言與傳播學系碩士班	3
20	林秀珠	碩士	客家文化生活環境營造計畫協力網絡之研究──以桃園市楊梅區為例	國立中央大學	客家語文暨社會科學學系客家研究碩士在職專班	5
21	黃俊琅	碩士	客家外臺「酬神戲」表演藝術研究	佛光大學	藝術學研究所碩士班	3
22	陳瓊伊	碩士	客家長腦產業轉型策略之研究：以臺三線三個案為例	國立中央大學	客家語文暨社會科學學系客家研究碩士在職專班	3
23	廖曼淇	碩士	客家區域社會企業經營模式之建構──以桃園市為例_精要	國立中央大學	客家語文暨社會科學學系客家政治經濟碩士班	3
24	湯怡軒	碩士	客家與他者的關係：以屏東縣佳冬鄉為例	國立高雄師範大學	客家文化研究所	3

25	顧朋	博士	客家與近代中國革命之關係——以太平天國與辛亥革命	國立臺灣大學	國家發展研究所	10
26	鍾玫芳	碩士	客語生活學校對客語傳承的影響——以屏東縣大成國小為例	國立高雄師範大學	客家文化研究所	3
27	李秀蓉	碩士	客語薪傳師實施現況之探討	國立聯合大學	客家語言與傳播研究所	5
28	黃慧貞	碩士	屏東客家人的祈福還願風俗研究	國立屏東科技大學	客家文化產業研究所	3
29	鍾清蘭	碩士	屏東麟洛湧源堂客家觀音信仰之研究	國立屏東教育大學	文化創意產業學系碩士班	3
30	鄭易漢	碩士	苗栗出礦坑的油礦能源開採與客家聚落發展	國立聯合大學	客家研究學院經濟與社會研究所	5
31	李佳樺	碩士	苗栗四縣客語兒童早期名詞詞彙習得	國立聯合大學	客家語言與傳播研究所	3
32	謝璇	碩士	苗栗客家榜龍節慶活動居民參與動機、涉入程度與地方依附之研究 - 以活動體驗為中介變項	天主教輔仁大學	餐旅管理學系碩士班	3
33	宋瑋婷	碩士	桃園縣廣興宋屋與平鎮褒忠祠發展之研究	國立高雄師範大學	客家文化研究所	3
34	葉慧敏	碩士	海陸客家話「打」字詞的語意與結構	國立新竹教育大學	臺灣語言研究與教學研究所	3
35	呂紹任	碩士	海陸客語中的聲調融合現象：口語產生研究	國立交通大學	外國語文學系暨外國文學與語言學碩士班	3
36	楊景謀	碩士	祖蔭與再生：屏東佳冬楊氏宗祠及楊及芹祖堂保存運動之比較研究	國立高雄師範大學	客家文化研究所	5

37	莊喻婷	碩士	高齡薪傳者對客家文化傳承之研究——代間學習的觀點	國立中正大學	高齡者教育研究所	3
38	游素美	碩士	區域拓墾與祠廟之關係：以溪南楊梅伯公岡集義祠為例	國立中央大學	客家語文暨社會科學系客家研究碩士在職專班	5
39	楊正宇	碩士	庶民生存空間的影像再現與實踐策略——以「1394打戲路」為例	國立聯合大學	客家語言與傳播研究所	3
40	魏玉芳	碩士	從隘墾區到地方社會的形成：以苗栗三叉河雙連潭為例的討論（1856～1946）	國立交通大學	客家文化學院客家社會與文化學程	3
41	徐麗蘭	碩士	從聲學觀點探討東勢客家話的單字調與連續變調	國立聯合大學	客家語言與傳播研究所	3
42	王藝臻	碩士	清代新竹關西王廷昌家族的拓墾與發展	國立中央大學	客家語文暨社會科學學系客家研究碩士在職專班	3
43	戴翊丞	碩士	清代臺北安坑通谷的族群空間分布與互動關係	國立臺灣師範大學	地理學系	3
44	湯承翰	碩士	新竹沿山客家武藝之研究	國立中央大學	客家語文暨社會科學系客家社會文化碩士班	3
45	陳燕蓉	碩士	新竹縣客家老飲食店的創新經營模式	國立交通大學	客家文化學院客家社會與文化學程	3
46	羅玉伶	碩士	當代新竹六張犁林姓聚落之地景變遷與認同（1971～2013）	國立交通大學	客家文化學院客家社會與文化學程	3

47	彭素枝	博士	臺灣六堆客家民間故事研究	國立臺灣師範大學	國文學系研究所	10
48	徐孝晴	碩士	臺灣南遷北客社群的客家認同：以屏東市頭份埔地區的信仰活動為中心之探討	國立高雄師範大學	客家文化研究所	3
49	吳冠璋	碩士	臺灣客庄旅遊地與飲食意象關聯之實證分析	國立中央大學	客家語文暨社會科學系客家政治經濟碩士班	3
50	劉怡君	碩士	臺灣客家八音嗩吶的管路與活奏之研究以吹場樂〈新義錦〉為例	國立新竹教育大學	音樂學系	3
51	曾瓊儀	博士	臺灣桃竹苗地區客家民間故事研究	中國文化大學	文學院中國文學研究所	12
52	林宏德	碩士	臺灣基督長老教會桃園客庄宣教研究（1886～1986）	國立中央大學	歷史研究所	3
53	林家韋	碩士	鳳林客庄觀光產業之服務行銷三角分析	國立東華大學	觀光暨休閒遊憩學系	5
54	劉淑惠	碩士	廣西鍾山客家話研究	國立中央大學	客家語文暨社會科學學系客家語文碩士班	3
55	徐敏華	碩士	影響客家女性社會地位關鍵因素之研究	國立臺北大學	公共行政暨政策學系	3
56	江沐家	碩士	戰後臺灣的客家影像論述——以彭啟原作品為分析場域	國立中央大學	客家語文暨社會科學學系客家社會文化碩士班	3
57	劉金花	碩士	龍潭客庄詩社群發微：以陶社、龍吟詩為例	國立中央大學	客家語言暨社會科學學系客家研究碩士在職專班	3

| 58 | 吳淑媛 | 碩士 | 應用哈客網學院融入客家諺語教學之研究 | 國立聯合大學 | 客家語言與傳播研究所 | 3 |
| 59 | 吳秀貞 | 碩士 | 繪本融入戲劇活動的客語教學成效研究 | 國立聯合大學 | 客語言與傳播研究所碩士班 | 3 |

民國 105 年度【共 37 案】 總計 201 萬元						
編號	作者	學位	論文題目	畢業學校	畢業系所	獎助金（萬元）
1	羅景賢	碩士	（放棄）徵收神明：民間信仰與土地徵收的互動關係	國立清華大學	社會學研究所	×
2	鍾志正	碩士	「客家中原論述」在臺灣的建構：以《中原》雜誌為核心的探索	國立交通大學	客家學院客家文化學程	3
3	楊清雅	碩士	1980 年代前臺灣流行音樂的創作與流通──以呂金守為例	國立臺南藝術大學	民族音樂學研究所	3
4	陳晏榮	碩士	六堆客家婚姻禮俗變遷研究	國立中山大學	中國文學系碩士班	6
5	黃翊甄	碩士	回家創業：四位客庄女兒經營家族傳統事業之創新經營歷程	國立交通大學	客家文化學院客家社會與文化學程	5
6	張瓊月	碩士	地方特色食物的構築與維繫：以關西仙草為例	國立臺灣大學	生物產業傳播暨發展學系	6
7	林美辰	碩士	地景與權力：竹北六家地區生活空間的前世今生	國立交通大學	人文社會學系族群與文化碩士班	8
8	王美晴	碩士	困守與求變：龍潭茶業轉型之研究	國立交通大學	客家社會與文化碩士在職專班	6

9	何里庭	碩士	宜蘭詔安客屬村落的文化網絡與認同——以游氏宗族與寺廟為例	國立交通大學	客家社會與文化所	8
10	張民依	碩士	空間移入及社會參與：一個客家二次移民的歷史	國立交通大學	客家學院客家社會與文化在職專班	5
11	彭巧如	碩士	南遷北客的日常飲食敘事分析：以三個家庭為例	國立高雄師範大學	客家文化研究所	3
12	黎淑珍	碩士	客庄地名詞的隱喻及轉喻體現——以新竹縣寶山鄉為例	國立新竹教育大學	臺灣語言與教學研究所碩士班	6
13	陳又甄	碩士	客家山原複合行政區政策對族群關係之影響——以苗栗縣泰安鄉北五村為例	國立中央大學	客家語文暨社會科學學系客家研究碩士在職專班	3
14	楊佩玲	碩士	客家文化融入華語文化教材編寫設計	國立臺灣師範大學	應用華語文學系碩士班	6
15	洪珮華	碩士	客家流行音樂發展之研究	國立新竹教育大學	音樂學系研究所	6
16	何雅芬	碩士	客家族群在臺灣播遷之研究：以苗栗何子報家族為例	國立中央大學	客家語文暨社會科學學系客家研究碩士在職專班	5
17	呂偉倫	碩士	客家微電影廣告與青／少年認同解讀：以「裝滿的生活時光」系列微電影為例	國立中央大學	客家語文暨社會科學學系客家社會文化研究碩士班	10
18	賴貴珍	碩士	客話唱本《陳白筆》研究	國立聯合大學	客家語言與傳播研究所	5

19	黃士蔚	碩士	客語初級認證閱讀理解之題目分析與教學建議	國立新竹教育大學	臺灣語言與教學研究所碩士班	5
20	傅民雄	碩士	屏東平原檳榔產業轉型的困境與因應之研究：以竹田鄉為例	國立屏東科技大學	客家文化產業研究所	3
21	陳雅婷	碩士	屏東地區主祀鄭成功廟宇之匾聯研究	國立高雄師範大學	國文學系碩士班	6
22	邱玉香	碩士	屏東縣國民小學中年級客語沉浸教學之歷程與成效	國立屏東大學	文化創意產業學系	8
23	劉郁忻	碩士	砂拉越古晉巴剎華人方言群及其產業（1840～1950）	國立交通大學	族群與文化碩士班	5
24	鄧采妍	碩士	桃竹苗地區印尼客家外籍配偶的認同變遷	國立中央大學	客家語文暨社會文化研究所	8
25	梁萩香	碩士	泰國曼谷的梅縣客家話研究	國立中央大學	客家語文暨社會科學學系客家研究碩士在職專班	6
26	彭歲雲	碩士	海陸客家話「行」的語法和語意研究	國立新竹教育大學	臺灣語言研究與教學研究所（客語組）	8
27	劉美華	碩士	從小說地景重讀吳濁流之《亞細亞的孤兒》	國立交通大學	客家文化學院客家社會與文化學程	3
28	黃淑誼	碩士	從匠師到藝術家：文化中介者的價值創新與品味塑造	國立交通大學	客家社會與文化碩士在職專班	8
29	詹琬真	碩士	教保服務人員實施客家母語教學之經驗探討——以臺中某幼兒園為例	國立嘉義大學	幼兒教育所	5

30	鍾采芬	碩士	通過儀式觀點下的人、家族與聚落：以美濃十穴下鍾屋夥房的過年與掛紙為例	國立高雄師範大學	客家文化研究所	3
31	葉筱妍	碩士	當代客語詩中的地方書寫及其 GIS 應用	國立屏東科技大學	客家文化產業研究所	3
32	陳品穎	碩士	農業食物品質的在地化：以公館紅棗為例	國立臺灣大學	生物產業傳播暨發展學系	3
33	胡宸宇	碩士	歌仔戲《竹塹林占梅》及客家戲《潛園風月》表演文本之研究	佛光大學	藝術學研究所碩士班	5
34	黃聖雅	碩士	福建省連城縣培田客家話研究	國立中央大學	客家語文暨社會科學學系	6
35	房子欽	博士	臺灣客家語動後體標記語法化研究	國立新竹教育大學	臺灣語言研究與教學研究所	12
36	邱宜軒	碩士	閩西連城中堡話研究	國立中央大學	客家語文碩士班	5
37	尤淑芳	碩士	盧安達的族群建構：一個「動態發展階段」取向的初步嘗試	國立交通大學	客家文化學院客家社會文化學程	5

民國 106 年度【共 26 案】
總計 220 萬元

編號	作者	學位	論文題目	畢業學校	畢業系所	獎助金（萬元）
1	羅雪華	碩士	「詔亮客庄」──詔安客家族群之視覺形象創作	國立雲林科技大學	創意生活設計所	8
2	邱惠鈴	碩士	1950 年代白色恐怖受難者家屬的生命歷程探討──以苗栗縣南庄鄉黃昌祥家庭為例	國立臺北教育大學	臺灣文化研究所	8

3	諶寶珠	碩士	二十一世紀臺灣採茶大戲的新發展──以榮興客家採茶劇團（1995～2015）劇目為例	東吳大學	中文研究所	8
4	蔡幸娥	碩士	六堆下埔頭經濟型態變遷之研究	國立高雄師範大學	客家文化研究所	8
5	劉淑貞	碩士	六堆客家傳統生育禮俗之探究	國立屏東科技大學	客家文化產業研究所	8
6	陳秀珍	碩士	甘耀明小說《殺鬼》的鄉土、歷史與美學風格	國立中興大學	臺灣文學與跨國文化研究所	8
7	邱翠英	碩士	客庄特色產業發展之研究──以屏東醬油產業為例	國立中央大學	客家語文暨社會科學學系客家語文所	8
8	彭琦倩	碩士	客家〈吳阿來歌〉與相關文本研究	國立中央大學	客家語文碩士班	8
9	邱懋景	碩士	客家 Style：臺灣紀錄片的文化記憶與敘事認同表述	國立臺灣大學	臺灣文學研究所	8
10	蘇鈺嵐	碩士	客家・系譜・性別：一位客家女性修譜者的田野反思	國立聯合大學	資訊與社會研究所	8
11	吳採瑄	碩士	客家味緒：關係美學作為藝術教育實踐	國立臺北藝術大學	藝術與人文教育研究所	8
12	劉智文	碩士	客家・譜系・祭祀：瀰濃西柵門劉屋的發展與世代成員的認同	國立屏東科技大學	客家文化產業研究所	8
13	葉秋美	碩士	客語復興與小學母語教育：新竹市三民國小準語言巢行動研究	國立交通大學	客家文化與社會在職專班	10
14	劉又綺	碩士	客籍身心障礙家庭教養與互動歷程之研究：以美濃地區為例	國立高雄師範大學	客家文化研究所	8
15	李鳳嬌	碩士	屏東縣西勢車站公共藝術設置品質之研究	國立屏東大學	文化創意產業學系	8

16	徐美玲	碩士	苗栗地區幼兒園客語沉浸式教學之研究	國立聯合大學	客家語言與傳播研究所	8
17	陳怡伶	碩士	從小說到電視劇：以客家電視臺《新丁花開》為例	國立中央大學	客家語文暨社會科學學系客家社會文化碩士班	8
18	邱俐綾	碩士	從阿姆的大風草到我的《艾納香》：邱俐綾創作自述	國立高雄師範大學	客家文化研究所	8
19	羅金珠	碩士	臺灣北部客家笑科研究	國立中央大學	客家語文暨社會科學學系客家研究碩士在職專班	8
20	林詩文	碩士	臺灣客家三腳採茶戲「張三郎賣茶」劇目改編之初探	國立中央大學	客家語文暨社會科學學系客家語文研究所	8
21	胡雪瀅	碩士	臺灣客語強化程度副詞之分析：以口語語料庫為本	國立政治大學	語言學研究所	10
22	陳世玲	碩士	臺灣美濃地區客家傳統民居空間形式構成之研究	逢甲大學	建築所	8
23	李明祥	碩士	臺灣美濃與日本岐阜紙傘工藝產業之比較研究	國立屏東科技大學	客家文化產業研究所	10
24	葉依婷	碩士	營運模式與文化展示：以石岡土牛客家文化館與東勢客家文化園區為例	國立交通大學	客家社會與文化碩士	8
25	李瑞英	碩士	美濃九芎林藍染產業鏈之研究	國立高雄師範大學	客家文化研究所	10
26	鍾兆生	博士	美濃聚落文化景觀之形塑與特質	國立高雄師範大學	地理學系博士班	12

| 民國 107 年度【共 24 案】
總計 200 萬元 ||||||
編號	作者	學位	論文題目	畢業學校	系所	獎助金 （萬元）
1	張佳仁	碩士	「屏東縣祭祀公業張萬三」之組織及其發展研究	國立高雄師範大學	客家文化研究所	9
2	羅文君	碩士	山地鄉的平地客家人——以新竹縣尖石鄉前山地區客家住民之經濟活動為核心之研究	國立政治大學	民族學系研究所	10
3	林曉專	碩士	幼兒園運用客語沉浸式教學融入教保活動現況之探討——以臺中市客語示範幼兒園為例	朝陽科技大學	幼兒保育系	8
4	徐毓宏	博士	西湖溪流域客家嘗會之研究	國立政治大學	民族學系	10
5	林芷筠	碩士	妹仔如何歸來？美濃女兒的返鄉流動與地方重塑	國立臺灣大學	建築與城鄉研究所	10
6	張添臣	碩士	客家宗族與地方社會——以新竹湖口波羅汶張裕光為例（1825～1904）	國立清華大學	環境與文化資源學系碩士班	7
7	黃品荷	碩士	客家笑話敘事結構及語意分析	國立政治大學	語言學研究所	9
8	王慧瑛	碩士	客家意象的展室與傳播：以「2015 臺灣國際客家文化嘉年華」為例	國立交通大學	客家社會與文化研究所	9
9	楊彥泠	碩士	客家釋教喪葬儀式「取經」科儀研究	國立中央大學	客家語文暨社會科學學系客家研究碩士在職專班	8
10	邱坤玉	博士	客語生活化課程的教學方案研究	國立屏東大學	教育行政研究所	7
11	詹呈積	碩士	客語薪傳師參與客語教學動機、教學信念與教學知能發展歷程之研究——以語言類薪傳師為例	國立中正大學	成人及繼續教育學系碩士班	7

12	翁杰	碩士	苗栗四縣客家話單字調之聲學探究	國立聯合大學	客家語言與傳播研究所	7
13	張惠婷	碩士	苗栗地區神農信仰探討	國立政治大學	臺灣史研究所	8
14	徐雲嬌	碩士	桃園市復興區客家與原住民族群關係之研究	國立中央大學	客家語文暨社會科學學系客家研究碩士在職專班	8
15	葉志清	博士	族群與知識正義：臺灣客家與原住民族學科建制發展之比較	國立臺灣大學	社會科學院國家發展研究所	8
16	許瑞君	碩士	博物館、地方與能動性：臺灣屏東縣客家文物館與新加坡茶陽會館的對話	國立交通大學	人文社會學系族群與文化碩士班	7
17	顏呈綏	碩士	跟著我去北埔：探索客家聚落與生活之美	國立交通大學	客家文化學院客家社會與文化碩士學程	7
18	黃敏羚	碩士	臺中市石岡區客、閩族群分布及其空間意涵	國立臺中教育大學	區域與社會發展學系	8
19	鍾繼儀	碩士	臺灣北部客家八音的音樂語法——以陳慶松的嗩吶詮釋為例	國立臺北藝術大學	傳統音樂學系碩士班傳統戲曲組	9
20	徐珮心	碩士	臺灣客家話「來」、「去」非趨向語意研究	國立清華大學	臺灣語言研究與教學研究所	8
21	林作逸	碩士	臺灣客語政策之研究：1945～2017	國立臺灣大學	社會科學院國家發展研究所	7
22	葉秋杏	博士	認知情態義與主觀化之浮現：臺灣客語評注性情態副詞的認知語用觀點研究	國立政治大學	語言學研究所	15

| 23 | 林婕雅 | 碩士 | 閩客通婚子女的文化認同：對臺灣未婚青年之探討 | 國立臺灣師範大學 | 社會教育學系碩士班 | 7 |
| 24 | 江美玲 | 碩士 | 藍染傳統工藝的創新經營：以臺灣三義、日本德島兩地為例 | 國立屏東科技大學 | 客家文化產業研究所 | 7 |

附件二：「教育程度及學科標準分類 第 4 次修正版」（96 年 7 月）「大學校院學科標準分類」

註：僅錄客委會獎助優良客家研究博碩士論文出自系所之學門。

大分類	中分類	小分類	簡　介
1	教育領域		屬於該領域之學類系所訓練學生學習所有專注在與學習和教學有關的理論、實務及相關的研究、行政及支援服務。
	14	教育學門	依對象可分成學前教育、成人教育、特殊教育；依科目則包含綜合教育、普通和專業科目，以及教育行政、科技應用於教學。
		1401 綜合教育學類	屬於該學類之系所培育綜合各方面相關之教育人才，如文教事業、多元文化教育、比較教育、家庭教育、……、等，且發展各方面教育學術。
		1402 普通科目教育學類	屬於該學類之系所培養各普通科目之教育師資與研究人才，包括公民、國語、自然、數學、英語、社會、華語文、外文等領域。
		1403 專業科目教育學類	屬於該學類之系所培養各專業科目教育師資與研究專業人才，包括衛生、家政、農業、工業、商業、資訊、音樂、美術、環境、運動（與休閒）、技職、醫護教育等科目。

		1404	學前教育學類	屬於該學類之系所提供學前教育相關的專業知識與技能，培養優秀的學前教育人才，發展學前教育行政、課程與教學、及幼兒發展之相關研究，提供相關人員進修機會。
		1405	成人教育學類	屬於該學類之系所培養成人與繼續教育、高齡者教育與研究專業人才，使從事成人教育之研究、教學、方案規劃、行政管理、組織發展、人力資源管理、及推廣服務等工作，並透過機構資源、學術與實務結合，邁向終身學習社會。
		1407	教育行政學類	屬於該學類之系所培養各類教育行政與政策學術研究、領導、經營與管理人才；提供國內各級各類教育行政及學校行政人員進修之機會；推行各類教育政策與行政之專案研究。
2	人文及藝術領域			屬於該領域之學類系所訓練學生對所有有關人文或藝術方面的理論、創作及實踐之學習。
	21	藝術學門		藝術方面包含美術、行政、雕刻工藝、音樂、及將藝術應用到表演、數位多媒體、印刷出版等方面。
		2101	美術學類	屬於該學類之系所培養理論與實際並重、融合中西藝術之藝術專業人才，涵蓋藝術創作、版畫藝術、藝術理論、藝術教育、藝術行政、電腦藝術與設計等領域，以提升藝術與文化水準。
		2103	美術工藝學類	屬於該學類之系所教導美術工藝之知識與技能，培養具「產品設計」、「工藝創作」及「藝術行銷管理」能力之美術工藝專業人才。
		2104	音樂學類	屬於該學類之系所除了研究、推廣、製作與保存本國音樂、世界音樂、民族音樂等音樂文化，同時注重音樂演奏、製作及修復、音樂創作、演唱等方面，也結合現代科技，以培養音樂教育師資及演唱演奏等音樂專業人才。
		2106	視覺藝術學類	屬於該學類之系所結合科技與藝術人文，應用在電影實務創作、科技應用、理論研究人才；音像動畫創作等多媒體方面。
		2107	綜合藝術學類	屬於該學類之系所培養藝術相關的專門人才，例如：藝術史研究、推廣藝術教育、具有藝術史觀之藝術評論、藝術史理論與文物、鑑定田野考察與考古發掘工作訓練、文物保存知識與修復技能、環境與藝術人才。
		2108	民俗藝術學類	屬於該學類之系所培養民俗藝術相關的專門人才，例如：民俗藝術研究、傳統藝術研究。

		2109	應用藝術學類	屬於該學類之系所將藝術應用於美術、工藝創作、廣播、電視、電影、戲劇、平面傳播、電腦等各類媒體及造型創作與設計方面。培養高級媒體專業人才、造型設計人才。
		2110	藝術行政學類	屬於該學類之系所培育優良的藝術行政管理人才，包括以表演藝術、文化政策、藝術管理、文化資產保存。
22	人文學門			人文方面以文化為主，包含語言、歷史、宗教和哲學等方面。
		2201	台灣語文學類	屬於該學類之系所培育客家語、台灣語文等之研究、文學、創作、應用人才，並結合資訊科技，使學生具有厚實的文化涵養、提升文化學術、配合國家人力需求與就業導向，實踐社會關懷，發揚台灣語文文化。
		2202	中國語文學類	屬於該學類之系所培育中國語文等之研究、文學、創作、應用人才，並結合資訊科技，使學生具有厚實的文化涵養、提升文化學術、配合國家人力需求與就業導向，實踐社會關懷。
		2203	外國語文學類	屬於該學類之系所包括英語、法語、德語、西班牙語、日語、美語、阿拉伯語、俄語、韓語等非本國語文，學生學習外國語文之語言、文學、經貿、政治、研究及文化等各方面，以培養具備該外國語文素養之專業人才，以拓展國際文化視野，加強國際文化交流。
		2204	其他語文學類	屬於該學類之系所培育除台灣語文、中國語文、外國語文等之綜合研究、文學、創作、應用人才，並結合資訊科技，使學生具有厚實的文化涵養、提升文化學術、配合國家人力需求與就業導向，實踐社會關懷。
		2207	語言學類	屬於該學類之系所以台灣各族群的本土語言為主，培育語言研究、創作、語文應用及教學人才，協助地方文化特色的發展；維護台灣族群文化。
		2208	宗教學類	屬於該學類之系所培育宗教學術研究、教育、宗教機構發展、管理與服務之人才。
		2209	歷史學類	屬於該學類之系所包括中國史、台灣史、世界各國史等方面的歷史研究，結合人文與科學、史地，並培養兼具獨立思考之能力、理論與實務之歷史專業人才。

		2210	人類學學類	此學類之系所利用挖掘的出土物以進行系統性研究、分析及說明過去生物或人類社群的生活型態。
		2212	文獻學學類	屬於該學類之系所包括漢語文化、漢學資料整理及古典文獻學研究等人才。
		2299	其他人文學類	所有不屬於上述分類之人文領域之系所或以人文學院為單位之不分系（碩）學士班。
	23	設計學門		傳統與現代科技設計之結合，應用至視覺傳達設計、產品設計、空間設計、時尚造型等領域。
		2301	綜合設計學類	屬於該學類之系所結合科技、人文藝術與設計，培養實務與理論兼具設計相關人才，以提供學界及業界之師資、藝文設計管理與經營、流行工藝設計、造形創作、時尚產業、數位遊戲、數位動畫、數位學習內容設計與管理之需求。
		2302	視覺傳達設計學類	屬於該學類之系所使具備人文藝術、視覺設計及資訊數位科技之專業，培育造形設計、數位遊戲、電腦動畫、網路數位服務等。
		2303	產品設計學類	屬於該學類之系所整合行銷傳播、工商知識、現代科技、造形美學及視覺傳達、與設計，提供商業、工業、工商業、玩具、遊戲、生活產品等相關領域之產品設計人才。
		2304	空間設計學類	屬於該學類之系所培育熟知裝修工程技術，且能獨立設計與管理的室內設計實務人才。
		2399	其他設計學類	所有不屬於上述分類之設計領域之系所或以學院為單位之不分系（碩）學士班。
3	社會科學、商業及法律領域			屬於該領域之學類系所訓練學生進行有關社會及行為科學、商業、管理或法律的理論及實務之學習
	31	社會及行為科學學門		包含著經濟、政治、社會與行政、文化、心理學、地理等綜合領域。
		3101	經濟學類	屬於該學類之系所使學生具備一般經濟學理論基礎，也具備企管、合作與非營利、世界政經脈動、管理、社會、法律、財務等各領域知識，培養具有創新精神及專業能力、判斷力、綜合能力及解決問題之經濟研究、管理、經營人才。
		3102	政治學類	屬於該學類之系所結合當代政治學、經濟學與社會學的理論與研究方法，培養國內政治和研究人才。以及熟悉全球政經運作原理與世界政經脈動、國民外交、談判溝通及全球傳播與公共關係之國際事務人才。

	3103	社會學類	屬於該學類之系所以社會分析、社會學研究與國家治理國家發展為基本訓練，結合人文與社會關懷、協助社會發展、社區營造行動，將社會學應用於文化研究、資訊社會學、勞工研究及處理勞動、人力資源與福利社會學等方面。
	3104	民族學類	屬於該學類之系所培育人類學與發展研究和民族研究人才，促進對自己（台灣文化、原住民文化、閩南與客家文化）與異己文化和語言的了解與保存，強調族族與文化的關係，進而拓展多元文化的視野。
	3105	心理學類	屬於該學類之系所結合心理學、社會學、精神醫學、神經醫學及復健醫學等五大領域，提供人文科學與自然科學兼具之訓練，培育具備諮商與輔導專業，以及心理、教學與評量能力、人文素養、應用與研究並重之臨床與諮商心理學人才。
	3106	地理學類	屬於該學類之系所培養人文地理學之專業人才與師資，配合學術研究、國家政策與社會服務等方面之發展，妥善規劃各種地理環境資源。
	3107	區域研究學類	屬於該學類之系所探討不同區域的發展特性、社會、歷史背景與文化，包括東南亞、美洲、俄國等地區，促進文化研究與文化產業之合作與交流。
	3108	公共行政學類	屬於該學類之系所培養具有現代化科技知識、政策規劃、領導能力。推展公共行政管理相關學術研究，增進公共行政管理之知識與技能。以培訓在政府部門、非營利機構及私人企業等於各公共領域領導、行政、管理、政策分析人才、民意代表助理、產業分析師、智庫分析師、非營利事業管理專業與公共管理人力資源等。
	3110	綜合社會及行為科學學類	屬於該學類之系所融匯政治、人文社會、經濟、法律及外交等傳統科系理論基礎，探討社會科學的思潮及研究當前國家社會發展的各種現象及議題，且培養有關全球治理、國防、外交、國家安全及國際事務之人才。
32		傳播學門	屬於該學類之系所結合藝術與文化、傳播與科技、行銷企劃學、以及人文社會等相關領域，培育數位媒體、視訊、動畫等大眾傳播之研究與教學各方面之人才。
	3201	一般大眾傳播學類	一般大眾傳播包括廣播、電視，資訊來自新聞、廣告、博物館圖書（管理與檔案），以及連結兩者的公共關係學、傳播學。

		3202	新聞學類	屬於該學類之系所結合新聞及語文傳播的專業理論與實務訓練，培育深具獨立思考、尊重生命、關懷群眾與社會、敏銳的觀察與人文素養之現代化新聞、傳播專業人才。
		3205	博物館學類	培育博物館相關（如蒐藏、研究、展示、教育、管理、行銷等）方面之專業人才，以提升我國博物館從業人員之專業水準，並促進博物館學之發展。
		3208	廣告學類	學習廣告及公共關係理論與實務、大眾傳播及行銷管理領域，培養廣告創意與設計、公關、企劃及行銷傳播之專業人才。
	34	商業及管理學門		商業包含基礎的文書管理、會計、企業管理、貿易行銷、財務金融、銀行保險、運籌與物流及其他管理。
		3403	企業管理學類	順應全球化、現代化之趨勢，因應社會需要與國家產業政策及地方產業發展特色，融合組織行為與人力資源、產業經營管理、行銷管理、財務管理、生產與作業管理及資訊科技等專業知識，促進學生使用電腦輔助軟體及外語能力，加強學術研究水準的提升，提供建教合作及推廣教育，俾與企業界互動結合，培養具商業經營、企業管理知識、技能之全方位人才。
		3499	其他商業及管理學類	所有不屬於上述分類之商業及管理領域之系所或以學院為單位之不分系（碩）學士班。
	38	法律學門		除了基礎的法律人才，可特別針對民刑事法律、公法、財經、海洋法學、資訊及科技法律學、文教等各專業領域法律。
		3801	一般法律學類	培育各種法律專業人才。
4	科學領域			屬於該領域之學類系所訓練學生進行有關生命科學、自然科學、數學、統計學或電算機科學的理論及實務之學習。
	48	電算機學門		以電算機之工程、網路、軟體發展、系統設計為主，且應用數位資訊與多媒體方面。
		4802	網路學類	結合資訊、電子工程和通訊科技，使學生具備網路硬體環境建構維護，軟體系統安裝執行，以及資訊網路系統設計的能力。培育資訊網路與多媒體專業人才。

5	工程、製造及營造領域		屬於該領域之學類系所訓練學生進行有關各類工程學、工業技藝或建築學的理論及實務之學習。
	52	工程學門	包含測量、化學、材料、木工、環境、工業、礦冶、機械、生物、紡織、電電通信和核子等工程學類。
		5201 電資工程學類	結合電腦、電力、半導體、控制、光電、電子、資訊與通訊、機電設備及積體電路與系統等領域之分析、設計、操作、維修、測試，培育電機電子工程相關人才。
	58	建築及都市規劃學門	讓學生學習從一般建築理論與實務，發展至景觀設計、都市規劃、建築與文化資產的保存與再利用、環境保育等方向。
		5801 建築學類	使學生具備一般建築理論與實務、營建工程之規劃、設計、施工及管理，規劃景觀建築及建築物業管理學程，也包含建築藝術、古蹟與文化資產、社區營造、都市設計之規劃、管理等能力，並且結合和建築環境科技。
		5802 景觀設計學類	整合景觀、環境生態、休閒遊憩、建築營建與園藝等領域，培養景觀設計、規劃、經營管理與環境保育專業人才。
		5899 其他建築及都市規劃學類	所有不屬於上述分類之建築及都市規劃領域系所或以學院為單位之不分系（碩）學士班。
6	農學領域		屬於該領域之學類系所訓練學生進行有關各類農業、林業、漁業、畜牧業或獸醫的理論及實務之學習。
	62	農業科學學門	包括農林漁牧業，結合科技與商業經營，應用於植物保護、農業經濟、農業化學、園藝系、食品科學、水土保持，使產業升級。
		6205 農業經濟及推廣學類	配合國家現代化農業建設，加強農業推廣、熱帶農業、生物產業經營、自然資源保育、休閒農業規劃、生物技術、栽培工學、精緻作物及環保科技之相關研究，培養農業經濟人才，促進國際交流，提升國家農業經濟。
		6210 林業學類	配合森林資源多目標經營之發展趨勢，培育林木資源、遊憩資源及野生動物資源等之經營管理與生態保育；生物科技、製漿造紙、木材化學與工業、高分子材料、機能性複合材料及家具設計製造等林產科學專業人才。

7	醫藥衛生及社福領域		屬於該領域之學類系所訓練學生進行有關各類醫學、藥學、衛生學或各類社會服務的理論及實務之學習。
	76	社會服務學門	社會服務的對象有身心障礙、老人與兒童，以及推動福利政策規劃、行政和工作實務。
		7603 社會工作學類	培育公私部門具有社會福利政策規劃、行政推動和工作實務及勞工研究及處理有關勞動事務之社會工作專業人才。
		7604 兒童保育學類	培育兒童、青少年之發展與嬰幼兒保育專業知能與實用技能之幼保、幼兒教育、諮商與輔導、及兒童福利專業人員。以及家庭諮詢與輔導專業人才、兒童與家庭產業研究與市場趨勢規劃人員。
8	服務領域		屬於該領域之學類系所訓練學生進行有關各類服務業的理論及實務之學習。
	81	民生學門	個人服務包括食衣育樂的部分，例如餐飲、旅遊、觀光、運動與休閒、美容等。
		8101 餐旅服務學類	包含旅館經營管理、（健康）餐飲製作與管理、（生態環境保育）旅遊經營管理等服務領域，培養相關人才。
		8102 觀光休閒學類	培養學生具有關觀光旅遊、休閒事業管理、餐飲管理及旅館管理之專業知識，使成為全方位的觀光事業事務人才。
		8104 運動科技學類	培育運動科學訓練與應用人才，及運動器材設計研發專業人才。
		8106 生活應用科學學類	培養家政與家庭生活教育、幼兒發展與教育、規劃與管理健康生活與營養與餐飲相關人才。
		8107 服飾學類	培養與服飾有關之設計、生產、管理、經營、貿易、諮詢、企劃與技術之人才。
	85	環境保護學門	環境保護包括資源的應用和保育、安全與防災與政策規劃和管理。
		8501 環境資源學類	培養學生具備基礎生態、環境學知識，結合環境與資源經營、工程技術、保育及應用，資訊化能力和防災學程，考慮全球環境問題發展趨勢與本國環境、生態及資源配置問題之特性，培育具研究及分析能力之資源相關人才。

9	其他領域		所有無法分類之領域。
	99	其他學門	所有無法分類之學門。
		9901 其他不能歸類之各學類	所有無法分類之系所或不分系(碩)學士班。